Die

Handelspolitik

Österreich-Ungarns

1875 bis 1892

in ihrem Verhältnis zum Deutschen Reiche und zu dem westlichen Europa.

Von

Dr. Johann von Bazant.

Leipzig,

Verlag von Duncker & Humblot.

1894.

Vorwort.

In dem verdienstvollen, von Herrn Professor Schmoller im Jahre 1892 herausgegebenen Sammelwerke, „Die Handelspolitik der wichtigeren Kulturstaaten in den letzten Jahrzehnten" war ursprünglich Herrn Sektionschef Dr. von Bazant die Darstellung der österreichischen Handelspolitik zugedacht.

Manche Schwierigkeiten machten damals die Ausführung dieses Planes unthunlich, und so fiel in letzter Stunde dem Verfasser dieser einleitenden Worte die Aufgabe zu, interimistisch einzutreten und, mindestens in Umrissen, die Sachlage in Österreich-Ungarn zu zeichnen.

Im Jahre 1893 ist Herr Dr. von Bazant aus dem österreichischen Handelsministerium ausgeschieden. Herr seiner Zeit geworden, gelangte er dadurch in die Möglichkeit, seine ursprünglichen Absichten wieder aufzunehmen. Und das ist im Interesse der Sache lebhaft zu begrüßen.

Denn Herr Dr. von Bazant war von 1876 bis 1881 als Zollreferent im österreichischen Handelsministerium Mitarbeiter verschiedener österreichischer Handelsminister, insbesondere auf dem Gebiete der Handelspolitik. Als solcher reformierte er von Grund aus die zolltechnische Seite der Handelspolitik, führte im vorbereitenden Stadium der Zollverträge die eingehende Beratung mit Praktikern als Sachkundigen ein, wirkte bei allen auf die Handelspolitik bezüglichen Aktionen mit, leitete in Verbindung mit einem Vertreter Ungarns die früheren Verhandlungen mit den Vertretern fremder Staaten und besonders auch des Deutschen Reiches und hatte die handelspolitischen Abmachungen im Abgeordnetenhause zu vertreten. Demnach schildert er in vorliegender Schrift Dinge „quarum pars magna fuit".

Wer die Nationalökonomie der letzten zwei Jahrzehnte beobachtet und insbesondere deren wechselnde Phasen miterlebt hat, wird wissen, daß sich fortschreitend eine Annäherung zwischen Theorie und Praxis vollzieht. Die alten Götter vergehen, die Systeme sind abgethan, die Schlagworte der Theorie verschwinden. Wie wir jetzt alle wissen, war das Freihandelssystem eigentlich „die englische Praxis"; darüber sind wir jetzt um so weniger im Zweifel, seitdem der Übergang zum System des fair trade, d. h. des differenziellen Schutzzolles im englischen Kaiserreiche nicht am Widerstande Alt-Englands, sondern der Ansiedelungen gescheitert ist. Steht es in Deutschland anders? Heute schrieben weder List noch Michaelis „Systeme"; sie säßen im Reichstage entweder auf einem Abgeordnetenplatze oder auf der Ministerbank. Seit der Wiederaufrichtung des Deutschen Reiches im Jahre 1871 ward die abstrakte Handelspolitik, die in den deutschen Einzelstaaten keine rechte Bethätigung fand, und sich stark an das Beispiel des während der kontinentalen Wirren (1792 bis 1815) zu Riesengröße herangewachsenen England anlehnte, auf praktische Aufgaben Deutschlands abgeleitet. Nicht die vorgefaßte Meinung, sondern das kühl erwogene Erfordernis des einzelnen Falles wird entscheidend. Selbst die noch am meisten abstrakte Lehre, die socialdemokratische, arbeitet jetzt viel weniger mit System und Lehre, als bei Wahlurne und Reichstagsabstimmung.

So fließt die Nationalökonomie der Gegenwart immer mehr mit der Politik zusammen. Die große und edle Aufgabe der Wissenschaft wird dadurch in keiner Weise geschmälert, nur bewegt sie sich nicht mehr in luftigen Höhen, sondern begleitet auf der alten Mutter Erde den mühsamen Gang der wirtschaftlichen Arbeit.

Ist dies richtig, so wird man auch einem österreichischen Handelspolitiker, welcher selbst Zollverträge verhandelt und vereinbart hat, gerne das Wort über österreichische Handelspolitik einräumen.

Wien, Februar 1894.

Dr. Alexander Peez.

Inhaltsverzeichnis.

Einleitung.

Der Handelsvertrag mit dem Deutschen Reiche vom 10. Dezember 1891 schließt eine fast zwanzigjährige, höchst bewegte und interessante Periode der österreichisch-ungarischen Handelspolitik ab. Sie beginnt mit der Kündigung der Zolltarifverträge mit den großen Industriestaaten Europas, von welchen zuerst die Handelskonvention mit England im Jahre 1875 fiel, um vereint mit dem Tarifvertrage mit Frankreich nicht wieder auf der handelspolitischen Bildfläche zu erscheinen.

Bis zum Jahre 1881 dauern die fruchtlosen Versuche, einen neuen Zollvertrag mit dem Deutschen Reiche auf neuer Grundlage zu stande zu bringen. Es gelang damals nicht, und der autonome Zolltarif vom Jahre 1878 erfuhr seine weitere Ausgestaltung und Verschärfung im protektionistischen Sinne durch die Tarifreformen vom Jahre 1882 und 1887.

So blieben die Dinge bis zu dem Handels- und Zollvertrage mit dem Deutschen Reiche, welcher am 1. Februar 1892 in Wirksamkeit trat und vermöge des Umfanges des darin behandelten Warengebietes und der vereinbarten Dauer von 12 Jahren eine Stabilisierung des ganzen Zolltarifs auf lange Zeit bedeutet.

Den Übergang von dem alten Vertragssysteme in der Handelspolitik zu der autonomen Zollpolitik und von dieser zu den neueren, eigenartigen Verträgen zu schildern, ist die Aufgabe der folgenden Darstellung, welche von einer tieferen Würdigung der Erscheinungen und Erfolge der handelspolitischen Bestrebungen in dieser Epoche ausgeht und die beachtenswerten Erscheinungen und Wahrheiten, welche man auf diesem Gebiete zu sammeln in der Lage war, festzuhalten und für eine weitere Zukunft zu bewahren sucht, im Gegensatze zu der wohl einseitigen Behandlung derselben Periode in einem anderen, größeren Werke, welches im Stile der älteren Freihandelsschule und auch aus dem Gesichtswinkel Ungarns in der protektionistischen Entwicklung der Handelspolitik der österreichisch-ungarischen Handelspolitik nur einen Abweg erblickt[1].

Das Stück handelspolitischer Geschichte, welches hier in möglichst kurzen Umrissen gezeichnet werden soll, wäre fast unverständlich, wenn nicht als Folie die Methode des Freihandels von ehedem beleuchtet würde. Es wird deshalb notwendig, zuvor einen Rückblick zu thun.

Ära des Freihandels.

Das Regime des Freihandels ward mit dem französisch-englischen Vertrag vom Jahre 1860 in epochaler Weise eröffnet.

In Frankreich, welches bis dahin in seinem Tarif général nicht bloß eine prohibitiv wirkende Zollhöhe gegen die Einfuhr fremder Ware behauptete, sondern auch die wichtigsten Industrieartikel durch direkte Verbote von der Einfuhr geradezu ausgeschlossen hatte, brachte die imperialistische Regierung einen Vertrag mit England zuwege, welcher zwar nur ein Tarifmaximum von 30 Prozent des Warenwertes bedang, aber infolge einer tief eingehenden Nachtragsverhandlung über die bei solcher Grenze zulässigen Gewichtszölle dazu führte, daß ein Vertragstarif erstellt wurde, welcher das Maximum von 30 % nur in gewissen Erzeugnissen der Metallurgie erreichte, in den übrigen Finalprodukten und namentlich in den Geweben 15 % (in Wollengeweben vom Jahre 1864 ab 10 %) nicht überschritt, und in den Garnen bloß 8—10 %, in anderen Halbfabrikaten und Hülfsstoffen 4—5 % des Warenwertes betrug. Rohstoffe waren in der großen Regel frei, Lebensmittel unterlagen geringfügigen Zöllen.

Bei der sehr sorgfältigen, mit dem bewährten französischen Apparate von Sachkunde durchgeführten Veranlagung der Zölle war es möglich, auf ein immerhin tiefes Ausmaß der Zölle herabzugehen, ohne dieselben sofort unerträglich erscheinen zu lassen, wie es anderwärts unter minder geschickten und kundigen Händen geschah und zur Diskreditierung der Vertragstarife ausschlug.

---

[1] „Die Zollpolitik der österreich-ungarischen Monarchie und des Deutschen Reiches seit 1868" von Dr. Alexander von Matlekovits.

Die augenscheinlichen Vorteile, welche das Verlassen des Prohibitivsystems mit sich brachte, die großen, in der Folge nur zum Teile gerechtfertigten Erwartungen, welche die vielfach hochentwickelte französische Industrie in Bezug auf reciproke Erleichterungen dritter Staaten hegen durfte, sicherten diesem Handelsvertrage eine günstige Aufnahme.

England hatte seine Warenzölle zum größten Teile abgeschafft und seine Abgaben auf Wein und Spiritus ermäßigt.

Der englisch-französische Handelsvertrag wurde zum leuchtenden Vorbild in jenem Europa, welches von Verkehrshindernissen aller Art starrte.

Die Glanzperiode des Freihandels war herangebrochen, welcher von da ab eine neue Ära datierte und eine kräftige, praktische Propaganda unter der Führung Englands begann.

Eine Reihe von Handelsverträgen wurde von England und Frankreich mit den Kontinentalstaaten abgeschlossen, und es bildete sich ein förmliches System von Handelspolitik mit Tarifverträgen heraus, welches eine kurze Charakterisierung erheischt. Durch die gewöhnlich auf die Dauer von 10 Jahren geschlossenen und mit einer einjährigen Kündigungsklausel stillschweigend von Jahr zu Jahr erneuerten Tarifverträge wurden entweder für eine größere oder kleinere Reihe von Warengattungen specifische Zölle (zumeist nach dem Gewichte) oder die Zollfreiheit in den betreffenden Staaten vereinbart. Nicht minder wesentlich als der damit bedungene Ausschluß einer Zollerhöhung durch die ordentliche Gesetzgebung war die Klausel der Meistbegünstigung, durch welche wechselseitig der Mitgenuß an allen späteren Zollermäßigungen zugesichert wurde, welche in der Folge einem dritten Staate, sei es für dieselbe oder eine andere Warengattung eingeräumt werden würde. Nachdem nun Handelsverträge mit fast allen Staaten des Erdballs abgeschlossen wurden, welche entweder einen Vertragstarif mit dieser Klausel oder letztere allein enthielten, so war damit die charakteristische Unbeständigkeit des Zolltarifs mit der steten Tendenz nach weiterem Fallen gegeben. Während also dem Auslande durch die Festlegung des Maximums an Zoll für die importierte Ware eine wichtige Garantie für den ungestörten Betrieb seiner exportfähigen Industrieen und deren Entwicklung geboten war, fehlte bei so bewandter Vertragspolitik dem Inlande eine sichere Grenze nach unten, und das Inland mußte jeden Augenblick einer neuerlichen Verrückung der Einfuhrzölle gewärtig sein.

Dieser Mangel an Sicherheit und Stabilität in einer der wesentlichsten Bedingungen der Konkurrenz auf dem inneren Markte machte jede Neuanlage und größere, mit Investitionen verbundene Erweiterung des Betriebes zu einem Wagnis. Wurde die Unberechenbarkeit der ausländischen Konkurrenz gleich anfänglich als ein Übelstand empfunden und in zahllosen Beschwerden beklagt, welche man mit Vertröstungen und oft genug nicht eingehaltenen Zusicherungen, daß weitere Zollermäßigungen ausgeschlossen seien, erledigte, so hat sich im Laufe der Zeit die feststehende Überzeugung herausgebildet, daß eine Zollpolitik, welche für eine längere Zeitperiode eines sicheren Zollminimums entbehrt, nicht als richtig anerkannt werden kann. In der neuesten Zeit war es denn auch wiederum Frankreich, das durch die Aufstellung eines Minimaltarifes, welcher den Inbegriff aller in Handelsverträgen zu gewährenden Zollermäßigungen bilden soll, der in Rede stehenden Kalamität vorzubeugen suchte. Dieses Auskunftsmittel verschüttet das Kind mit dem Bade. Das Zugeständnis eines solchen Minimaltarifes berücksichtigt nicht die Interessen der kontrahierenden Staaten und kann als ein Äquivalent für Gegenleistungen nicht betrachtet werden. Richtiger ist es wohl, den Abschluß von Tarifverträgen auf ein gewisses, durch klare Bedürfnisse gegebenes Maß zu beschränken und zeitlich zu konzentrieren, womit dem Erfordernisse der Stabilität genügt werden kann.

Für Staaten, welche nicht rein autonome oder einfach Freihandelspolitik treiben (Rußland, Nordamerika, England) ist der Bestand eines Doppeltarifes nicht zu entbehren. Frankreich ist, wie wir gesehen haben, nie davon abgegangen. Italien ist darin gefolgt. Während der Vertragstarif alle Ermäßigungen in sich faßt, welche den verschiedenen Staaten auf Grund geschlossener Verträge und der darin errungenen Gegenleistungen gewährt werden, dient der allgemeine Tarif als Negociationsbasis für künftige Verträge, als Retorsionsmittel bei allfälligen Zollkonflikten und als gesetzliche Grundlage für die Behandlung von Provenienzen aus Staaten, welche auf begünstigte Behandlung keinen Anspruch haben. Deutschland hat, freihändlerischen Anschauungen folgend, bis zum Jahre 1879 nur einen Tarif gehabt, in welchem die Vertragszölle bereits enthalten waren. Und auch später, bis zum 2. Februar 1892, behandelte es die Provenienzen aller Staaten durchaus gleich. Österreich-Ungarn, welches seit 1853 neben seinen Vertragszöllen die hohen Zollsätze des allgemeinen Zolltarifes vom Jahre 1853 bestehen ließ und dieselben auch gegen Rußland, die Türkei zu Lande, Griechenland u. s. w. praktisch verwendete, suchte im Jahre 1878 den Doppeltarif dadurch zu ersparen, daß es Zuschläge zu den ordentlichen Zollsätzen für den Fall in Aussicht nahm, daß österreichisch-ungarische Waren in einem fremden Staate anders behandelt werden sollten, als jene dritter Staaten. Es zeigt sich indes gar bald, daß ohne die Androhung höherer Zollsätze in einem Generaltarif manche

Staaten schwerlich zu bestimmen waren, in Zollverträgen ausreichende Ermäßigungen für die österreichisch-ungarische Ausfuhr zuzugestehen, wie z. B. Italien. Und so ist Österreich-Ungarn allmählich wieder zu seinem Doppeltarife zurückgekehrt.

Ohne Doppeltarif hat die Meistbegünstigungsklausel keinen Sinn und Wert.

Es ist von radikal-schutzzöllnerischer Seite vielfach die Institution der Meistbegünstigung mit Unrecht bekämpft worden. Die Meistbegünstigung, worunter immer nur die Verzollung von Waren zu dem dritten Staaten zugestandenen niedrigsten Zollsatze zu verstehen ist, zu gewähren, ist kein großes Opfer. Denn ist einmal einem Staate die Ermäßigung eines Zolles eingeräumt worden, und bei guter Handelspolitik wird dies wohl immer derjenige Staat sein, welcher das meiste Interesse an der Erleichterung seiner Ausfuhr hat, d. h. der stärkste Konkurrent, so kann dem die Meistbegünstigung gewährenden Staate gleichgültig sein, ob der erstere Vertragsstaat oder ein dritter, in der Regel minder konkurrierender Staat, davon Nutzen zieht. Andererseits ist die Verweigerung der Meistbegünstigung die empfindlichste Zollretorsion. Damit soll nicht gesagt sein, daß sie unterschiedslos jedem Staate gewährt werden sollte. Gegenüber Staaten, wie z. B. Rußland, dessen prohibitiver Zolltarif jeden Import fast ausschließt, und dessen Meistbegünstigung wertlos ist, sollten Deutschland wie Österreich-Ungarn standhaft die Meistbegünstigung nur gegen einigermaßen äquivalente Zollermäßigungen zugestehen. — Die differenzielle Behandlung fremder Provenienzen auf Grund von Doppeltarifen und einer klugen Benutzung der Meistbegünstigungsklausel hat sich in der neueren Zollgeschichte als eine unwiderstehliche und jedenfalls die schärfste Waffe gezeigt. Die österreichisch-ungarische Handelspolitik war mit der Gewährung der Meistbegünstigung nicht sparsam. Sie konnte dies wohl auch aus dem Grunde, weil sie immer eine gewisse Ausnahme vorbehielt, welche wir auch regelmäßig in fast allen Handelsverträgen dieser Monarchie wiederfinden. Es heißt nämlich darin wörtlich gleichlautend, daß die Meistbegünstigung auf diejenigen Zölle keine Anwendung findet, welche als Erleichterung des Grenzverkehres für die Erzeugnisse von Nachbarstaaten gewährt würden. Diese Klausel bildet eine Tradition der österreichischen Handelspolitik, und deren Bewahrung ermöglicht es, wertvolle Zugeständnisse zu Gunsten primitiver Hausindustrieen und gewerblicher Specialitäten von Nachbarländern zu gewähren, ohne den Zollschutz großer Industrieen des Inlandes zu alterieren. Bei der außerordentlichen Verschiedenheit kultureller und gewerblicher Entwicklung der Nachbarstaaten, z. B. des Südostens, ist diese Ausnahme geradezu unentbehrlich. Auch Italien hat neuerer Zeit diese Besonderheit adoptiert; nur pflegt es die Beschränkung der Einfuhr auch durch Beifügung gewisser Maximalmengen zu sichern, was indes den Wert des Zugeständnisses leicht mindert. Ein anderes Mittel, um die Verallgemeinerung einer Zollermäßigung zu verhindern, ist die weitgehende Unterscheidung der Warengattungen; so finden wir im Vertrage mit der Schweiz die Begünstigung des Emmenthaler Käses u. dergl. gegenüber anderen Produkten derselben Gattung, was indes das Vorhandensein von Unterscheidungsmerkmalen in der Ware voraussetzt. Soeben schwebt eine Differenz mit Frankreich und Rußland aus dem Grunde, weil dieselben die Begünstigung für italienische Weine und serbisches Getreide in Anspruch nehmen. Schließlich kann jeder Staat den Begriff der Meistbegünstigung nach seinen Bedürfnissen bestimmen. Mit Schablonen kann eine reale Handelspolitik nicht arbeiten.

Während die Klausel der Meistbegünstigung den Mitgenuß der Vertragsstaaten an allen bestehenden und künftigen Zollermäßigungen und Zollerleichterungen für die Wareneinfuhr wechselseitig garantierte, war die in den Handelsverträgen typisch wiederkehrende Formel der Gleichstellung mit den Nationalen dazu bestimmt, den Staatsbürgern wechselseitig auch ein gleiches Recht in allem, was den Betrieb in Handel und Gewerbe, den Erwerb von Liegenschaften, die Benutzung der Kommunikationsmittel und andere wirtschaftliche Thätigkeiten betrifft, zu sichern. Diese Formel hat sich im Laufe der Zeit als ein Stück des Völkerrechtes ausgebildet und in Europa, mit Ausnahme der Türkei, wo sie infolge der durch die Kapitulationen gewährten Vorrechte für Fremde gegenstandslos war, eingebürgert. Es ist nur die formelle Reciprocität in der Behandlung der Angehörigen anderer Staaten, welche damit gewährt wird, und so wertvoll dieselbe auch anfänglich schien, so zeigte die Erfahrung, daß damit nicht dem Bedürfnis genügt wurde. Thatsächlich war man im Laufe der Zeit bestrebt, auch eine materielle Reciprocität und noch mehr die Übereinstimmung der Legislaturen der Kulturstaaten wenigstens in prinzipiellen und wichtigen Fragen des Rechtsschutzes herbeizuführen. In dieser Beziehung ist an die verschiedenen Verträge über den Schutz des litterarischen und geistigen Eigentums, an den Staatenverein über Marken- und Musterschutz, dann Erfindungspatente, an die Regelung des Post- und Telegraphenwesens und an das jüngste Produkt dieser Art, das Berner Eisenbahnrecht, zu erinnern.

So waren die Handelsverträge, welche England, und in zweiter Linie auch Frankreich fast in jedem Jahre des sechsten Jahrzehnts mit irgend einem Kontinentalstaate abschloß. Nur Rußland verharrte in seiner, damals milderen Abschließung, von der Türkei, wo besondere Verhältnisse herrschten, zu schweigen. Man nennt mit Recht dieses System der Handelsverträge das freihändlerische; nicht daß immer die bedungenen Zölle den Freihandel bedeutet hätten; das kann allenfalls von Italien und dem deutschen Zollverein gesagt werden, in welch letzterem seit seinem Entstehen immer ein höchst geringes Ausmaß von Zöllen geherrscht hatte; in dem „Kaisertum Österreich" waren die Zölle damals noch im allgemeinen beträchtlich genug, um nicht als Sätze des Freihandels qualifiziert zu werden. Allein es war der Freihandel nach der Methode und nach den Zielen der Handelsverträge; der Schutzzoll galt als ein erziehliches Mittel, als eine leidige Übergangsstufe zu dem allenthalben als Ideal betrachteten gemeinsamen neutralen Markte, auf welchem die Arbeitsteilung und der billigste Preis der Ware den Angelpunkt der wirtschaftlichen Interessen aller Völker bilden sollten.

Gegenüber dem früheren Zustande der Gebundenheit des wirtschaftlichen Lebens und der Isolierung desselben in einzelnen Staaten, welche, wie Deutschland und Italien, überdies auch staatlich zersplittert waren, mußte der Freihandel als ein Fortschritt zum besseren erscheinen, und er war dies auch. Dieser Fortschritt kann nicht hoch genug gepriesen werden. Allein die Verallgemeinerung und Übertreibung der Theorie, welche sich sofort der Sache bemächtigte, ging weiter und wirkte schädlich. Die Doktrin wurde nicht müde, die Vortrefflichkeit dieses Systems zu preisen, und behandelte ihre Gegner mit dem ihr eigenen Hochmut als zurückgebliebene oder faule Leute, welche sich auf Kosten der Konsumenten bereichern wollen.

Von der Lehrkanzel und dem Redaktionstische verpflanzte sich die neue Lehre gar bald in die Regierungskanzleien, wo sie sich festnistete. Die Männer, die das Staatsruder führten, glaubten eine heilsame Operation an dem wirtschaftlichen Körper ihres Staates zu vollziehen, wenn sie wiederum mit irgend einem Lande, dessen Verkehrsbeziehungen mitunter die denkbar geringsten waren, einen Handelsvertrag nach der bekannten Schablone schlossen.

Wesentlich erleichtert und zum großen Teile geradezu allein erklärlich wurde der schwunghafte Abschluß von derlei Handelsverträgen durch die konstitutionellen Zustände von damals. In Frankreich thronte ein schrankenloser Imperialismus, Italien und Deutschland litten noch unter den Folgen der staatlichen Zerrissenheit zu sehr, um eine handelspolitische Aktion in großem Stile zu entfalten, im „Kaisertume Österreich" aber tobte der Kampf um die obersten Fragen verfassungsmäßiger Neugestaltung. Mit einem Worte, das sechste Jahrzehnt war hauptsächlich von politischen Kämpfen und Aspirationen erfüllt und zu einer tieferen Erfassung handelspolitischer und wirtschaftlicher Fragen fehlte Zeit und Sinn.

Es darf aber auch der große Einfluß, welchen die Entwicklung des Eisenbahnnetzes auf den internationalen Warenverkehr ausübte, nicht unbeachtet bleiben. Die geographischen Grenzen und Entfernungen büßten ihre altgewohnte Bedeutung ein. Hatten die Transportkosten zuvor der Einfuhr aus der Ferne, namentlich in voluminösen Artikeln, hohe Schranken gestellt, so rückte jetzt die Konkurrenz Englands, auch Belgiens und Frankreichs viel näher an den Leib. Man hat die protektionistische Richtung als einen Widerspruch gegen die Neuzeit mit ihren alles verbindenden und annähernden Kommunikationen bezeichnet; mit Unrecht; gerade diese Verbesserung der Kommunikationen trug in gewissem Grade auch dazu bei, daß der wirtschaftliche Egoismus es notwendig fand, sich gegen das Ausland besser abzuschließen und unerwünschte Wirkungen der modernen Kommunikationen etwas zu paralysieren. Die Blütezeit des Freihandelssystems — 1860—1870 — war kurz. Was ihn so bald diskreditierte und heftige Gegnerschaft, allerdings vorerst nur im Lager der nicht bloß theoretisierenden Lebenskreise zuzog, waren außer seinen Übertreibungen auch die groben Verstöße gegen augenscheinliche wirtschaftliche Interessen und Mißgriffe auffallendster Art, denen wir so häufig in den Tarifverträgen aus jener und auch aus späterer Zeit begegnen.

Die damalige Handelspolitik Deutschlands und Österreich-Ungarns ließ sich von einigen dürftigen Allgemeinheiten leiten, besaß eine geringe Kenntnis der Zustände der eigenen Industrie, von jener des Auslandes zu schweigen, und litt besonders an dem Mangel jener rationellen Zolltechnik, wie sie heute in Österreich organisiert ist. Die Statistik des Ein- und Ausfuhrhandels war, mit Ausnahme Frankreichs, wo immer auf Evidenz gehalten wurde, im argen. Man konnte aus derselben allenfalls den Verkehr in Getreide und anderen Nahrungsmitteln, dann in Rohstoffen, dies aber auch nur dann entnehmen, wenn sie nicht zollfrei waren; im anderen Falle stiftete der Transit eine heillose Verwirrung. Über den Verkehr in Fabrikaten konnte man sich nur selten ein Urteil bilden. War doch der Zolltarif und die darauf gebaute Warenstatistik ein Labyrinth, in welchem sich selbst Berufene nicht immer zurecht fanden. Die Hauptsache für bie Beurteilung der internationalen Konkurrenzverhältnisse, die Nachweisung der Provenienz und Destination der Waren fehlte ziemlich ganz. Eine Statistik der eigenen Industrie aber, eine Warenbewertung, wie sie heute durch eigene permanente Kommissionen alljährlich gepflogen wird, ja auch eine wirkliche Warenkunde fehlte vollends überall. Zum Teile lag das an dem Systeme selbst. Wozu auch sich den Kopf mit Garnnummern und Fadenzahl, mit Gewicht- und Wertverhältnissen anfüllen, wenn alles doch darauf hinausgeht, die Zölle so weit als möglich herabzumindern, wenn nicht gänzlich zu beseitigen? An fachmännische Beihülfe der Interessenten wendete man sich nur mit Mißtrauen und Vorurteil. So erklären sich manche Ungeheuerlichkeiten in den Tarifen und Verträgen jener Zeit. Der deutsche Zolltarif und der ihm nachgebildete österreichische Tarif war ein abstraktes, unverständliches Schema, in welchem wertvolle Waren mit ordinären Artikeln, wenn sie vielleicht ein nebensächliches Merkmal gemeinsam hatten, zusammengeworfen und einem lächerlichen Zollsatze zugewiesen wurden. Die Hauptsache war: nur wenig Zollpositionen, ein fragwürdiger Vorzug, welchen der alphabetische Zolltarif des Deutschen Reiches, eine Überlieferung freihändlerischer Zollstümperei, noch heute besitzt.

Handelspolitische Lage im Kaisertume Österreich.

In dem „Kaisertume Österreich" war die Handelspolitik bis zum Jahre 1865 vollständig von den politischen Bestrebungen des Kaisertums nach der Hegemonie in Deutschland beherrscht.

Mit dem allgemeinen Zolltarife vom 5. Dezember 1853 war einerseits der Übergang vom Prohibitivsysteme zu allerdings noch sehr hohen Schutzzöllen vollzogen, andererseits die Folie zu einer Begünstigung der Einfuhr aus Deutschland durch mäßigere Differentialzölle gegeben, welche mittels des Zollvertrages mit Preußen vom 19. Februar 1853 auf die Dauer von 12 Jahren thatsächlich in Wirksamkeit traten.

Weiteren Annäherungsversuchen bereitete der niedrige Zolltarif des deutschen Zollvereins fühlbare Hindernisse.

All diesen Bestrebungen Österreichs wurde von Preußen durch den Abschluß des deutsch-französischen Handelsvertrages vom 29. März 1862 ein Riegel vorgeschoben. In diesem Vertrage wurden die deutschen Einfuhrzölle gegenüber Frankreich auf ein solches Niveau herabgesetzt, daß bei der minder entwickelten Industrie Österreichs nicht daran zu denken war, gleich weitgehende Ermäßigungen des eigenen Tarifes folgen zu lassen, und die Frankreich eingeräumte Meistbegünstigung vollends ließ jeden weiteren Schritt zur Zollunion aussichtslos erscheinen.

Dies zeigte sich in dem von Österreich mit Preußen abgeschlossenen Handels- und Zollvertrage vom 11. April 1865, welcher an der deutschen Grenze in vielen Positionen bei weitem höhere Zölle als bisher fixierte. Es zeigte sich dies weiter in der Herabsetzung des allgemeinen Zolltarifes in sehr vielen Positionen durch den sogen. interimistischen Zolltarif vom 11. April 1865, welcher zum Zwecke hatte, die Anomalie zu beseitigen, welche sich daraus ergab, daß die niedrigen Zölle des deutschen Zolltarifes zusammengerechnet mit den neuen Einfuhrzöllen Österreichs noch immer eine geringere Zollhöhe ergaben, als sie die Sätze des allgemeinen Zolltarifs vom Jahre 1853 behaupteten, so daß es konveniert hätte, z. B. französische oder russische Ware in Deutschland zu verzollen und als deutsche Provenienz nach Österreich einzuführen und zu verzollen, was eine Verschiebung des Verkehres und eine Umgehung des Zolltarifes für nicht begünstigte Staaten bewirkt hätte. Der Krieg von 1866 schaffte endlich eine klare handelspolitische Lage und Österreich begann nun, unbeirrt von Sonderrücksichten auf Deutschland eine selbständige handelspolitische Aktion nach den herrschenden freihändlerischen Anschauungen. Der Handelsvertrag mit Frankreich vom 11. Dezember 1866 trug zuerst das Gepräge dieser Richtung, indes im allgemeinen ohne allzu weitgehende Zollermäßigungen zu enthalten. Die ganze Textilindustrie, die Konfektion von Kleidungen und Pelzwaren von Österreich blieb darin durch Gewichtszölle von beiläufig 15—20 % des Wertes geschützt, einzelne Specialitäten Frankreichs wurden durch viel mäßigere Zölle begünstigt, so z. B. Glas, Papier, Möbel, wo Zölle von 10 % stipuliert wurden. Die Gegenleistungen Frankreichs beschränkten sich auf ein der Zahl der Warengattungen und ihrer Bedeutung nach sehr geringes Maß.

Der Handelsvertrag mit Italien vom 23. April 1867 war strenge auf die gegenseitige Erleichterung von Produkten berechnet, in welchen die beiden Staaten ein ganz besonderes Exportinteresse zu wahren hatten. Italien konzedierte mäßige Zölle in Zucker, Bier, Branntwein, in Eisen als Halbfabrikat, Glas, Werkzeugen und Pakfong, während Österreich seine hohen Zollschranken für Südfrüchte, Reis, Olivenöl, Seide, Strohhüte, Seilerwaren und andere Specialitäten Italiens herabminderte. Diesem Handelsvertrage war bereits ein gewisses Zollkartell und ein Übereinkommen bezüglich des Eisenbahnverkehrs beigeschlossen.

Erst mit dem Handels- und Zollvertrage mit Preußen vom 9. März 1868 kam die neue Handelspolitik voll und ganz zum Ausdrucke.

Die beiderseitigen Konventionaltarife umfaßten den größten Teil des Warengebietes und enthalten eine konsequente Durchführung des früher charakterisierten Systems. Getreide, Holz und alle Rohstoffe, wie rohe Nahrungsmittel werden als zollfrei erklärt. Vieh wird mit höchst mäßigen

Zöllen belegt. Die Halbfabrikate, namentlich Garne, unterliegen Zöllen von 4—8 %, chemische Hülfsstoffe, das Stiefkind aller Zolltarife, werden höchst ungleichmäßig, im ganzen äußerst niedrig tarifiert. Die Webwaren bekamen in Österreich Zölle, welche im Durchschnitte beiläufig 10 bis 20 % des damaligen Warenwertes betrugen. In Eisen und Eisenwaren überschritten die österreichischen Zölle vielfach dieses Ausmaß; in anderen Waren, wie z. B. aus unedlen Metallen und in dem Kunterbunt von Waren, die nach dem deutschen Muster als „Kurze Waren" in einigen Positionen zusammengeworfen waren und sich zum großen Teile aus Gold- und Silberarbeiten, Quincaillerie, Taschenuhren, optischen Instrumenten und anderen teils geringwertigen, teils kostbaren Artikeln bestanden, galten Zollsätze, welche überhaupt auf ein gemeinsames Wertmaß zurückzuführen unmöglich ist. Im allgemeinen waren die deutschen Zölle niedriger, wenn sie auch in einigen Exportartikeln Österreichs, wie seine Glas- und Thonwaren beträchtlich genug waren und Anlaß zu Beschwerden gaben. Es läßt sich wohl sagen, daß dieser Handelsvertrag im großen und ganzen ein erträgliches Maß im Zollschutz einhielt und zur Zeit seines Abschlusses den wesentlichen Bedürfnissen beider Nachbarreiche entsprach.

Zwei Mängel indes, die ihm anhafteten, ließen ihn später unhaltbar erscheinen: Eine rohe, veraltete Klassifikation, welche durch die Fortschritte der Industrie längst überholt war und zu drückenden Unbilligkeiten führte, wie dies an der Unterscheidung der Wollwaren in gewalkte und ungewalkte später zu ersehen war, welche lange Zeit den Gegenstand lebhafter Kämpfe bildete und dann die Einführung des Appreturverkehrs, welcher namentlich in der großen Baumwollenwarenindustrie allmählich eine völlige Umwälzung der Verhältnisse herbeiführte. Bei diesem Verkehr, welcher auf der zollfreien Wiedereinfuhr des im Auslande verwebten Garnes und veredelten Gewebes beruhte und auch zu Mißbräuchen Anlaß gab, entwickelte sich wohl die mechanische Baumwollweberei, jedoch auf Kosten der Druckerei, Färberei und Appretur, deren Vertreter denn auch zu den erbittertsten Gegnern dieses Handelsvertrags wurden. Deutscherseits wurde der aus der Zeit vor der Annexion Schlesiens durch Preußen stammende zollfreie Rohleinenverkehr zu Gunsten Österreichs erhalten, was später den Gegenstand heftiger Anfechtungen deutscher Industrieller bildete. Das Zollkartell sicherte die gemeinsame Bewachung der Grenzen und die Verfolgung des Schmuggels.

Die Aktion der freihändlerischen Richtung war in aufsteigender Bewegung begriffen und hatte in den Regierungskreisen überzeugte und rührige Freunde. Dieser Aktion kam der Umstand zu statten, daß die verfassungsmäßige Mitwirkung des Parlamentes an der Gesetzgebung einige Jahre sistiert war, in welche Zeit der Abschluß des Handelsvertrages mit Frankreich und jene handelspolitischen Transaktionen mit England fielen, welche den Höhepunkt dieser Tendenz bedeuten.

Der Handelsvertrag mit England datiert wohl vom 16. Dezember 1865, allein er war nur ein pactum de contrahendo und der Abschluß der seine Durchführung bezweckenden Nachtragskonvention, welche so viel Staub aufwirbelte, verzögerte sich infolge des Krieges vom Jahre 1866 und des Widerstandes in dem wieder einberufenen Parlamente bis zum Jahre 1869.

Im Art. III des ursprünglichen Handelsvertrages war nämlich vereinbart worden, daß unter Aufrechthaltung der Gewichtszölle die brittische Einfuhr vom 1. Januar 1867 nicht höher als mit 25 % und vom 1. Januar 1870 nicht höher als mit 20 % des Warenwertes belastet werden soll. Nach Art. V war überdies eine Nachtragskonvention bezüglich jener Zollsätze vorbehalten, „an welchen England ein besonderes Interesse hat." Schon die Kommissarien konnten sich über die Ausführung der Stipulationen nicht einigen. Während englischerseits behauptet wurde, daß kein Artikel englischer Provenienz mit einem höheren Zolle als nach jenem Wertmaß entfiel, belegt werden dürfe, wurde österreichischerseits dieses Wertmaß nur als die Basis der Berechnung von Durchschnitten des Warenwertes jener Artikel erklärt, welche nach dem Zolltarife in eine Position fallen.

Willfährig und wohl auch von der Meinung beherrscht, daß jede Zollermäßigung ein heilsames Werk sei, vereinbarte die Regierung im Jahre 1868, daß die englischen Importeure zwischen den specifischen Zöllen und Wertzöllen, welche für Wollwaren 15 % und für Baumwollwaren 20 % betragen sollten, wählen können.

Die diesfällige Regierungsvorlage wurde vom Parlamente abgelehnt, hauptsächlich, weil Wertzölle und überdies fakultative Wertzölle mit Recht perhorresziert wurden. Nach langen neuen Verhandlungen zwischen Parlament und Regierung und zwischen dieser und England, kam endlich die Nachtragskonvention vom 30. Dezember 1869 zustande, in welcher allerdings nur specifische Zölle für Wollwaren und Baumwollwaren, jedoch mit einer Klassifikation und in einem Ausmaße stipuliert wurden, welche von den Industriellen allgemein als zu niedrig erklärt wurden.

Darnach hatten gewalkte Wollwaren 30 fl., ungewalkte 70 fl. Zoll per 100 Kilo zu zahlen und da fast gleichzeitig infolge Wechsels der Mode bei Herrenkleiderstoffen statt der Walke andere Appreturen in der Fabrikation Platz griffen, kam es, daß das große Warengebiet der Herrenmodestoffe (Bukskins) zumeist auf einen Zoll angewiesen war, welcher in gangbaren

Mittelqualitäten bloß 5 % und weniger betrug. Die Folge war empfindlich. Englische und belgische Ware bereitete auf dem inneren Markte eine intensive Konkurrenz und brachte namentlich die Brünner Industrie in eine neue, harte Lage.

Man kann wohl sagen, daß die englische Nachtragskonvention den eigentlichen Anlaß zu der Reaktion gab, welche zumeist von Brünn ausging und sich auf immer weitere Kreise verpflanzte. Was ihr zumeist Nahrung gab, war die besonders in der Publizistik vertretene unerbittliche Doktrin des Freihandels, welche in bekannter Weise alle Klagen als unberechtigt zurückwies und weitere Zollermäßigungen auf anderen Warengebieten bis zur Erreichung des Ideals, Abschaffung aller Zölle, empfahl.

Der Kampf mit dem Systeme des Freihandels wurde aufgedrungen und er wurde zuerst von Brünn aus mit Nachdruck geführt. Ein zweiter, nicht minder bedeutender Industriezweig, die Baumwollindustrie, wurde in die Reihen der Opposition dadurch geführt, daß infolge der Annexion von Elsaß an das Deutsche Reich die große elsässische Baumwolldruckindustrie in die Lage gesetzt wurde, den ursprünglich auf einen geringfügigen Grenzverkehr berechneten Appreturverkehr mit Österreich auszunützen, was demselben eine ungeahnte Ausdehnung verlieh. Thatsächlich wurde auch bald fast der ganze Konsum des Inlandes an bedruckten und gefärbten Kottonerieen, zollfrei unter der Bedingung des Bezuges roher Gewebe aus dem Inlande eingeführt. — Hierbei mag nur erwähnt werden, daß die Baumwollspinner durch den geringen Garnzoll, welcher englischen und schweizer Konkurrenten in feineren Garnen einen bloß nominellen Zoll auferlegte, sich seit langem beschwert erachteten. Was der wachsenden Agitation schließlich außerordentlich zu statten kam und ihre Argumente unwiderstehlich erscheinen ließ, war der bekannte Börsensturz vom Jahre 1873, welcher in den breitesten Volksschichten Verluste verursachte, hauptsächlich aber dadurch auf die uns hier beschäftigende Frage zurückwirkte, daß die Konsumtionsfähigkeit des Volkes dauernd geschwächt und der Kapitalmarkt, der Unternehmungsgeist, auf viele Jahre lahm gelegt wurde. Ganz besonders zeigte sich dies in dem Eisenbahnbaue, welcher seit Jahren die Hochöfen, die Walz- und Hüttenwerke, die Lokomotiv- und Waggonfabriken in einem Maße beschäftigt hatte, daß die inländische Industrie unmöglich dem Bedarfe nachkommen konnte und daher auch dem wachsenden Importe gelassen zusah. — Vom Jahre 1873 ab war der Markt so verringert, daß die Konkurrenz des Auslandes doppelt fühlbar wurde und wir finden demzufolge auch fortan die zahlreichen, bedeutenden Eisenindustriellen in der vordersten Reihe der Schutzzöllner.

Diese Bewegung erlangte bald unmittelbare Aktualität. Die Handelsverträge mit Frankreich, Deutschland und Italien, die Konvention mit England gingen ihrem Ende zu. Das Losungswort erging von dem Brünner Wollindustriellen Alfred Skene, welcher in der Aktion eine führende Rolle einnahm. Wie damals die Frage, ob Freihandel ob Schutzzoll aufgefaßt und behandelt wurde, geht aus den Anträgen hervor, welche auf dem Kongreß österreichischer Volkswirte im Jahre 1875 gestellt wurden. Hier maßen sich Freihändler und Schutzzöllner zum ersten Male in gemeinsamer Verhandlung. Der Antrag des Dr. Peez und Dr. Menger ging auf Kündigung der Handels- und Zollverträge, autonome Reform des Zolltarifes, richtige Klassifikation der Waren mit Gewichtszöllen auf Basis von 10—20 % des Warenwertes, Anwendung des autonomen Zolltarifs gegen meistbegünstigte Staaten, mit der Folie von höheren Zöllen gegen andere Staaten. Von freihändlerischer Seite wurde dagegen die Kündigung der Handelsverträge perhorresziert, und eine Revision des Zolltarifs von 10 zu 10 Jahren mit der Tendenz nach allmählicher Ermäßigung und die sofortige Aufhebung der Zölle für Roheisen und Hilfsstoffe der Industrie empfohlen. Die Schutzzöllner waren in der großen Mehrheit.

In dem österreichischen Abgeordnetenhause, welches seit 1871 aus direkten Wahlen hervorging und die Stimmungen in der Bevölkerung unmittelbar wiederspiegelt, trat die schutzzöllnerische Richtung immer deutlicher hervor. Dazu trug wohl auch der Umstand bei, daß das System der Interessenvertretung in diesem Parlamente eine größere Zahl von Abgeordneten der Handelskammern schuf, welche mit Ausnahme jener aus Galizien und dem äußersten Süden vorwiegend schutzzöllnerischen Bestrebungen huldigten. Das System des Schutzzolles machte Proselyten und unter den bedeutendsten Parlamentariern, welche nach ihrer Lebensstellung und ihren Wahlkreisinteressen gewiß unbefangen waren, finden wir warme und schneidige Bekämpfer der freihändlerischen Richtung, welcher es an geschickten Vertretern ebenfalls nicht fehlte. In mehrfachen Resolutionen wurde denn auch die Abstellung von fühlbaren Übelständen im Appreturverkehre, und in der Klassifikation von Wollwaren, sowie die Reform des Zolltarifes befürwortet.

Mehr und mehr fiel der Schwerpunkt der schutzzöllnerischen Bewegung in das österreichische Parlament, welches fortan auch als der eigentliche Träger und das Bollwerk des Schutzzollsystems betrachtet werden kann.

Es darf überhaupt nicht verkannt werden, daß mit der Verbreitung und Erstarkung des Konstitutionalismus auf dem Kontinente allenthalben in der zweiten Hälfte dieses Jahrhunderts und infolge des unvermeidlichen Druckes auf die Regierungen jene Handelspolitik an Macht und Geltung gewann, welche unbekümmert um die Lehrmeinung von der internationalen Teilung der Arbeit und des Marktes den nationalen Egoismus im internationalen Verkehr bedeutet. Wenn nun schon in Frankreich diese Tendenz unter Thiers unmittelbar nach Einführung der Republik durch die Einleitungen zur Revision des Zolltarifes hervortrat und in Italien nach der Herstellung der Einheit die gleiche Richtung anfangs schüchtern, später kühner sich geltend machte, so kann man sich nicht verwundern, daß gleichzeitig auch in Österreich, in jener Reichshälfte der österr.-ungar. Monarchie, wo die industriellen Sonderinteressen eine weitaus überwiegende Stellung einnahmen, die Reaktion gegen das Freihandelssystem begann und namentlich in dem österreichischen Abgeordnetenhause sich um so mehr fühlbar machen konnte, als die andere Reichshälfte, in welcher das agrikole Element überwiegt, staatlich abgesondert ist und eine Ausgleichung zwischen beiderlei Interessengruppen nicht in einem Vertretungskörper, sondern nur auf dem Wege von Kompromissen von Regierung zu Regierung stattfinden kann. Und damals war die österreichische Regierung die stärkere.

Die Revision des Zolltarifes.

Die österreichische Regierung, in welcher neben dem die Handelspolitik leitenden Handelsminister, Herrn von Chlumecky, der Finanzminister, Herr von Pretis, ein entschiedener Freihändler ein maßgebendes Wort sprach, stellte endlich im Jahre 1875 ihren Aktionsplan fest. Davon, daß die Vertragspolitik prinzipiell verlassen und autonome Zollpolitik betrieben werden solle, war von vornherein keine Rede. Zunächst war es nur auf die Beseitigung des Handelsvertrages mit England samt der Nachtragskonvention abgesehen. Derselbe sollte durch einen bloßen Meistbegünstigungsvertrag ersetzt werden. Es konnte aber auch die Revision des allgemeinen Zolltarifes, welche seit mehr als 10 Jahren in den Ministerialbureaus behandelt wurde, nicht mehr länger aufgeschoben werden. Dieser Tarif mit seiner zum Teil veralteten Nomenklatur und seinen Ungereimtheiten war unbrauchbar und ein leeres Schema ohne praktischen Wert geworden. In der Wirklichkeit galten die verschiedenen Konventionaltarife mit Deutschland, England, Frankreich, Italien und anderen Staaten, deren Klassifikationen vielfach vom allgemeinen Zolltarif und auch untereinander abwichen, so daß auch ein versierter Zollbeamter sich nur schwer darin zurechtfand. Dies erklärt auch, daß die Zollumgehungen eine kaum glaubliche Rolle spielten.

Dazu gesellte sich das Bedürfnis nach erhöhten Zolleinnahmen, welches durch die Thatsache charakterisiert wird, daß das gesamte Zollerträgnis im Jahre 1875 bei einer Wareneinfuhr von 552 Millionen Gulden nicht mehr als 20 Millionen Gulden, d. i. 3,62 % lieferte. Es war das nächst Deutschland, wo bei einem Wareneinfuhrwerte von 1788 Millionen und geringeren Zöllen 60 Millionen Gulden eingingen, das geringste Zollerträgnis unter allen Staaten. Dies rein administrative, seit Jahren anerkannte Bedürfnis nach einer systematischen Revision des Zolltarifes konnte nicht umgangen werden, und erweiterte die zunächst nur die zollpolitische Remedur in einigen Warengattungen bezweckende Aktion wenigstens formell derart, daß im Laufe der Revisionsarbeiten auch andere Warenzölle, welche thatsächliche Härten und Sinnwidrigkeiten zeigten, nicht unberührt bleiben konnten.

Wie wenig man dabei an dem Systeme der Vertragspolitik zu rütteln gedachte, wird dadurch am schärfsten beleuchtet, daß man zuerst den Handelsvertrag mit Deutschland, ohne ihn zu kündigen, erneuern, den diesfälligen Verhandlungen allerdings den intern entworfenen neuen Tarif für die Einfuhr nach Österreich-Ungarn zu Grunde legen und den vereinbarten Tarif als allgemeinen Tarif zum Gesetze erheben wollte, welcher gegenüber allen meistbegünstigten Staaten in Geltung zu treten und anderen Staaten gegenüber einen mäßigen Zollaufschlag zu erfahren hätte. Die Folge zeigte, daß dieses an sich wohl ausführbare Programm zu einer ganz anderen, ursprünglich nicht beabsichtigten Gestaltung der Dinge führte.

Schon der erste Schritt zur Durchführung dieses Programmes, nämlich die Kündigung des Handelsvertrages mit England mit der dazu gehörigen Nachtragskonvention begegnete in Ungarn lebhaftem Widerspruche. Dort wurde die Fahne des Freihandels sowohl in der Publizistik als in dem Parlamente mit Lebhaftigkeit geschwungen, was in der vorwiegenden Urproduktion des Landes seine Begründung wohl findet. Doch konnte man schon damals wahrnehmen, daß die Tendenz nach billigeren Zöllen zumeist nur auf Artikel gerichtet war, die in Ungarn nicht erzeugt wurden, und dies gilt von der gesamten Textilindustrie.

Die Frage bezüglich der Kündigung des englischen Handelsvertrages fand ihre Lösung darin, daß anerkannt werden mußte, es genüge zur Kündigung eines ablaufenden Staatsvertrages der Monarchie, wenn auch nur eine Reichshälfte dies begehrt.

Ungarn beantwortete diese Ende 1875 thatsächlich stattgefundene Kündigung damit, daß es nun seinerseits auch das Zoll- und Handelsbündnis mit Österreich kündigte.

Wohl nie hat sich ein Staatsorganismus in einer so komplizierten, ja schwierigen handelspolitischen Lage befunden. Die Einheit des Zollgebietes war in Frage gestellt; mit der Zollunion waren auch die anderen gemeinsamen oder vielmehr nach gemeinsamen Grundsätzen zu behandelnden Institutionen wie die Notenbank, die Seeschiffahrtsgesellschaft „Lloyd", die Monopole, die Zucker-, Bier- und Branntweinsteuer, die Zulassung der Aktiengesellschaften u. s. w. auf ein einjähriges Provisorium verwiesen. Dazu die gleichzeitige Neuordnung in den handelspolitischen Beziehungen zu Deutschland, England, Frankreich und Italien. Eine beispiellose Aufgabe, für welche aber auch der richtige Mann in dem thatkräftigen Handelsminister von Chlumecky vorhanden war.

Die Verhandlungen zwischen den beiden Regierungen der Monarchie behufs der Erneuerung des Zoll- und Handelsbündnisses auf weitere 10 Jahre wurden unverweilt aufgenommen und dauerten mit zeitweiligen Unterbrechungen und Fristerstreckungen, wie wir hier gleich erwähnen wollen, bis zum Jahre 1878. Es liegt nicht im Zwecke dieser Darstellung, auf die früher erwähnten gemeinsamen finanz- und wirtschaftspolitischen Institutionen, die bei diesem Anlasse nicht bloß erneuert, sondern auch geändert wurden, näher einzugehen. Wohl aber müssen wir auf die Revision des Zolltarifes, welche, wie erwähnt, schon viele Jahre vorher behandelt worden und bisher nicht den Rahmen einer dürftigen, oberflächlichen Kompilation überschritten hatten, des näheren eingehen[1].

Auch jetzt noch wurde die Klassifikation nach älterem deutschen Vorbilde beibehalten. In Bezug auf Zollerhöhungen waren die Anträge der österreichischen Regierung ziemlich mäßig.

Baumwollgarne sollten nach Feinheitsgraden (N. 12 und 30 englisch) drei Staffelzölle erhalten. Ebenso Baumwollgewebe nach der Feinheit des verwebten Garnes (N. 50) und der Dichtigkeit des Gewebes (38 Fäden per 5 Quadratmillimeter). Grobe Jutegewebe, damals bloß englisches Fabrikat, welche bisher zollfrei waren, sollten einem schließlich auf 2 fl. 80 kr. erhöhten Zolle unterliegen. Die meisten Schwierigkeiten verursachten die

[1] In der Handels- und Zollkonferenz waren unter dem Vorsitze des Sektionschefs im Ministerium des Äußern, Freiherrn von Schwegel, Österreich durch den Ministerialrat Dr. Bazant, Ungarn durch den Ministerialrat Dr. Matlekovits neben anderen vertreten. Es war ziemlich ausnahmslose Regel, daß die österreichischen Vertreter als Referenten für alle Vorlagen von tarifarischem und sonst meritorischem Belange fungierten.

Wollwarenzölle. Es war schon früher eine Klassifikation derselben nach dem Verhältnisse des Gewichtes der Gewebe per Quadratmeter in Aussicht genommen, und wurde endlich als Gewichtsgrenze 600 Gramm angenommen. Die Zollsätze des deutschen Handelsvertrages von 40 fl. und 80 fl. für Wollwaren wurden einfach in den revidierten Zolltarif übertragen, was allerdings im Effekte eine Zollerhöhung für die Herrenkleiderstoffe bedeutete, welche im Importe zumeist sich auf englisches und belgisches Fabrikat beschränkten. Kautschukwaren, welche bisher eigentlich nicht tarifiert waren, erhielten eine eigene Klassifikation mit sehr mäßigen Zöllen. Die Eisenzölle blieben unberührt und in Eisenbahnwaggons trat sogar eine Zollerhöhung ein. In den übrigen Warengattungen ergaben sich zumeist geringe Verschiebungen, welche vielfach eine Zollerhöhung involvierten; doch fehlte es auch nicht an Zollermäßigungen, wie z. B. bei Baumwollgarnen grober Gattung u. a. m. Die ungarische Regierung vertrat anfänglich bei diesen Verhandlungen die Maximen des Freihandels, ohne indes dieselben konsequent festzuhalten. So wurde ein Zoll auf rohe Wolle beantragt und die Zollfreiheit für Getreide spät erst zugestanden. Während die Zölle für Eisen, Leder und Thonwaren, in welchen sich Ungarn einer ziemlichen Industrie erfreut, nicht beanstandet wurden, kamen alle Argumente der „handelsfreiheitlichen" Doktrin zum Vorschein, sobald es sich um Textilien, namentlich Wollwaren handelte, welche Ungarn damals fast gar nicht erzeugte.

Die Verhandlungen gestalteten sich langwierig und schwierig; einzelne Positionen konnten erst durch unmittelbares, wiederholtes Eingreifen der Minister vereinbart werden. Das Endresultat war: Eine Revision des Zolltarifs ohne mehr als die notwendigsten Modifikationen in solchen Warengattungen, deren bisherige Zölle sich als für die Industrie allzu drückend oder als irrationell und sonst haltlos erwiesen hatten.

Die Vertragsverhandlungen mit dem Deutschen Reiche.

Lange bevor noch dieser Tarifentwurf in allen Teilen festgestellt war, was endlich im September 1876 erzielt wurde, war die in der ganzen Aktion führende österreichische Regierung darauf bedacht, den Handelsvertrag mit dem Deutschen Reiche zu erneuern. Es sollte dies, wie bereits bemerkt, ohne eine Kündigung des Vertrages versucht werden, welcher erst 1877 ablief und ein Jahr vorher kündbar war. Demzufolge wurde Ende 1875 von der k. u. k. Regierung an Deutschland der Vorschlag gerichtet, die Dauer des bestehenden Handelsvertrages um ein Jahr abzukürzen, die Verhandlungen zur Erneuerung desselben sofort einzuleiten und den neuen Vertrag schon anfangs 1877 in Wirksamkeit treten zu lassen. Das deutsche Kabinett ging hierauf nicht ein, erklärte sich jedoch bereit, in die Verhandlung wegen Erneuerung des Vertrages mit der Absicht einzutreten, die neue Vereinbarung, falls sie rechtzeitig zustande komme, schon am 1. Januar 1877 in Wirksamkeit zu setzen.

Es kam jedoch nicht zur Verwirklichung dieser Idee, und weil es nicht dazu kam, wurde im Oktober 1876 endlich der deutsche Handelsvertrag formell gekündigt. Das Berliner Kabinett fand sich trotz wiederholter und eindringlicher Betreibungen auch nachher nicht zur Eröffnung der Vertragsverhandlungen bereit. Vielmehr frug dasselbe noch im April 1877 an, ob nicht eine Verlängerung des Vertrages möglich wäre. „Es habe sich in Deutschland eine Partei gebildet, welche die Ansicht hegt, es empfehle sich für Deutschland eine autonome Regelung seines Zollwesens und eine selbständige Fixierung der künftig zu befolgenden Zollpolitik; deshalb sei es wünschenswert, den gegenwärtigen Zollvertrag vorläufig auf kurze Zeit zu verlängern, um für die autonome Regelung der einschlägigen Fragen Zeit zu gewinnen; es wäre sonach die Verhandlung über einen neuen Vertrag mit uns für einen späteren Zeitpunkt und nach Abschluß der inneren Gesetzgebung ins Auge zu fassen." Als dieser Vorschlag sofort abgelehnt wurde, erschienen zwar die deutschen Kommissarien in Wien (16. April 1877), entfernten sich jedoch Mitte Mai wiederum, ohne daß sie über ihre eigenen Forderungen und Zugeständnisse in Bezug auf die Hauptsache, nämlich die Tarife, sich näher oder überhaupt bestimmt ausgesprochen hätten.

Es trat wiederum eine Pause ein.

Anfangs Juli 1877 stellte die deutsche Regierung „behufs Feststellung der Instruktionen" einige Anfragen, nämlich ob der mitgeteilte österreichisch-ungarische Tarifentwurf als feststehend zu betrachten sei, und ob nicht der Vertrag auf ein Jahr verlängert werden könnte. Als die erste Frage bejaht, letztere verneint wurde, wurde deutscherseits die Verlängerung des bestehenden Vertrages neuerdings moviert und zum erstenmal die Geneigtheit zum Abschluß eines Meistbegünstigungsvertrages erklärt. Die ablehnende Antwort österreichisch-ungarischerseits machte in Berlin üblen Eindruck, und nur mit „Vorbehalt und Zweifeln an dem Gelingen der Zollverhandlungen" wurde schließlich dem „Versuche" zugestimmt, die Verhandlungen wieder aufzunehmen, welche denn auch anfangs August eröffnet wurden.

Es würde zu weit führen, wollten wir den Gang der Verhandlungen, wenn auch nur flüchtig, skizzieren; es genügt zu bemerken, daß dieselben beiderseits mit großem Aufwande an sachlichem und theoretischem Wissen und, was die Kommissarien anbelangt, auch mit dem aufrichtigsten Bestreben geführt wurden, zu einem positiven Endergebnisse zu gelangen[1]. Wir wollen nur den Standpunkt, welchen die beiderseitigen Unterhändler einnahmen, mit einigen Andeutungen feststellen.

Die deutschen Kommissarien waren auf dem Standpunkte des 1868er Vertrages, und wo darüber hinaus eine Zollerhöhung im österreichisch-ungarischen Tarife in Aussicht genommen war, ging das Begehren derselben auf die Wiederherstellung des status quo. Dabei wurden aber auch viele Forderungen nach Herabsetzung dieser Vertragszölle gestellt, z. B. für Wollengarne, Wollenwaren, Wirkwaren, Seidenwaren u. a. m. Bezüglich aller Zölle für Eisen und Eisenwaren sowie der Maschinen wurde sogar verlangt, daß man auf das Ausmaß der deutschen Zölle vor dem 1. Januar 1877 herabgehe.

Was dagegen die Forderungen Österreich-Ungarns gegenüber dem deutschen Tarif anbetrifft, so wurde auf die Anliegen nach Zollfreiheit des Holzes, Mehles, Getreides, nach Aufrechthaltung des freien Rohleinenverkehrs anfänglich geantwortet, daß Deutschland freie Hand zu behalten wünsche, jedoch später darin nachgegeben; was die begehrten Zollermäßigungen für Glas, Porzellan, Kleidungen, insbesondere die Bindung des Weines anbelangt, so wurde eine bestimmte Erklärung nie gegeben.

Mit einem Worte: die deutschen Unterhändler wollten einen besseren Vertragstarif nach Hause bringen, als es der 1868er war; nur mit einem solchen konnten sie hoffen, die Bedenken Bismarcks zu beschwichtigen und das Vertragswerk zu Hause durchzusetzen.

Auf dieser Grundlage war allerdings für Österreich eine Brücke zur Verständigung kaum zu finden; hier hatte man geglaubt, dadurch, daß man sich bei den Zollerhöhungen auf ein geringes Maß beschränkte, und daß man, wo irgend thunlich, diejenigen Artikel, an deren Import Deutschland ein namhaftes Interesse hatte, schonte und es mehr auf die Provenienzen aus England, Belgien u. s. w. abgesehen hatte, ein im ganzen annehmbares Äquivalent für die Erleichterungen des deutschen Tarifes bezüglich des Getreides, des Holzes und der übrigen Rohprodukte und Nahrungsmittel zu bieten.

---

[1] Von deutscher Seite beteiligten sich besonders die Kommissarien Geheimräte Huber, Jordan und Stüve, von österreichisch-ungarischer Seite Sektionschef Baron Schwegel und Ministerialrat Bazant, sowie Ministerialrat Matlekovits an den Verhandlungen.

Den Appreturverkehr war man, wenn auch mit Überwindung, schließlich bereit, gegen dem zuzugestehen, daß der Rohleinenverkehr ebenfalls zollfrei weiter belassen werde.

Daß Zollverträge immer neue Ermäßigungen der Zölle enthalten müssen, oder daß das Zugeständnis von geringen Zollerhöhungen im Vertragstarife, wie es von Österreich-Ungarn bei den Vertragsverhandlungen begehrt wurde, unmöglich oder sinnwidrig sei, läßt sich nur vom freihändlerischen Standpunkt vertreten. Die Erfahrung hat seither viele Beispiele geliefert, daß Vertragspolitik mit Zollerhöhungen nicht unvereinbar ist, und namentlich Österreich-Ungarn hat darin gegenüber Italien, der Schweiz, Serbien u. s. w. Proben großer Billigkeit gegeben. Wenn man sich nicht von abstrakten Lehren leiten läßt, wird man gelten lassen müssen, daß es nur darauf ankommt, ob bei dem neu vereinbarten Zolle ein Import möglich und lohnend ist oder nicht — und eine geringfügige Mehrbelastung ist namentlich dann leicht zu ertragen, wenn der frühere Zoll fast nominell oder unverhältnismäßig gering gegenüber dem Warenpreise ist, wie dies bei so vielen Positionen des österreichisch-ungarischen Tarifes der Fall war.

Für diese Erwägung schienen die deutschen Unterhändler vollkommen unzugänglich, wozu vielleicht auch die damals höchst unzulängliche Handelsstatistik hüben und drüben, welche einen besseren Einblick in die thatsächlichen Konkurrenzverhältnisse nicht gewähren konnte, beigetragen haben dürfte. Das strenge Beharren auf dem früher angedeuteten Standpunkte und das geringe Entgegenkommen erklärt sich wohl auch aus dem Mangel an Instruktionen, der sie hinderte, bestimmte Erklärungen abzugeben. Thatsache ist, daß man von österreichisch-ungarischer Seite zu Ende September einen letzten Versuch machte, die vorhandenen Differenzen durch ein weiteres Nachgeben zu beseitigen. Bei einer zweiten Lesung des österreichisch-ungarischen Tarifs schrumpfte auf diese Weise die Zahl der Differenzen erheblich ein; bei Mitteilung dieser letzten Konzessionen wurde zugleich das dringende Begehren ausgesprochen, daß nun auch Deutschland sich definitiv ausspreche. Am 22. Oktober wurde endlich die folgende Erklärung der deutschen Delegierten abgegeben, welche den Abbruch der Verhandlungen bedeutete.

„Die deutsche Regierung könne die Verantwortlichkeit für einen Vertrag nicht übernehmen, welcher den durch den Vertrag von 1868 gewonnenen Stand wesentlich verschlechtern würde." „Ohne die obwaltenden Differenzpunkte detaillieren zu wollen, weise man nur darauf hin, daß die österreichische und ungarische Regierung den deutscherseits gemachten Vorschlägen zum Teil gar nicht, zum Teil nur in beschränktem Maße entsprächen, während andererseits solche Forderungen aufrecht erhalten würden, welche für Deutschland unannehmbar seien. Die kaiserliche Regierung sei demnach zu ihrem Bedauern nicht in der Lage, die mehrerwähnten Propositionen als Basis für den Abschluß eines neuen Handelsvertrages annehmen zu können."

Diese allgemein gehaltene Erklärung erhielt ihre eigentliche Bedeutung dadurch, daß die deutschen Kommissarien auf die darauf folgenden Fragen erwiderten, in keine Details und keine weiteren Verhandlungen eingehen zu können und sofort abreisen zu müssen.

Der erste Eindruck war Verblüffung. Wie, jetzt, wo Deutschland endlich ein bestimmtes Wort zu sprechen hatte, wo es sprechen mußte, wo man in das entscheidende Stadium gelangt war, wird vermieden, überhaupt Differenzpunkte anzugeben oder ein Ultimatum zu stellen?

Jetzt wurde man sich in österreichischen Regierungskreisen darüber klar, daß der in der deutschen Regierung maßgebende Faktor keinen Zollvertrag und vorläufig bloß Zeit gewinnen wolle, um auch den deutschen Tarif zu reformieren. Auch jetzt noch war man weit davon entfernt, an eine so vollständige Umstürzung der deutschen Wirtschaftspolitik zu glauben, wie sie zwei Jahre später in dem neuen deutschen Zolltarife zu Tage trat. Jetzt wurde die Sprache des deutschen Kabinetts, welches immer nur die kurze Verlängerung des alten Handelsvertrages wollte und allen entscheidenden Verhandlungen möglichst lange auswich, verständlich. Man hatte diese Symptome unterschätzt. Schien doch Deutschland, das in selbem Jahre die Zölle auf Roheisen und erstes Eisenfabrikat abgeschafft hatte, die Hochburg des Freihandels, in welcher sich nimmer eine Majorität für Zölle auf Getreide, Rohstoffe u. s. w. aufbringen ließ. Wäre Poschingers Sammlung der „Aktenstücke zur Wirtschaftspolitik des Fürsten Bismarck" schon damals erschienen, so hätte man die letzten Gründe des Abbruchs der Verhandlungen besser erkannt und manchen ungerechten Vorwurf vermieden[1]).

---

[1] Der Verfasser läßt hier einen von ihm am selben Tage (22. Okt. 1877) verfaßten und an Herrn von Chlumecky überreichten Bericht folgen: „Abbruch der Vertragsverhandlungen mit Deutschland betr. Unter dem ersten Eindruck der heute stattgehabten Konferenz mit den deutschen Unterhändlern und im Hinblick darauf, daß die damit gegebene Wendung bald eine Entscheidung über das weitere Vorgehen in der Zollfrage erheischt, erlaube ich mir einige Wahrnehmungen aufzuzeichnen, die ich über die heutige Konferenz zu machen in der Lage war.

Die erste Frage, welche sich aufdrängt, ist, ob das unvermutete Ablehnen einer weiteren Verhandlung auf der durch 6 Monate doch bereits angenommenen Basis,

Ob diese Erkenntnis etwas an dem Gange der Ereignisse geändert hätte, ist mehr als zweifelhaft. Konnte Österreich darauf verzichten, große

---

d. h. auf der Basis unseres Tarifentwurfes, nur eine taktische Bedeutung habe oder wirklich als ein Abbruch der Verhandlungen aufzufassen sei.

Ich konnte darüber nicht im Zweifel sein.

Wenn die verlesene Erklärung der Deutschen anfangs noch mancherlei Deutung zuließ, so gewann dieselbe durch die darauf folgenden Kreuz- und Querfragen mehr Relief . . . Die Deutschen hatten offenbar die Weisung, in der schonendsten Form die Abbrechung der Verhandlungen mitzuteilen und sagten das so inhaltsschwere Wort, daß sie Ordre haben, abzureisen, erst im letzten Momente.

Für die Beurteilung des Sinnes und Grundes des von deutscher Seite eingeschlagenen Weges ist bezeichnend:

1. die Ordre, abzureisen, und
2. sich in keine weitere Verhandlung einzulassen;

es ist aber auch bemerkenswert, mit welcher Scheu sie allen Details auswichen und förmlich besorgten, durch plötzliche Konzessionen zur Verhandlung gezwungen zu werden. Hätten die Deutschen mit ihrer Erklärung bloß einen Schachzug zur Erzwingung besserer Vertragspositionen bezweckt, so hätten sie ihr Gegenultimatum stellen und ihre Forderungen, wären sie noch so zahlreich und groß, förmlich aufrecht halten müssen; sie hätten die Brücke nicht hinter sich abgebrochen, und es wäre dann taktisch richtig gewesen, den so lange gesponnenen Faden nicht zu zerreißen, sondern das „Entweder — oder" auszusprechen. Das thaten sie aber nicht; sie suchten fast ängstlich noch jede Differenz zusammen, erklärten keine aufzugeben, auch unseren Forderungen in gar keinem Punkte, und sei es in noch so unerheblichem Maße, nachzugeben, als wären sie schon zu weit gegangen und als fürchteten sie, daß man sie beim Worte nehme.

Die Scheu vor Details scheint mir dafür zu sprechen, daß man in der deutschen Reichskanzlei den Vertrag nicht will.

Es wäre auch eine sonderbare Taktik, nach einer sechsmonatlichen Verhandlung die nicht zu unterschätzenden Konzessionen einfach preiszugeben, statt zu erklären, daß, wenn noch diese und jene Konzessionen hinzukommen, Aussicht auf Verständigung sei.

Zu einer taktischen Maßnahme ist das Vorgehen Deutschlands, so rücksichtsvoll sich auch die deutschen Unterhändler ihrer Aufgabe entledigt haben, zu brüsque; denn man schneidet nicht nur sich selbst die Möglichkeit weiterer Transaktionen ab, sondern macht es auch Österreich-Ungarn unmöglich, die Verhandlungen fortzusetzen.

Was heißt es denn, eine Verschlechterung des 1868er Standpunktes sei unzulässig und eine Verhandlung auf unserer Basis unmöglich? Nicht anderes, als daß die fast vor zwei Jahren geschehenen Vereinbarungen zwischen Österreich und Ungarn einfach bei Seite gelegt werden und dafür beiden Reichsteilen der von einer fremden Macht gewünschte Tarif von dazumal octroyiert werden soll. Das wäre eine beispiellose Abdikation, und das kann man uns gar nicht zugemutet haben. Solche Schwäche vorauszusetzen, scheint mir unmöglich.

Die deutsche Regierung muß offenbar mit der Eventualität rechnen, daß der Vertrag scheitert, und sie muß das weniger scheuen, als die Abschließung eines Vertrages, wie er überhaupt möglich ist. Die Erklärung dieser deutschen Erklärung liegt

Industrieen, welche sich mit Fug über unrichtige und nachteilige Zölle beschwerten, vor weiterem Schaden zu bewahren? Konnte das seit 10 Jahren anerkannte administrative Bedürfnis nach einer durchgreifenden Ordnungsherstellung in den chaotischen Zolltarifen länger ignoriert und die empfindlichen finanziellen Einbußen, welche daraus jahrein jahraus sich ergeben, länger vertragen werden? Und konnte diese dringende Reform vorsichtiger und schonender in Angriff genommen werden, als es thatsächlich geschehen? Wenn von seite der Partisane des Freihandels damals und vielleicht noch heute behauptet wird, daß die Kündigung des Handelsvertrags vom Jahre 1868 ein Fehler gewesen, welcher die Grundursache aller späteren Zollwirren gebildet habe, so vergißt man, daß durch die Unterlassung dieser Kündigung nur ein dürftiges Provisorium von etwa zwei oder drei Jahren gewonnen worden wäre und daß von einer Erstreckung dieses alten Vertrages auf eine längere Zeit nie, auch von deutscher Seite gar nie ernstlich die Rede war.

Was wäre also damit gewonnen worden? Wohl nur, daß dasjenige, was gekommen ist, zwei oder drei Jahre später gerade so gekommen wäre, wie es gekommen ist. Denn man vergißt, daß auch außerhalb Österreich-Ungarns die zollpolitische Reaktion immer weitere Kreise zog und ihre Rückwirkung auf das Deutsche Reich früher oder später hätte äußern müssen. Man vergißt, daß in Frankreich die Vorbereitungen zur Revision des Zoll-

---

wohl in der zweiten Alinea der letzteren, beginnend: „Die kaiserliche Regierung kann die Verantwortlichkeit für einen Vertrag nicht übernehmen, welcher wesentliche Verschlechterungen gegen den Vertrag von 1868 enthält."

Ich glaube an den Ernst dieses Motivs; es ist jeder Regierung schwer, vor ein Parlament mit einem Vertrage zu treten, der schlechter als der frühere war, und für welchen man keine andere Motivierung weiß, als daß eben der andere staatliche Kompaciszent mehr nicht konzediert.

Ich komme hier auf die oft gemachte Bemerkung zurück, daß Handelsverträge gut sind, um aus prohibitiven und hochschutzzöllnerischen Verhältnissen in liberale Bahnen zu treten, keineswegs aber umgekehrt. Dazu kommt die ganze verfahrene handelspolitische Lage Deutschlands — diese freihändlerische Oase — in Europa. So mag der deutsche Reichskanzler gedacht haben und zu seinen in der freihändlerischen alten Schule ergrauten Beamten gesagt haben: „Gut; ihr glaubt einen günstigen Vertrag mit Österreich-Ungarn zuwege zu bringen, welcher uns gestattet, uns dort für die Einbuße zu regressieren, welche wir durch Frankreich erleiden. Wohlan, versucht es; wenn ihr aber nicht einen sehr günstigen, d. h. den alten Vertrag erzielt, also keinen." Mit einem Worte: der Antrag Varnbüler hat in den maßgebenden Kreisen Deutschlands Zustimmung gefunden; temporisieren, prüfen und dann Handelspolitik nach konkreten Zielen treiben."

tarifes, welche vom Jahre 1872 datieren, seither fortwährend lehrreiches Material für die Zollpolitiker aller Staaten lieferten und über das Endziel, die durchgreifende Änderung der alten Zollverträge, schon damals keinen Zweifel ließen. Man vergißt, daß Italien, wo im Mai 1870 die große Industrieenquete ausgeschrieben worden, im Jahre 1874 dazu gelangt war, seine Schutzzölle in einem neuen Tarife zu verstärken, welcher denn auch im Jahre 1878 autonom zu Tage trat. Daß die österreichische Regierung den ablaufenden und verbesserungsbedürftigen Handelsvertrag mit Deutschland endlich kündigte, kann unmöglich als Ursache des autonomen Regimes hüben und drüben erklärt werden. Daß es an Bemühungen und Bestrebungen, einen erneuerten Handelsvertrag mit Deutschland zu Wege zu bringen, österreichisch-ungarischerseits nicht fehlte, haben wir gezeigt. Wenn diese Bemühungen dennoch erfolglos waren, so lag es, wie wir später noch ziffermäßig zeigen werden, nicht an der Unannehmbarkeit der österr.-ungar. Vorschläge, sondern, wie namentlich nach Poschingers Aufschlüssen heute unzweifelhaft ist, daran, daß der große Kanzler sich damals schon mit ganz anderen handelspolitischen Anschauungen trug, welche heute als Agrarzollpolitik den Weg durch die Welt gemacht und fast allseits Nachahmung gefunden haben. Und, wen will man glauben machen, daß dieser durchaus selbständige und weitblickende Pfadfinder gar nicht auf den Gedanken gekommen wäre, seine eigenartige Handelspolitik zu verfolgen, wenn nicht das böse Beispiel von Österreich gegeben worden wäre? Und damit sind wir bei dem wahrhaften Grunde des Scheiterns der Vertragsverhandlungen vom Jahre 1877 angelangt.

Der Schöpfer der Agrarpolitik fand, daß die deutscherseits einzuräumende Zollfreiheit für Getreide, Holz und andere Rohprodukte schwerer wiege, als alle Ermäßigungen der österreichisch-ungarischen Zölle für die deutsche Ausfuhr, er fand, daß die von Österreich-Ungarn zugestandenen Erleichterungen für den Absatz deutscher Industrieerzeugnisse nach Österreich-Ungarn in keinem Verhältnisse standen zu der Verzichtleistung des Deutschen Reiches auf den Schutz seiner landwirtschaftlichen Produktion gegenüber der Konkurrenz nicht etwa Österreich-Ungarns allein, sondern auch Rußlands und Nordamerikas. Diese Verzichtleistung dünkte ihm ein schweres Opfer. Denn vom agrarischen Standpunkte, den in seiner ganzen Rücksichtslosigkeit und Konsequenz kennen zu lernen, es einer Reihe von Jahren und seltsamer Erfahrungen bedurfte, kann das Interesse an dem eigenen inneren Markte und an dessen Bewahrung für die eigene Urproduktion auch im entferntesten nie durch das Interesse an der Erhaltung des Absatzes für Industrieerzeugnisse in e i n Nachbarland aufgewogen werden; während der Freihändler in jedem

Zölle auf Rohprodukte und Lebensmittel einen Schaden erblickt, während der Schutzzöllner alter Observanz in der Beseitigung solcher Zölle ein Mittel zur Förderung der eigenen Industrie sieht, und die Abschaffung derselben leichten Herzens zugesteht, wird der Agrarzöllner nie und nirgends eine Kompensation für die Freigebung des Marktes für die eigene Bodenproduktion finden.

Es mag gestattet sein, an dieser Stelle das Zeugnis des damaligen Handelsministers von Chlumecky anzuführen, welcher sich als Abgeordneter im österreichischen Reichsrate am 9. Juni 1886 folgendermaßen darüber äußerte:

„Wenn man sagt, daß unserseits die so wichtigen Verhandlungen mit Deutschland im Jahre 1877 abgebrochen worden sind, so ist diese Thatsache auch richtig, aber man muß denn doch auch ein wenig beleuchten, warum sie geschah.

Damals war eben jene Richtung in den obersten maßgebendsten Kreisen Deutschlands erst im Ausreifen begriffen, welche zu der später, wie eruptiv auftretenden seltsamen Wirtschaftspolitik Deutschlands geführt hat, und gleichzeitig wirkten noch Organe in der deutschen Regierung mit, welche an den alten freihändlerischen Traditionen hingen und welche um jeden Preis Deutschland vor dieser, ihnen abenteuerlich scheinenden Wirtschaftspolitik bewahren wollten.

Wir aber sollten das Objekt sein, um die Zweckmäßigkeit der Vertragspolitik und die Unzweckmäßigkeit der autonomen Politik zu beweisen, und es wurden uns Bedingungen gestellt für die Annahme eines Tarifvertrages, welche nach Überzeugung der beiderseitigen Regierungen den Ruin unserer Produktion, unseren wirtschaftlichen Ruin herbeigeführt hätten.

Daß man unter solchen Umständen lieber den, wenn auch bedauerten Weg des autonomen Zolltarifes ging, das wird man begreifen.

Diese Thatsache allein beweist, daß meine Worte richtig sind, und ich hielt mich für verpflichtet, sie auszusprechen, weil immer wieder und immer wieder im Inlande, wie im Auslande Österreich der Vorwurf zugeschleudert wird, daß Österreich es war, welches den eigentlichen Anstoß zu der gegenwärtigen, zollpolitisch gewiß bedauerlichen Situation in Mitteleuropa gegeben hat. Nicht immer ist derjenige, der zuerst seine Truppen aufmarschieren läßt, wirklich der angreifende[1]."

---

[1] Einen ähnlichen Vorwurf erhebt Adolf Beer in seinem jüngsten Werke „Die österreichische Handelspolitik im 19. Jahrhundert". Er sagt: „Die österreichischen

Bismarck stand damals noch ziemlich einsam mit seinen handelspolitischen Anschauungen. Allein es genügte, daß diese Anschauungen an entscheidender Stelle herrschten und der Zollvertrag zwischen Österreich-Ungarn und dem Deutschen Reiche scheiterte daran zum ersten Male im Jahre 1877. Diese Wahrheit wird dadurch nicht beeinträchtigt, daß in den Regierungskreisen des Deutschen Reiches, welche sich mit den Vertragsverhandlungen befaßten und die deutsche Zollpolitik führten, noch andere Gründe bestimmend waren, den Abbruch der Vertragsverhandlungen einem Abschlusse vorzuziehen, welcher nach ihrer Auffassung eine Verschlechterung des Standes der Vertragszölle vom Jahre 1868 bedeutet hätte. Für diese Kreise waren die schon bei den Verhandlungen angedrohten Agrarzölle nur Negociations-

---

Handelspolitiker hatten die freihändlerische Richtung, welche das Deutsche Reich bisher eingeschlagen, für eine dauernde gehalten und gewähnt, daß ein einfacher Meistbegünstigungsvertrag mit Deutschland hinreichen dürfte, um Österreichs Absatz von landwirtschaftlichen Erzeugnissen nicht wesentlich zu beeinträchtigen. Daß der Nachbarstaat, mit dem sich in den letzten Jahrzehnten ein reger Verkehr entwickelt hatte, die Agrarzölle wieder einführen werde, wurde von den maßgebenden Persönlichkeiten des österreichischen und ungarischen Handelsamtes nicht geahnt. Das Unerwartete und Nichtgeglaubte war nun Thatsache" u. s. w.

Darauf ist einiges zu erwidern. Wie Herr Adolf Beer, welchem es an Kenntnis der Sachlage nicht fehlt, behaupten kann, daß die österreichischen Handelspolitiker „gewähnt haben, daß ein einfacher Meistbegünstigungsvertrag mit Deutschland hinreiche u. s. w.", ist ganz unverständlich. Das Gegenteil ist Thatsache und geht aus der vorliegenden wahrheitsgetreuen historischen Skizze deutlich hervor. Daß die österreichischen Handelspolitiker die kommenden Agrarzölle nicht „geahnt" haben, ist ebenfalls unrichtig. Denn es wurde diese Perspektive von deutschen Unterhändlern im Jahre 1877 zu oft wiederholt, um ganz unbekannt zu bleiben. Wer wußte aber im Jahre 1877, was Bismarck im Jahre 1885 und 1887 wollen werde, und zwar so bestimmt, um damit rechnen zu können? Die Freihändler, darunter Herr Beer, welcher im Jahre 1891 vornehm so spricht, scheinen noch im Jahre 1878 ebensowenig die kommenden Agrarzölle „geahnt" zu haben; wenigstens hat Herr Beer als Abgeordneter des österreichischen Reichsrates bei den großen Zolldebatten des Jahres 1878 seine Sehergabe nicht erkennen lassen.

Aber auch Bismarcks Agrarzölle waren im Jahre 1879 gar nicht darnach, um jemand zu erschrecken. Erst im Jahre 1885 und 1887 war Bismarck, nachdem er endlich alle Schwierigkeiten in den Ministerialbureaus und im Parlamente überwunden und sich von der Unwirksamkeit der 1879er Agrarzölle überzeugt hatte, zu jener Schärfe der Agrarpolitik gelangt, welche Herr Beer mit seiner pathetischen Redewendung im Auge hat.

Übrigens ist dabei nichts zu bedauern. Österreich ist, wie wir später nachweisen werden, recht gut mit seiner Schutzzollpolitik gefahren, und man kann heute wohl sagen: Der Schutzzoll in Deutschland konnte Österreich nie so schaden, als der Freihandel in Österreich selbst.

mittel und als dieselben nichts fruchteten und die Verhandlungen resultatlos endeten, hoffte man durch Retorsionen zu dem stets festgehaltenen Ziele eines Zollvertrages, welcher „mindestens" dieselben Vorteile wie der alte bringe, zu gelangen. Daß Bismarck jede Retorsion verwarf und die sich entwickelnde autonome Zollpolitik Österreich-Ungarns ruhig ihren Gang nehmen ließ, geht aus Poschingers Sammlung klar hervor.

Der autonome Zolltarif vom 27. Juni 1878.

Die Lage, welche durch das Scheitern der Vertragsverhandlungen mit dem Deutschen Reiche am 22. Oktober 1877 geschaffen worden, war derart, daß ein anderer Weg, als jener, welcher zur autonomen Zollpolitik führte, vorläufig ausgeschlossen erschien.

Mit Italien waren die Vertragsverhandlungen zeitweilig ausgesetzt worden. Der Vertrag mit Frankreich vom 11. Dezember 1866 war abgelaufen, von Österreich gekündigt und vorläufig erstreckt worden, um je nach Ausgang der Verhandlungen mit Deutschland, welche als maßgebend immer in erster Linie behandelt wurden, erneuert zu werden. Damals war noch der Abschluß eines Tarifvertrages mit Frankreich, allerdings in beschränktem Rahmen, in Aussicht genommen, eine Aussicht, welche durch den Wegfall eines Tarifvertrages mit Deutschland allerdings in eine nebelhafte Ferne gerückt worden.

Der Handelsvertrag mit Deutschland lief infolge der Kündigung am 31. Dezember 1877 ab, ohne daß der autonome Tarif in Gesetzeskraft erwachsen, ja auch nur zwischen den Regierungen der beiden Reichshälften als solcher definitiv festgestellt war.

Unter diesen Umständen erübrigte nur, sowohl den Handelsvertrag mit Deutschland vom Jahre 1868 als jenen mit Frankreich und Italien zunächst auf ein Halbjahr und dann auf das ganze Jahr 1878 zu verlängern, was auch mit Zustimmung der Vertragsstaaten geschah.

Damit war Zeit gewonnen, um nicht nur den Zolltarif autonom ins Leben zu setzen, sondern auch das Zoll- und Handelsbündnis mit Ungarn mit dem übrigen Komplex von Institutionen, die in beiden Reichshälften gleichartig oder gemeinsam zu regeln waren, unter Vertrag und Gesetz zu stellen. Noch vor Schluß des Jahres 1877 einigten sich die beiden Regierungen der Monarchie über diese Fragen. Was speciell den autonomen Zolltarif betrifft, so haben wir denselben bereits früher skizziert. Den Preis für die Zustimmung Ungarns dazu, daß dieser Tarif zum Gesetze in beiden

Reichshälften werde, bildete das Zugeständnis, daß alle Ermäßigungen der Zölle, welche bei den vorangegangenen Verhandlungen mit Deutschland zugegeben worden waren, nunmehr in den autonomen Zolltarif überzugehen haben.

Man kann nicht sagen, daß die Verständigung über diesen Punkt langwierig oder schwer gewesen wäre. Es mußte bewiesen werden, daß, wenn im Auslande darauf gerechnet worden war, daß Österreich sich mit Ungarn über einen autonomen Tarif nicht werde einigen können, diese Voraussetzung völlig hinfällig sei, eine Wahrnehmung, welche wir bei späteren ähnlichen Komplikationen bestätigt finden.

Es erübrigt nun, diesen Zolltarif noch in seinem Wesen zu beleuchten. Der Tarif war, wie früher bemerkt, eine Korrektur des alten Vertragstarifes, der auch in seiner Gliederung, seiner Nomenklatur und Tendenz im großen und ganzen aufrecht blieb und nur einzelne Einschaltungen und Veränderungen aufwies, welche auf äußerst maßvolle Zollerhöhungen ausgingen.

Es war ein autonomer Tarif nur nach der äußeren Form; im Wesen hatte er den Schmelzprozeß der Vertragsverhandlungen mit Deutschland durchgemacht und war gewissermaßen in dem Momente erstarrt, in welchem diese Verhandlungen abgebrochen worden waren, daher er wohl auch ganz gut zeigt, ob dieser Tarif wirklich so unannehmbar und für die Einfuhr aus Deutschland so hinderlich war, wie es von dem schematischen Gesichtspunkte des Freihändlers immer behauptet wurde.

Wir wollen deshalb die charakteristischsten Zölle herausgreifen, mit dem Warenwerte vergleichen und zeigen, welchen Einfluß diese Zölle auf die Einfuhr thatsächlich hatten. Weiter einzugehen, verbietet die Rücksicht auf den uns zu Gebote stehenden Raum. Voranzuschicken ist, daß Getreide, welches bisher bloß an den Grenzen Deutschlands, Rumäniens und Italiens zollfrei war, nunmehr ebenso wie Mehl allgemein als zollfrei erklärt wurde. Es war dies eine Konzession Ungarns an Österreich. Ebenso blieben alle Rohstoffe zollfrei. Die Zölle auf Vieh wurden zwar erhöht, mitunter verdoppelt, blieben dabei noch immer auf einem Niveau, das sich über 2—4 % des Warenpreises nirgends erhob. In der Hauptsache wurde dadurch die Einfuhr aus Rußland und Serbien berührt; gegenüber Rumänien bestanden Vertragszölle.

Die stärksten Änderungen ergaben sich in der Textilwarengruppe, welche wir hier in den wesentlichsten Punkten folgen lassen, wobei zugleich an der Hand der von der k. k. Permanenzkommission für das Jahr 1879 ermittelten Handelswerte der Effekt der Zollbelastung durch die Angabe dargestellt wird, wie viel Prozente vom Warenwerte die neuen Zölle betrugen.

	Zölle in fl. per 100 Kilo vom J. 1868	vom J. 1878	Im Verhältnis zum Werte beträgt der Zoll vom Jahre 1878
Baumwollgarne roh, einfach oder doublirt: bis N. 12 englisch . .	8	6	5 %
von N. 12—30 englisch	8	8	8 %
über N. 30 englisch . .	8	12	10 %
Baumwollwaren aus Garnen unter N. 50.			
a. 38 Fäden oder weniger auf 5 Millim. im Quadrat zählend:			
1. roh	40	32	23 %
2. gebleicht, gefärbt . .	40	40	16 %
3. bedruckt u. s. w. . .	80	60	13 %
b. mehr als 38 Fäden zählend:			
1. roh	40	50	15 %
2. gebleicht, gefärbt . .	40	60	16 %
3. bedruckt u. s. w. . .	80	80	14 %
Baumwollwaren aus Garnen über N. 50:			
1. roh	40	60	13 %
2. gebleicht, gefärbt, bedruckt	80—120	90	15 %
Baumwollwaren aus Garnen über N. 100	40—120	150	14 %
Wollwaren im Gewichte:			
1. von mehr als 600 Gramm per 1 □ Meter	gewalkt 40 fl. ungewalkt 80 fl.	40	13 %
2. von 450—600 Gramm per 1 □ Meter		60	10 %
3. von weniger als 450 Gr. per 1 □ Meter		80	9 %
4. mit Baumwollkette von 300—600 Gr. (englische Provenienz)		50	20 %
Seidenwaren, gemeine:			
1. façonniert	120	200	6 %
2. glatt		150	6 %

Außerdem traten in Jutegeweben (damals ausschließlich englische Provenienz) einige mäßige Zollerhöhungen ein.

In Leinenwaren trat keine Änderung von Belang ein.

Der Tarif für Eisen und Eisenwaren, dann Maschinen blieb fast gänzlich unverändert.

In kurzen Waren (Schmuck, Quincaillerie) wurden die Zölle für wertvolle Waren wohl erhöht, ohne jedoch irgend fühlbar zu werden.

In Eisenbahnfahrzeugen wurden Zölle auf der Basis von 12 % erstellt.

In Thon-, Glas-, Holz-, Bein- und Leder-, sowie Kürschnerwaren ergaben sich nur belanglose Änderungen ohne eine nennenswerte Zollerhöhung.

Auch die wichtige Gruppe der Waren aus unedlen Metallen zeigt keine irgend bemerkenswerte Veränderung.

So sah also der Tarif aus, von welchem behauptet wurde, daß er eine wesentliche Verschlechterung der Vertragszölle vom Jahre 1868 bedeute und unannehmbar sei. Diese fast schüchternen und wie wir sofort zeigen werden, wirkungslosen Zolländerungen waren es, welche von dem Chorus der Freihändler hüben und drüben als die Ausgeburt des Hochschutzzolles verlästert wurden!

Wir wollen nun zeigen, welche Wirkung diese Zölle auf die Einfuhr nach Österreich-Ungarn übten, indem wir die Ziffern der Einfuhr vor und nach dem Zolltarife vom Jahre 1878 nach der amtlichen Handelsstatistik folgen lassen.

Einfuhr in Metercentnern.

	1876	1877	1878	1879	1880
Baumwollgarne	113 067	137 241	147 826	112 166	115 212
Baumwollwaren	11 505	7 646	10 251	9 907	12 812
Wollenwaren	35 212	26 412	37 358	31 811	33 103
Seidenwaren	3 231	3 443	4 397	3 154	3 497

Diese Ziffern bedürfen keines Kommentars. Sie beweisen, daß gerade vom freihändlerischen Standpunkte der angebotene österreichisch-ungarische Tarif mit beiden Händen anzunehmen war und daß nur die doktrinäre Scheu vor jeder, selbst unwesentlichen Erhöhung des Zollsatzes, verbunden mit dem Mangel genügender Sachkunde, namentlich was die thatsächlichen Konkurrenzverhältnisse anbelangt, zu jenen grimmigen Ausfällen veranlaßt haben konnte, welche wir in einem früher citierten Werke über die österreichisch-ungarische Zollpolitik mit Bedauern wiederfinden.

Bemerkenswert war der Versuch, die Zölle auf Kaffee (von 16 fl. auf 25 fl.) und Petroleum (von 1 fl. 50 kr. auf 8 fl.) zu erhöhen, um die geringen Zolleinnahmen zu stärken, woran auch Ungarn ein besonderes Interesse hatte, da es darin weniger konsumiert, als nach dem Schlüssel für die Verteilung des Zollertrages (31,6 % zu 28,4 %) entfällt. Zu erwähnen ist schließlich die Bestimmung, daß alle Zölle in Gold einzuheben sind, was einer Zollerhöhung von 15—25 % gleichkam.

Die Tarifvorlage erregte im österreichischen Abgeordnetenhause langwierige Debatten.

Die Freihändler, noch ziemlich kräftig, weniger durch ihre Anzahl, als ihre oratorische Bedeutung und ihre Überzeugung, daß dieser erste Schritt auf dem neuen, fast unbekannten Felde der autonomen Zollpolitik als unheilbringend auf das entschiedenste bekämpft werden müsse, bekämpften die Regierungsvorlage auf das schärfste. Von dieser Seite sind insbesondere Walterskirchen, Teuschl, Ruß, Auspitz und namentlich Granitsch anzuführen, welche einen Kampf der Verzweiflung führten. Die Schutzzollbewegung wurde auf Agitationen der Industriellen und ihrer Freunde zurückgeführt, denen die Regierung schwächlich nachgegeben habe, in der Hoffnung, durch ihre Unterstützung den Ausgleich mit Ungarn im Parlamente durchzubringen, wirkliche und scheinbare Blößen der Vorlage wurden zu heftigen Ausfällen ausgenützt und vor allem stark mit Übertreibungen gearbeitet. Der Hauptvorwurf war, daß der Vertrag mit Deutschland durch Verschulden der österreichischen Regierung und ihrer Vertreter gescheitert sei und die eingehendsten Darlegungen des Handelsministers Chlumecky bei den Ausschußberatungen begegneten tauben Ohren von dieser Seite. Charakteristisch schloß Granitsch seine vehemente Rede mit den Worten:

„Was soll dieser autonome Tarif bewirken? Dieser autonome Tarif, welcher die Negation des Vertrages mit Deutschland, die Abschaffung des Appreturverfahrens im Gefolge hat, welcher den Zollkrieg als Prinzip in dem Einführungsgesetze etabliert?"

„Was mutet man dem Tarife für Wirkungen zu? Die Erhaltung. Und was wird eintreten? Dieser autonome Zolltarif muß aufgebaut werden auf der Zerstörung großer Industriezweige! Wir, meine Herren, die wir gegen den autonomen Zolltarif sind, und für den Zollvertrag kämpfen, wir sind es, welche die Industrieen erhalten, das investierte Kapital schützen, die Arbeitsamkeit und den Fleiß schonen wollen, wir wollen, meine Herren, nicht zu Gunsten einer Zukunfts-Industrie das heute Bestehende gefährden; denn in welcher Weise wird da argumentiert? Sie wissen, die Spinner haben außerordentlich laut während der Verhandlungen gesprochen, und es ist ihnen infolgedessen, weil sie sich sehr vernehmbar machten, gelungen, von der Regierung eine Erhöhung des Garnzolles zu erlangen, und Ihnen, meine Herren, wird zugemutet, dieser Erhöhung zuzustimmen (2 fl.). Was haben diese unscheinbaren 2 fl. für eine Wirkung? Diese unscheinbaren

2 fl. haben die kolossale Wirkung, daß die roheste merkantilistische Theorie, welche man schon längst überwunden zu haben glaubte, und welche einem vergangenen dunkeln Jahrhunderte angehört, bei uns wieder zur praktischen Wahrheit werden solle; diese 2 fl. sollen nicht die Industrieen schützen, nein, sie sollen die Industrieen hervorrufen; sie sollen bewirken, daß nicht gemeine Garne, sondern daß mittelfeine Garne nunmehr in Österreich gesponnen werden. Und in der Anhoffnung, daß es so geschehen wird, daß es unseren hochverehrten Spinnern, welche dann das Monopol haben, vielleicht einmal belieben wird, der Einladung zu folgen, und mittelfeine Garne zu erzeugen; in dieser Anhoffnung wird den Webern der Bezug dieser mittelfeinen Garne ihres täglichen Brotes sofort entzogen, werden die Weber ihres Arbeitsstoffes, ihres Fabrikationsstoffes beraubt, bloß zu dem Zwecke, daß die Industrie auf feine Garne in Österreich entstehe."

„Angesichts einer solch' gefährlichen, bedenklichen, ja verderblichen Wirtschaftspolitik werden Sie die Erfahrung machen, meine Herren von der Ministerbank, daß Sie ein Werk unternommen haben, welches keinen Bestand hat. Wer einmal von der Frucht der Erkenntnis der Handelsfreiheit gekostet hat, der wird nimmermehr dieser Erkenntnis untreu, und so wird es geschehen, und das wird Ihr Dank sein, den Sie für Ihre Arbeit ernten, daß Sie entweder selbst die Penelope-Arbeit verrichten müssen, daß Sie Ihre autonome Arbeit wieder auftrennen und zur vertragsmäßigen Arbeit zurückkehren, oder aber wenn Ihnen dieses Geschäft zu verrichten nicht vorbehalten ist, dann werden Ihre Nachfolger es thun. Denn ich bin überzeugt, was einem Thiers nicht gelungen ist, wird auch Ihnen nicht gelingen!"

Von schutzzöllnerischer Seite sprachen namentlich Skene, Hallwich, Pacher, Peez und ganz besonders wirksam Neuwirth, welcher in einer geradezu zermalmenden Rede die Argumente des Freihandels widerlegte. Von dieser vielfach polemischen Rede sei nur einiges erwähnt. Er sagte: „Was trennt uns also? Nun, alle Herren haben uns gesagt: Nicht die Höhe der Zollsätze ist es, sondern der Bruch mit dem Systeme der Handelsverträge, welcher das entscheidende Merkmal der fehlerhaften Politik ist. Also der Bruch mit den Verträgen, das ist das Kapitalverbrechen. (Rufe: Allerdings!) Dem gegenüber nun — und darauf erlaube ich mir den Schwerpunkt meiner Ausführungen zu legen — gestatten Sie mir eine Untersuchung nach drei Richtungen hin. Erstens: Welchen Nutzen haben die Verträge uns gebracht und in welcher Weise haben sie das Versprechen erfüllt, unseren Export nach dem Auslande zu heben und zu sichern? Zweitens: Was sind Verträge in Europa dermalen noch auf handelspolitischem Gebiete überhaupt wert?

und **Drittens**: Wie denkt **Europa** heute überhaupt über das Vertragssystem und welches sind die handelspolitischen Aussichten?"

Die erste dieser Fragen beantwortete Redner mit einer Kritik der Ergebnisse des Außenhandels an der Hand der Zollstatistik verneinend. Zur zweiten bemerkte Neuwirth:

„Ich wage die vielleicht etwas sehr ketzerische Behauptung, daß das Vertragssystem in Europa ein ganz fürchterliches Loch bekommen hat. Wodurch? Nicht etwa durch bloße Agitationen, wie die Vertragsfreunde anführen. Erstens dadurch, daß derjenige Staat, welcher das Vertragssystem erfunden hat, nicht mehr in der Lage ist, irgend eine Konzession zu bieten.

„Das Vertragssystem, als es erfunden wurde, hatte den Zweck, ein **handelspolitisches Erziehungsmittel** für die Völker zu werden. Es ergiebt sich traurigerweise, daß die Welt allem Anscheine nach dieses Mittel handelspolitischer Pädagogik allgemach satt bekommt. Beweis hierfür, daß die Verträge, die geschlossen wurden, von dem Gesichtspunkte des Systems von 1860 aus, **zwar abgelaufen aber bis jetzt nicht wieder erneuert worden sind**, und wohin wir in Europa blicken, überall stoßen wir auf **handelspolitische Provisorien**! Die Staaten haben angefangen, bevor sie sich den anderen gegenüber die Hände binden, zuvor ihr **eigenes** Interesse gründlich zu befragen. Einer wartet auf den anderen und da keiner vorausgehen mag, kommen Verträge eben nicht zustande. Nicht wir allein, wie der verehrte Herr Abgeordnete für Aussee angedeutet hat, haben Verträge gekündigt, es hat Frankreich gekündigt, Deutschland hat die Verträge ablaufen lassen, Italien hat gekündigt, England hat freilich nicht gekündigt, doch das hat Gründe, die ich wohl nicht weiter anzugeben brauche. Es bestehen Provisorien zwischen Frankreich und allen Staaten mit Ausnahme von Italien, mit welchem eben jetzt ein sehr schutzzöllnerischer Vertrag auf Basis eines 10prozentigen Schutzzolles geschaffen wird; zwischen Deutschland und allen übrigen Staaten bestehen handelspolitische Provisorien.

„Mit einem Worte: Nur die Aversion, oder wenn ich sagen soll, die Scheu gegen das Vertragssystem und seine Wirkungen kann es erklären, daß in Europa, wenigstens in diesem Augenblicke — und die Zukunft kann man ja nicht vorhersehen — **das Vertragssystem nur als Provisorium bekannt ist**. Für uns hat dieses Faktum einen ganz besonders beachtenswerten Charakter, denn wir haben ja in zwölf Jahren nicht weniger als 22 Handelsverträge abgeschlossen.

„Allein eine viel größere Erschütterung noch hat das Vertragssystem **durch die sogenannte Klausel der Meistbegünstigung** erfahren, durch die Klausel, welche von allen Seiten als die Feindin aller handelspolitischen Stabilität anerkannt werden muß, als eine Gratisprämie für alle Staaten, die Gegenkonzessionen nicht machen können oder wollen, eine Klausel, durch welche jede Zollherabsetzung, die irgend einem Staate für irgend eine Konzession gewährt wird, sofort und ipso facto auch allen anderen Staaten zugute kommt. So kam es — ich werde nicht viel Beispiele anführen, obwohl ihre Zahl groß genug ist — daß, um nur das Markanteste anzuführen, die 1869er Nachtragskonvention, die wir mit England geschlossen haben, sofort auch auf Deutschland, Belgien, Frankreich u. s. w. Anwendung fand und beispielsweise die Fabrikanten von Verviers der englischen Regierung sehr vielen Dank dafür wußten, daß sie diesen Vertrag aus Österreich herausgepreßt hatte.

„Es kommt nun aber dem Handel — man kann es nicht genug hervorheben — vor allem auf die Stetigkeit des ökonomischen Systems an, und diese erwartet er auch gegenwärtig von uns. Alle diese Faktoren nun haben das Vertragssystem einigermaßen in Mißkredit gebracht. Das System selbst hat heute lange die Autorität nicht mehr in Europa, die es zur Zeit seiner Schöpfung im Jahre 1860 allerdings gehabt hat. Und wir sollen uns um diesen Zustand in Europa nicht bekümmern?"

„Nunmehr will ich mich nur noch eine Weile mit unserem handelspolitischen Verhältnisse zu Deutschland befassen. Dieses Verhältnis hat für uns heute das allergrößte, ja geradezu ein akutes Interesse. Sollte doch der Handelsvertrag mit Deutschland die Basis abgeben für unsere ganze höchste handelspolitische Zukunft. Die Tendenz nun, meine Herren, die in Deutschland besteht in Bezug auf die dortige künftige Handelspolitik, ist völlig unklar oder muß doch dafür gehalten werden, wenigstens insolange, als das Orakel von Varzin-Delphi nicht gesprochen hat. Aber sicher, meine Herren, ist eines: In Deutschland wird etwas geplant, was entschieden gegen den Strich des Manchestertums gebürstet ist. Wollen Sie dafür einen Gewährsmann? (Windthorst). Die Dinge liegen in Deutschland nicht so ganz plan und glatt, wie sie uns dargestellt werden, und Fürst Bismarck scheint wenigstens im Sinne des Dichters ein Industrieeller geworden zn sein, auf den das Wort paßt: „Was er webt, das weiß kein Weber!" Unsere Freihändler und Vertragspolitiker scheinen es freilich zu wissen, nur sagen sie es uns nicht.

„Worin also, meine Herren, liegt der Grund des Abbruches der Vertragsverhandlungen? Ich kann nur einen finden: In dem eigenen unfertigen handelspolitischen Zustande Deutschlands, in der Unklarheit Deutschlands über die eigenen handelspolitischen Ziele; weiter aber — und hierin liegt jenes Hindernis, welches hierzulande wenig beachtet wird, obgleich es thatsächlich eine große Rolle spielt, in dem Artikel XI des Frankfurter Friedensvertrages zwischen Frankreich und Deutschland, in jenem Artikel XI, bei welchem ausnahmsweise einmal Fürst Bismarck sich selber übel beraten hat, in jenem Artikel XI nämlich, in welchem für Frankreich die Meistbegünstigung ausgesprochen ist für alle Zeiten, das heißt wenigstens für so lange, als nicht ein neuer Krieg geführt wird, so daß jede Konzession, welche jetzt etwa an Österreich gemacht würde, mittelbar gegen den Wunsch Deutschlands auch auf Frankreich übergeht, und wie auf Frankreich, so auch auf alle jene Nationen, mit denen Verträge mit Meistbegünstigungsklauseln abgeschlossen werden. Jeder dieser Umstände wäre für sich genügend, um den Abbruch der Vertragsverhandlungen zu erklären; beide zusammen aber geben eben die vollständigste, ausreichendste Erklärung. Wenn ich die Situation Deutschlands überblicke, die Unentschiedenheit seiner eigenen Ziele, seine Stellung Frankreich gegenüber, den offenbaren handelspolitischen Zwiespalt in seinen eigenen Regierungskreisen, die Natur des Verlaufes der Verhandlungen hier, wenn ich all das überblicke, muß ich den Eindruck gewinnen — daß Deutschland einigermaßen spekuliert hat, vielleicht noch spekuliert, auf unsere internen Angelegenheiten, auf unsere Ausgleichsschwierigkeiten, daß es spekuliert hat, zum Teil wenigstens, und innerhalb gewisser Grenzen darauf, daß in der Lage, in der wir uns befinden, wir eben alles annehmen müssen, um nur den Ausgleich fertig zu bringen. Insoferne möchte ich dann auch aufmerksam machen, daß eine gewisse 'patriotische Erregung' hier denn doch vielleicht am Platze sein dürfte. Ich liebe es nicht, mit den Gefühlen des Patriotismus zu kokettieren; allein dieser Thatsache gegenüber muß endlich doch jeder sich fragen: Ist es bereits so weit mit Österreich gekommen, daß wir uns unsere Zollpolitik von Berlin diktieren lassen müssen? Sind wir bereits soweit jeder Selbständigkeit bar, daß wir nach allem, was geschehen ist, ein handelspolitisches Kanossa über uns ergehen lassen müssen? Ich bekenne ganz offen, ohne mich zum Verteidiger der Regierung oder des Handelsministers machen zu wollen, dafür allein, daß er bisher nicht nach Kanossa gegangen ist, votiere ich ihm meinen bescheidenen Dank".

Sehr klar und eindringlich legte der Handelsminister Chlumecky den Standpunkt der Regierung dar.

„Wir wollten den Vertrag, und ich sage noch mehr: Wir wollen ihn noch und wir hoffen, daß es trotz dieser Vorlage, ja vielleicht wegen derselben, gelingen wird, einen Vertrag zu beiderseitigem Vorteile zustande zu bringen. Freilich, ich stehe nicht auf dem Standpunkte, den Vertrag des Vertrages willen zu wollen. Ich will den Vertrag der Vorteile willen, welche er uns bringt. Es mag sein, daß jener Standpunkt eine Berechtigung hat, welcher jeden Zollvertrag, möge er auch noch so weitgehende Ermäßigungen mit sich bringen, als etwas an und für sich Gutes ansieht! Es mag sein, daß jene Recht haben, welche — wie ich früher angedeutet habe — in jeder Zolltarifsherabsetzung, mögen auch dadurch die Konkurrenzverhältnisse unserer Industrie noch so sehr gefährdet werden, einen politischen oder wirtschaftlichen Vorteil erblicken. Dieser Standpunkt ist möglich, ich muß aber offen erklären, daß das ein Standpunkt ist, den ich wenigstens nicht einnehme. Mir ist der Vertrag wertvoll der Vorteile wegen, die dadurch dem Handel und der Industrie zugeführt werden, Vorteile, welche eben in Kompensationen bestehen, welche man sich beiderseits für dargebrachte Opfer bietet. Wer aber dieser Ansicht ist, wer eben einen günstigen, auch für uns vorteilhaften Vertrag wünscht, der muß für die Vorlage stimmen, denn nur dadurch wird — nach meiner Überzeugung — der Abschluß eines günstigen Vertrages ermöglicht und erleichtert. Ich weiß sehr wohl, daß es hier Vertreter giebt, welche soweit gehen, daß sie einen Vertrag überhaupt nicht wünschen, aber soweit geht die Regierung nicht nur nicht, sondern ich spreche offen das Gegenteil davon aus. Man wird mich aber nun fragen: Ja, wozu denn dieser Zolltarif, wenn ein Vertrag kommt, der am Ende alles über den Haufen wirft? Wozu im heutigen Momente einen Zolltarif? Es ist nicht meine Art, da bestimmte Versprechungen zu machen und nur mit — ich weiß nicht welchen — Phrasen Beruhigung in gewisse Kreise zu führen. Ich werde daher einfach jene Thatsachen anführen, die nach meiner Überzeugung Sie vollkommen beruhigen können und beruhigen müssen. Sie finden nach meiner Überzeugung eine Beruhigung in dem Inhalte der Vorlage, in den staatsrechtlichen Verhältnissen unserer Monarchie, Sie finden, glaube ich, die Beruhigung in der Hand, welcher die Führung der handelspolitischen Geschäfte anvertraut ist, Sie finden endlich eine Beruhigung in sich selbst."

Der Berichterstatter, Abg. v. Gomperz, ein bekannt maßvoller Redner, sagte:

„Was werfen denn eigentlich unsere Gegner den Vorlagen des Ausschusses vor? In erster Linie, daß nicht gleichzeitig der Vertrag mit Deutschland vorgelegt wurde, in zweiter Linie, daß eine teilweise Erhöhung der Industriezölle Platz greifen solle, und drittens, daß die Finanzzölle in dem Zolltarif ihren Platz haben. Auch ich bedauere, daß nicht gleichzeitig mit dem Zolltarife der Vertrag vorgelegt wurde; ich bedauere das nicht deswegen, weil ich glaube, daß die Verträge unbedingt und à tout prix abgeschlossen werden müssen, und daß sie die einzige Möglichkeit der handelspolitischen Abhülfe unserer Übelstände sind, sondern weil ich glaube, daß, wenn wir auch nach bestem Wissen und Gewissen in die Beratung der Vorlage eingegangen sein werden, denn doch das Damoklesschwert über unserem Haupte schwebt, nicht des Vertrages, den ich als solchen nicht perhorresziere, wohl aber der Enttäuschungen, denen die Industriellen durch den Vertrag wahrscheinlich ausgesetzt sein werden."

„Sind denn die Erhöhungen der Zollsätze wirklich so exorbitante, daß darüber nur ein Wort zu verlieren ist?"

„Über die Finanzzölle, was wurde da nicht alles gesagt! Es wurde so dargestellt, als ob der Ausschuß im Begriffe wäre, faktisch zu dekretieren, daß die arme Bevölkerung sich, vom 1. Juli angefangen, alle möglichen Beschränkungen auferlegen müsse, und es wurden wirklich dem Ausgleichsausschusse, der quasi verantwortlich gemacht wird für diese Vorlage, in die Schuhe geschoben feindliche Absichten gegen die ärmere Bevölkerung. Was hat denn der Ausschuß gethan? Der Ausschuß hat in seiner großen Majorität bei dem wichtigsten Artikel, nämlich Kaffee, die unveränderte Annahme des alten Zolles von 16 fl. beschlossen, und es liegt nur ein Minoritätsvotum dem hohen Hause vor, dahingehend, es solle der Kaffeezoll auf 20 fl. erhöht werden. Und bei dem Artikel Petroleum, worüber ein abgesonderter Bericht vorliegt, was ist denn da gar so Erschreckliches geschehen? Eine Erhöhung des Zolles auf 3 fl. von 1 fl. 50 kr."

Das Resultat der langen Debatte war, daß der von der Regierung vorgelegte Zolltarif mit Ausnahme des Kaffeezolles und des Petroleumzolles, welche auch von schutzzöllnerischer Seite als ein „Tribut" an Ungarn perhorresziert wurden, angenommen wurde. Infolge dieser Modifikationen des Zolltarifs ergab sich die Notwendigkeit, neue Verhandlungen mit Ungarn zu pflegen, welche dahin führten, daß der Kaffeezoll mit 24 fl. und der Petroleumzoll mit 3 fl. zum Gesetze wurde. Als Kompensation für diese Ermäßigungen von Finanzzöllen verlangte Ungarn, daß der Tarif für Wollwaren soweit abgeändert werde, daß eine neue Position für billige Wollwaren mit Baumwollkette mit dem ermäßigten Satz von 50 fl. eingeschaltet wurde, wogegen andererseits für feinste Baumwollgarne (Tülle, Gaze u. s. w.) der Zoll mit 150 fl. zugestanden wurde.

Der Tarif war für die Provenienzen aller Staaten gleichmäßig gültig; der Doppeltarif für nichtbegünstigte und meistbegünstigte Staaten war fallen gelassen und das Zollgesetz begnügte sich, die Anwendung von Retorsionen für den Fall offen zu halten, daß österreichisch-ungarische Provenienzen in einem

Staate ungünstiger als jene anderer Staaten behandelt werden. In solchem Falle sollten die Zölle des österreichisch-ungarischen Zolltarifs um 10 % erhöht, und wenn die bezügliche Ware zollfrei wäre, Zölle im Betrage von 5 % des Warenwertes eingehoben werden, eine Bestimmung, welche nur im Ausmaße des Retorsionszolles unzulänglich, im Wesen aber zweckmäßig war und auch von anderen Staaten alsbald nachgeahmt wurde.

Am 27. Juni 1878 erschienen im Reichsgesetzblatte das neue Zoll- und Handelsbündnis mit Ungarn, die Vereinbarungen über die Zettelbank, die Seeschiffahrtgesellschaft „Lloyd“, die Besteuerung von Branntwein und Zucker und der neue Zolltarif.

Der gordische Knoten war durchhauen, der Dualismus der Monarchie hat seine Feuerprobe bestanden und sich beim ersten Ernstfalle als völlig aktionsfähig erwiesen. In erster Linie ist dies der Energie der österreichischen Regierung, wie nicht minder der Einsicht der leitenden ungarischen Staatsmänner, Koloman Tisza voran, zu danken, welche die Solidarität der Interessen beider Reichshälften und die moralische Bedeutung einer entschlossenen Aktion besser zu würdigen wußten, als die eigensinnigen Partisane des Chauvinismus und des Freihandels. Lange wehrte sich Ungarn, wie wir gesehen haben, gegen die Schwenkung der österreichischen Handelspolitik; einmal aber vor das Entweder — Oder gestellt, ging es den einzig richtigen Weg mit. Dann war aber auch dieser Abschluß einer sturm- und drangvollen Übergangsperiode von Bedeutung für die internationale Handelspolitik. Österreich-Ungarn hat die erste Bresche in die schier unüberwindliche Theorie des Freihandels gelegt und die anderen Staaten folgten bald nach.

Der Meistbegünstigungsvertrag mit Deutschland vom 16. Dezember 1878.

Kaum war der österreichisch-ungarische autonome Zolltarif vom 27. Juni 1878 erschienen, welcher am 1. Januar 1879 in Geltung zu treten hatte, so begannen schon die Verhandlungen wegen Regelung der handelspolitischen Beziehungen beider Reiche zunächst im schriftlichen Wege.

Das deutsche Kabinett wünschte abermals die Verlängerung des deutschen Handelsvertrages vom Jahre 1868. Es wollte noch immer Zeit gewinnen, um die Reform der deutschen Zollgesetzgebung durchzuführen, deren Grundsätze von dem Fürsten Bismarck in seinem denkwürdigen Erlasse vom 28. Oktober 1878 (Sammlung Poschinger Nr. 154) entworfen worden waren.

Er wollte „ein Zollsystem, welches gleichmäßige Anwendung auf alle Gegenstände fände, welche überhaupt die Grenze vom Auslande her überschreiten, indem es dieselben ohne Ausnahme einem Zoll unterwirft und sich dergestalt in berechtigtem nationalen Egoismus die Aufgabe stellt, der deutschen Produktion in ihrer Gesamtheit und ohne Ausnahme eine etwas günstigere Stellung zu gewähren, als der ausländischen".

Daß eine Verlängerung des Zoll- und Handelsvertrages vom Jahre 1868 mit seiner ganz verschiedenen Klassifikation neben dem autonomen österreichisch-ungarischen Zolltarif vom 27. Juni 1878 undenkbar war, lag auf der Hand. Andererseits erklärte die deutsche Regierung, daß sie mit Rücksicht auf die zahlreichen im Zuge befindlichen Enqueten, welche die wichtigsten Zweige der deutschen Industrie umfassen, nicht in der Lage sei, unmittelbar in Tarifverhandlungen einzutreten. Man einigte sich schließlich dahin, einen bloßen Meistbegünstigungsvertrag für die Dauer eines Jahres abzuschließen, wobei, wie aus dem Motivenberichte der österreichischen Regierung zu entnehmen ist, die Erwägung maßgebend war, daß, „sowie der deutsche Zolltarif in seiner gegenwärtigen Verfassung den Verkehr österreichischer und ungarischer Produkte nicht erschwert, auch der Zolltarif vom 27. Juni 1878 darauf berechnet ist, diejenigen Waren und Artikel, in welchen der deutsche Nachbarstaat zumeist seinen Export betreibt, womöglich nicht über den bisherigen Stand hinaus zu belasten, und den Exportinteressen desselben billigerweise entgegenzukommen". Man war, und es ist dies wichtig hier zu bemerken, auf österreichischer Seite der Meinung, daß auch der neue österreichisch-ungarische Zolltarif keinen Anlaß zu Repressalien deutscherseits biete, vielmehr den deutschen Export schone, was übrigens auch im Hinblicke auf die Art der Entstehung dieses Tarifes vollkommen begreiflich ist. Nichtsdestoweniger wurde immer noch an der Hoffnung festgehalten, daß es möglich sein werde, durch einen Tarifvertrag mit Deutschland den Verkehrsbeziehungen eine größere Stabilität und Sicherheit zu verleihen.

Der Vertrag wurde am 16. Dezember 1878 in Berlin abgeschlossen und hatte am 31. Dezember 1879 außer Kraft zu treten, da infolge der Weigerung Deutschlands, die übliche Klausel betreffs der stillschweigenden Verlängerung nicht aufgenommen werden konnte. Mit Ausnahme der Tarifsätze, welche der autonomen Zollgesetzgebung anheimgegeben wurden, enthielt derselbe alle Verkehrserleichterungen, welche in den bisherigen Handelsverträgen beider Reiche sich entwickelt hatten, und in den nachbarlichen Beziehungen derselben auf weitgehenden Grenzstrecken ihre natürliche Begründung finden. So die Bestimmungen über den Grenzverkehr für die örtlichen Bedürfnisse der Grenzdistrikte, den Meß- und Losungsverkehr, die Freiheit der Durchfuhr, das Zollkartell u. a. m. Auch der Appreturverkehr, auf welchen wir noch später zurückkommen, wurde mit der alleinigen Modifikation aufrecht erhalten, daß schärfere Kontrollmaßregeln in Bezug auf den einheimischen Ursprung der zur Veredlung ausgeführten Ware und die Identität der in veredeltem Zustande wieder zurückgeführten Waren vereinbart wurden.

Dagegen erlitt der Rohleinenverkehr, welcher sich im Laufe des letzten Jahrzehnts zu einer zollfreien Ausfuhr österreichischer Rohleinen ausgestaltet und einen bedeutenden Umfang angenommen hatte, einige Beschränkungen, welche hier nicht unerwähnt bleiben sollen.

Die Ausfuhr Österreichs betrug:

im Jahre	1868	18 580	q	im Jahre	1873	29 450	q
„ „	1869	26 220	„	„ „	1874	25 610	„
„ „	1870	22 180	„	„ „	1875	33 600	„
„ „	1871	29 170	„	„ „	1876	27 540	„
„ „	1872	27 410	„	„ „	1877	28 190	„

Schon aus diesen Ziffern ist ersichtlich, welch bedeutendes Exportinteresse in Frage stand. Es handelte sich um die gewerbfleißige Bevölkerung am Südabhange des Riesengebirges, welche in der Handweberei zu Löhnen, die ihresgleichen nicht haben, eine ihrer wenigen Nahrungsquellen findet. Mit diesen geringen Löhnen wurde ein rohes, billiges Leinen erzeugt, das selbst die Konkurrenz von Fabriken mit mechanischen Webstühlen ertrug und sich nicht nur auf den Leinenmärkten in Schlesien, sondern auch bis weit hinauf in dem Norden Deutschlands den Absatz an Bleichereien erobert hatte. Das Garn zum Verweben wurde nur zum Teile aus Preußisch-Schlesien bezogen, und das Gewebe daraus im Appretur- oder Veredlungsverkehr exportiert. In der großen Mehrheit war Garn und Gewebe österreichisches Produkt, welches auf Grund der singulären Zollbegünstigung zollfrei nach Deutschland exportiert wurde, worüber letzterer Zeit allerdings die Leinenweberei des Deutschen Reiches Beschwerde erhob. Der Ursprung dieser Zollfreiheit datiert aus jener Zeit, in welcher ganz Schlesien zur Krone Böhmens gehörte, und seither bestand sowohl in den preußischen Zolltarifen sowie in besonderen Übereinkommen die Bestimmung, daß „rohe, ungebleichte Leinwand aus Österreich in Preußen auf der Grenzlinie von Leobschütz bis Seidenberg in der Oberlausitz nach Bleichereien oder Leinwandmärkten, dann in Sachsen auf der Grenzlinie von Ostritz bis Schandau auf Erlaubnisschein zollfrei eingehen dürfe.“

Es entspann sich infolge der nach dem Abbruche der Vertragsverhandlungen im Jahre 1877 eingetretenen Beschränkungen dieses Verkehrs eine Kontroverse, ob diese Zollvergünstigung eine vertragsmäßige sei, was von seiten des Deutschen Reiches nachdrücklich bestritten wurde.

In dem Vertrage, welcher eben jetzt zur Erörterung steht, wurde ein Kompromiß dahin getroffen, daß für die einjährige Dauer des Vertrages die zollfreie Einlassung der Rohleinen auf zwei Märkte (Neurode und Landshut) und auf den direkten Bezug von deutschen Bleichereien über die eben genannten Grenzstrecken beschränkt werde, ein Provisorium, welches nur den Übergang zur späteren gänzlichen Einstellung dieses Verkehres bedeutete. Andererseits wurden in dem Vertrage manche Verkehrserleichterungen weiter ausgedehnt. Dies gilt insbesondere von dem Eisenbahnverkehr, welcher bekanntlich seit jeher unabhängig von zollpolitischen Konstellationen in dem Centralverbande der deutschen und österreichisch-ungarischen Eisenbahnen ein wichtiges Mittel der Einheitlichkeit im Betriebe und im Tarifwesen besitzt. Daß auf Eisenbahnen sowohl hinsichtlich der Beförderungspreise als der Zeit und Art der Abfertigung zwischen den Bewohnern der beiden Reiche kein Unterschied gemacht werden soll, hatte der Vertrag vom Jahre 1868 bereits bedungen. Diese Bestimmung erwies sich jedoch als unzulänglich, zumal die Person des Absenders von Waren nicht gut in Betracht kommt. Es wurde daher die weitergehende Bestimmung vereinbart, daß die aus einem Staatsgebiet in das andere übergehenden „Transporte" in gleicher Weise zu behandeln sind, wie die einheimischen. Erwähnenswert ist hier auch die auf Österreich-Ungarn berechnete Verpflichtung zur Abschaffung geheimer Refaktien bei Bahnfrachtgebühren, worüber deutscherseits stets Klage geführt wurde. Als ein Gegenzugeständnis ist die vom Deutschen Reiche eingegangene Verpflichtung anzusehen, daß Fahrbetriebsmittel des einen Teiles im anderen nicht mit Beschlag belegt werden können. Damit wurde zuerst den bekannten Vexationen im Eisenbahnverkehre ein Ende gemacht, welche aus den Couponprozessen von Prioritätsgläubigern deutscher und auch anderer, selbst österreichischer Nationalität entsprangen, und in der zweifelhaften Rechtsfrage ihren Grund hatten, ob die in solchen Schuldverschreibungen zugesicherte Zahlung der Darlehnsvaluta österreichisch-ungarischer Währung auch in Thalerwährung an den deutschen Zahlstellen dem Gläubiger das Recht gewähre, Valuta und Zinsen in Markwährung nach dem in Deutschland gesetzlichen Umrechnungsfuß zu begehren, wie dies von deutschen Gerichten zumeist bejaht wurde, oder ob für diese Zahlung die österreichisch-ungarische Währung allein maßgebend sei, was von den österreichischen Gerichten gemäß dem hierlands geltenden Rechte festgehalten wurde. Die Übung, die günstigere Zahlungsweise durch Beschlagnahme österreichisch-ungarischer Eisenbahnwaggons auf deutschem Territorium zu erzielen, hatte zur Folge, daß die österreichisch-ungarischen Eisenbahnen ihre Waggons nicht mehr über die Grenze passieren ließen, was empfindliche Störungen im internationalen Verkehr zur Folge hatte und endlich zur vertragsmäßigen, später auf deutscher Seite zur autonomen Feststellung des Grundsatzes führte, daß im Auslande zeitweilig verkehrende Fahrbetriebsmittel von Eisenbahnen keinen Gegenstand von Beschlagnahmen für private Forderungen bilden können. Der Handelsvertrag vom 16. Dezember 1878 lief, wie bereits erwähnt, am 31. Dezember 1879 ab, ohne daß eine andere handelspolitische Neuordnung vereinbart worden wäre. Wie wir später näher darlegen werden, verursachte dies mancherlei Schwierigkeiten, zumal man es auf beiden Seiten nicht zum Abbruche der regelrechten Verkehrsbeziehungen kommen lassen und bloß Zeit gewinnen wollte, um das handelspolitische Verhältnis neu zu ordnen. Das erste war, den eben erwähnten Handelsvertrag vom 16. Dezember 1878 in seiner Wirksamkeit zu verlängern. Das geschah auch, aber wie? Es erschien in letzter Stunde, am 30. Dezember 1879, im Reichsgesetzblatte eine „Kundmachung" des Gesamtministeriums, welche die handelspolitische Notlage drastisch darstellt. Es heißt nämlich daselbst: Es sei der deutschen Regierung der Vorschlag gemacht worden, den Vertrag vom 16. Dezember 1878 um ein halbes Jahr, bis zum 30. Juni 1880, zu verlängern. Die deutsche Regierung erklärte, diesem Vorschlage „ohne Einschränkung schon deshalb nicht zustimmen zu können, weil in dem bestehenden Vertrage auch Bestimmungen enthalten sind, welche eine Genehmigung des Deutschen Reichstages erfordern würden".

Diese Bestimmungen waren nach der Auffassung der deutschen Regierung der Rohleinenverkehr, das Zollkartell insofern, als die Verfolgung und Bestrafung von Zolldelikten gegen das österreichische Zollgesetz darin begriffen war, endlich das Verbot der Beschlagnahme von Eisenbahnwaggons. Es wurde demgemäß die Verlängerung des Handelsvertrages vom 16. Dezember 1878 mit Weglassung dieser vertragsmäßigen Begünstigungen vereinbart, wozu österreichisch-ungarischerseits der Vorbehalt der autonomen Regelung des Appreturverkehrs und der Refaktien bei Eisenbahnfrachten kam.

Der so reduzierte Handelsvertrag wurde dann bis 31. Dezember 1880 und dann bis 30. Juni 1881 verlängert.

Die Verweigerung des zollfreien Rohleinenverkehres deutscherseits hatte zur unmittelbaren Folge, daß österreichischerseits mit dem Appreturverkehr nunmehr ernstlich aufgeräumt wurde. Es geschah dies zunächst in der Weise, daß derselbe durch Zölle (14 fl. für Bedrucken und Färben, 4 fl. für Bleichen) erschwert wurde, bis er durch das Gesetz vom 24. Dezember 1881 mit dem Endtermin vom 31. Dezember 1882 gänzlich aufgehoben wurde. Dieser Appretur- oder Veredlungsverkehr hat in den zollpolitischen

Verhandlungen der Jahre 1877 bis 1881 eine so große Rolle gespielt, daß wir hier das Wesen und die Bedeutung desselben mit einigen kurzen Daten zu beleuchten nicht umhin können.

Der Appreturverkehr oder, wie er später mit einem nicht viel besser passenden Namen belegt wurde, der Veredlungsverkehr reicht bis in die Zeit der Zugehörigkeit Schlesiens zu Österreich zurück, hing zum Teile mit dem Rohleinenverkehr zusammen und erstreckte sich auf mannigfaltige Arbeiten. Leinengarne wurden aus Preußen nach Böhmen zum Bleichen gebracht, wo man eine besondere Fertigkeit darin und entsprechende Rasenbleiche besaß. Ebenso fanden es deutsche Unternehmer gewinnbringend, die billigen Löhne in Böhmen für die Verwebung von Baumwollgarnen zu benutzen. Dieser Verkehr wurde beiderseits zollfrei behandelt und verließ nie den engen Rahmen eines eigentlichen Grenzverkehres. Neben dem Verkehre mit Garnen zum Bleichen und Weben, welcher den hauptsächlichsten Arbeitsgewinn Österreichs darstellte, gab es zwar noch eine Reihe von Arbeiten, welche deutsche Unternehmer in Böhmen verrichten ließen; sie waren indes an Menge und Wert unbedeutend und wenig lohnend, weshalb hier nicht weiter darauf eingegangen wird. So wurden Garne zum Spulen oder zum Legen in Ketten oder zum Schlichten über die Grenze zollfrei gebracht und dergleichen mehr; es war ein reicher Arbeitsverkehr zwischen beiden dicht bevölkerten und betriebsamen Grenzdistrikten, welcher indes nur bei der primitivsten Hausindustrie möglich war; bei dem Übergange des Betriebes zu geschlossenen Etablissements und mit mechanischen Webstühlen mußte dieser Verkehr absterben. Einen größeren Vorteil zog Deutschland aus dem Appreturverkehr in der Weise, daß die in Böhmen verfertigten Gewebe wieder nach Deutschland zur Appretur und besonders zum Färben und Bedrucken gesendet wurden, um als Finalprodukte auf den österreichischen Markt zollfrei zu gelangen.

Anfänglich war auch dieser Verkehr nur ein Grenzverkehr; indes wurden mit jedem Handelsvertrage die Grenzen erweitert, und bald fanden es nicht nur Appreturanstalten in Sachsen und Thüringen in ihrer Konvenienz, böhmische Kleiderstoffe zu appretieren, sondern auch württembergische Cottonfabrikanten richteten sich darauf ein, für Rechnung der böhmischen Webereietablissements Baumwollwaren zu bedrucken und zollfrei nach Österreich zurückgelangen zu lassen. Der Verkehr erlangte indes mit einem Schlage einen ganz gewaltigen Umfang und anderen Charakter, als Elsaß in das Deutsche Reich einverleibt wurde, und dessen hochentwickelte Cottonfabriken sich des Verkehres bemächtigten. Sie kauften nun für eigene Rechnung die in Böhmen gewebten rohen Baumwollwaren, importierten dieselben zollfrei nach Elsaß, wo sie gebleicht, gefärbt, bedruckt und appretiert hergestellt wurden, und verkauften das vollkommen kauffähig hergestellte Produkt auf dem österreichischen Markte wiederum zollfrei. Wir haben also in der Hauptsache zweierlei zollfreien Austausch von Arbeitsverrichtungen von sehr verschiedenem Werte und Umfange. Die Statistik ergiebt folgende Ziffern: Es wurden nach der „Veredlung" zollfrei wieder ausgeführt:

	Von Österreich nach Deutschland. Garne verwebt oder gebleicht	Metercentner	Von Deutschland nach Österreich. Gewebe bedruckt, gefärbt u. s. w.	
1875	31 567		42 986	
1876	28 432		33 532	
1877	25 514		40 989	
1878	30 237		40 502	
1879	26 873		41 872	
1880	8 558		28 210	bei Bestand eines Appreturzolles von 14 fl. u. 4 fl.
1881	3 736		24 469	
1882	1 400		21 590	
1883	1 548		—	
1884	1 124		—	
1885	925		—	

Diese beiden Verkehre lassen sich nicht einfach nach der Menge von Metercentnern vergleichen, die zollfrei hinüber und herüber geschafft wurden. Der karge Weblohn, welchen die genügsamen böhmischen Arbeiter für ihre Handarbeit insolange, als nicht der allbeherrschende mechanische Webstuhl auch dort eindrang, verdienten, und welcher durch die Erschließung neuer Erwerbsquellen zum Teile eben infolge der Aufhebung des Appreturverfahrens reichlich ersetzt wurde, läßt sich im Gesamteffekte für die Handelspolitik nicht entfernt vergleichen mit den Folgen des zollfreien Appreturverkehres für die Baumwolleninduſtrie, des größten aller Industriezweige, auf deren Besitz kein Staat leichthin verzichten möchte. Bei diesem Verkehre blieb der österreichischen Arbeit lediglich die Herstellung eines Halbfabrikates, des Rohgewebes, vorbehalten; mit dem Absatze dieser sonst unverkäuflichen Ware blieb er auf den durch die Zollprämie bevorzugten deutschen Drucker angewiesen und von demselben abhängig. Die ganze übrige wertvolle Arbeit des Druckes und der Appretur und, was besonders hervorzuheben ist, die Disposition über das Finalprodukt und die Beherrschung des österreichischen Marktes in Cottonerieen war in der Hand der deutschen Druckereien, welchen gegenüber die wenigen österreichischen Druckereien ohne jeglichen Zollschutz dastanden. Diese Ordnung der Dinge enthielt auch eine außerordentliche Begünstigung der österreichischen Weber, welche nicht nur durch die Zölle auf rohe Baumwollware vor der fremden Konkurrenz in diesem ihrem Erzeugnisse, sondern auch durch den nebenher bestehenden Zoll auf gedruckte oder gefärbte Baumwollware dagegen geschützt waren, daß im Auslande vollständig hergestellte Cottonerieen Konkurrenz machen. Es genoß mithin der Weber Zollschutz für eine Ware, die er gar nicht hergestellt hatte! Daß unter solchen Umständen die Aufhebung des Appreturverfahrens eines der ersten Anliegen der protektionistischen Handelspolitik Österreichs bildete, leuchtet ein. Man zögerte indes so lange, als der zollfreie Rohleinenverkehr von Deutschland gestattet wurde, und erst dann, als dieser fiel, schritt man thatsächlich an die Abschaffung dieser ganz anomalen Zollbegünstigung fremdländischer Arbeit. Einerseits um den Webereien ein Übergangsstadium zu gewähren, andererseits den Druckereien die Zeit zur Anschaffung von Druckmaschinen zu geben, führte man zuerst erträgliche Zwischenzölle auf im Veredlungsverkehr bedruckte, gefärbte oder gebleichte Ware ein. Diese Vorsichtsmaßregel bewährte sich auch vollständig, und als am 1. Januar 1883 die Zölle auf den Import bedruckter oder gefärbter Baumwollwaren ausnahmslos in Wirksamkeit traten, vermochten die inländischen Druckereien und Färbereien *fast* den ganzen Konsum zu befriedigen. Fast! denn wir werden an den Einfuhrlisten sehen, daß unmittelbar nach diesem Zeitpunkte der zollpflichtige Import an ausländischen Cotonerien anschwellte, bis die Druck- und Färbereiindustrie soweit erstarkt war, um auch diese Konkurrenz vollends aus dem Felde zu schlagen. Wie rasch dies geschah, und welch durchschlagenden Erfolg die Beseitigung des Appreturverkehres hatte, ergiebt sich aus den nachstehenden Daten der Handelsstatistik. Wenn angenommen wird, daß an gedruckten, gefärbten, gebleichten Baumwollwaren (Meterware) im österreichisch-ungarischen Zollgebiete 80 000 Metercentner jährlich verbraucht werden, was keineswegs zu niedrig begriffen ist, so entwickelt sich folgendes Bild:

Der Verzehr von Baumwollwaren wurde bedeckt durch:

	Zollpflichtige Einfuhr	Zollbegünstigte Einfuhr im Appreturverkehr	Inländische Produktion
	Metercentner		
1877	7 646	33 160	39 194
1878	10 251	32 473	37 276
1879	9 907	33 604	36 489

	Zollpflichtige Einfuhr	Zollbegünstigte Einfuhr im Appreturverkehr	Inländische Produkte
		Metercentner	
1880	12 811	24 079*	43 110
1881	14 218	21 442*	44 340
1882	13 714	19 200*	47 086
1883	15 679	—	64 321
1884	15 582	—	60 418
1885	15 077	—	64 923
1886	14 589	—	65 411
1887	13 314	—	66 686
1888	9 723	—	70 277
1889	10 584	—	69 416
1890	10 228	—	69 772
1891	10 351	—	69 649

* Regime der Appreturzölle von 14 fl. und 4 fl. für bedruckte oder gefärbte beziehentlich gebleichte Ware.

Der deutsche Zolltarif vom 15. Juli 1879 und die Verhandlungen zum Handelsvertrage mit dem Deutschen Reiche vom 23. Mai 1881.

Im Interesse der geschichtlichen Wahrheit und ihrer Lehren darf diese Periode nicht allzu flüchtig behandelt werden, wenngleich eine nähere Erörterung der deutschen Zollpolitik, ihrer Motive und Tendenzen außer den Rahmen dieser Darstellung fällt.

Durch die Tarifrevision, welche die deutsche Regierung nach vielfachen Kämpfen im Schoße der Legislative und nach Überwindung mancher Schwierigkeiten, unter welchen jene gegenüber einer den Prinzipien des Freihandels huldigenden Bureaukratie nicht gering war, wurde eine ganz neue Situation geschaffen.

Grundsätzlich war damit die Abkehr vom Freihandel vollzogen.

Es muß aber betont werden, daß der unmittelbare Rückschlag auf den österreichisch-ungarischen Export damals, praktisch genommen, nicht so bedeutend war. Der härteste Schlag war jedenfalls die Aufhebung der zollfreien Ausfuhr von Rohleinen. Dagegen waren damals die neuen Zölle Deutschlands auf Rohstoffe so gering, daß sie als ein erhebliches Hindernis des österreichisch-ungarischen Ausfuhrhandels nicht empfunden werden konnten.

Diese Zölle waren:

	per 100 Kilo
	ℳ
Weizen, Roggen, Hafer	1.—
Gerste	0.50
Mehl und andere Mühlenfabrikate	2.50
(vom 1. Juli 1881)	3.—
Hülsenfrüchte	1.—
Malz	1.20
Holz, roh oder behauen	—.10
Holz, gesägt	—.25
Ochsen per Stück	20.—
Kälber „ „	2.—
Schweine per Stück	2.50
Fleisch per 100 Kilo	12.—

Diese Artikel waren früher zumeist (Fleisch zahlte früher 3 M., Schweine 2 M.) zollfrei. Während die Ausfuhr von Vieh und Holz vorwiegend Österreich betraf, bildeten Getreide und Mehl hauptsächlich ungarische Exportartikel.

Indes, wie gesagt, die Zölle waren mäßig und vermochten nicht, die Ausfuhr beträchtlich einzudämmen.

Empfindlich blieb die Hemmung der Viehausfuhr durch die veterinärpolizeilichen Maßregeln, gegen welche sich alle Vorstellungen und Negociationsversuche vergeblich erwiesen und neben welchen als reinen Verbotsmaßregeln die neuen Zölle gar nicht in Betracht kamen.

Einfuhr nach Deutschland aus Österreich-Ungarn

	1877	1880	± %
Schlacht- und Zugvieh in Stücken	1 253 776	458 300	— 63.4
Darunter Ochsen „ „	106 758	14 693	— 86.2
„ Schafe „ „	404 772	41 934	— 89.6
„ Schweine „ „	578 448	313 390	— 45.8

Was dagegen die Zollerhöhungen für Industrieartikel anbelangt, welche die Tarifrevision vom Jahre 1879 brachte, so berührten dieselben Österreich nur ausnahmsweise und mäßig.

Ohne jeden Einfluß waren jedenfalls die neuen Staffelzölle auf Garne und Gewebe aus Baumwolle und Seide, in welchen die deutsche Industrie weitaus kräftiger als jene Österreichs entwickelt ist und nur die Konkurrenz Englands, Belgiens und beziehungsweise Frankreichs und der Schweiz zu scheuen hat.

Von größerem Einfluß waren schon die Staffelzölle auf Leinengarne und Leinengewebe, zumal die in dieser Textilgruppe, namentlich in minder feinen Gattungen sehr entwickelte Flachsspinnerei und Leinenweberei Österreichs auf den Export nach Deutschland angewiesen war.

Der neu eingeführte einheitliche Zoll von 135 Mark für Wollenwaren traf wohl den im ganzen geringfügigen Export Österreichs, namentlich in tuchartigen Modestoffen. Dieser seltsame Zoll, welcher Waren im Werte von 200—2000 fl. per 100 Kilo umfaßte, wurde schon im Jahre 1881 durch eine Novelle einigermaßen verbessert, indem Wollstoffe im Gewichte von weniger als 200 Gramm per Quadratmeter ausgeschieden und unter einen höheren Zollsatz mit 220 Mark gestellt wurden.

Die ganze Metallwarengruppe, besonders Eisen und Stahl, welche unter dem Regime der Zollfreiheit in Deutschland am übelsten daran war und unter diesem Drucke Abfluß nach Österreich-Ungarn gesucht hatte, konnte jetzt, wo sie mit im ganzen mäßigen Schutzzöllen bedacht worden war, ruhiger atmen. Österreich-Ungarn aber hatte in dieser Gruppe auf deutschem Markte nichts zu gewinnen und nichts zu verlieren.

Es blieb sohin in der Wesenheit nur noch die Gruppe der Glas-, Papier-, Thon-, Holz- und Kurzwaren-Industrie, in deren Bereichen sich bisher ein wechselseitiger Austausch von Warengattungen vollzogen hatte, welche eben das eine oder andere Reich infolge günstiger Bedingungen und besserer Entwicklung in das Nachbarland abzusetzen in der Lage war. Die Zollerhöhungen für diese Warengruppe wurden denn auch als unbillig und unmotiviert von den österreichischen Industriellen beklagt, zumal die eigenen Zölle Österreich-Ungarns schon zuvor hinter den deutschen Zöllen zurückstanden und letztere als Hindernisse für eine schwunghaftere Ausfuhr erklärt worden waren.

Wir geben im nachstehenden einen Vergleich der Wareneinfuhr nach Deutschland aus Österreich-Ungarn, in Industrieerzeugnissen vor und unmittelbar nach dem deutschen Zollgesetze vom 15. Juli 1879.

	1878	1880
	in 100 Kilo	
Leinengarne	76 565	55 152
Leinenwaren	13 636	6 396
Wollengarne	10 209	8 431
Wollenwaren	1 741	1 693
Papierwaren	25 886	24 089

	1878	1880
	in 100 Kilo	
Leder, gemeines	2 827	1 442
Lederwaren	3 133	2 798
Holzwaren	109 218	44 436
Glaswaren	56 345	47 670
Zündwaren	8 511	1 640

Die Mindereinfuhr nach Deutschland in Getreide, Mehl, tierischen Rohprodukten, welche zuvor zollfrei waren, läßt sich am allerwenigsten durch den Vergleich von bloß zwei Jahren, ganz abgesehen von zufälligen Ernteergebnissen u. s. w. zollstatistisch erfassen. Wir lassen uns in dem früher angedeuteten Urteile über den geringen Effekt der deutschen Rohstoffzölle durch die anscheinend widersprechenden Ziffern der kurz zuvor reformierten deutschen Zollstatistik nicht beirren.

Im großen und ganzen bedeutete der neue deutsche Zolltarif im Prinzipe allerdings den Übergang zu einem neuen Zollsysteme, dem gleich agrarischen wie industriellen Protektionismus, welcher seither seinen Weg über den Kontinent gemacht hat. Hervorgegangen aus der eigensten Initiative des Reichskanzlers, welcher dabei auch die Absicht hegte, den industriereichen Süden und Westen Deutschlands dem agrikolen Norden des Reiches wirtschaftlich näher zu bringen, veranlaßt durch die beunruhigende Konkurrenz Nordamerikas, deren Grenzen damals schier unabsehbar schienen, hat dieses Zollsystem, welchem damals auch zahlreiche Finanzzölle als Folie dienten, eine Lebenskraft bewährt, welche niemand voraussah und welche auch heute nicht als erschöpft anzusehen ist. Dieses System läßt sich mit der altbekannten fadenscheinigen Kritik des rechtgläubigen Freihändlertums nicht abthun; es läßt sich auch mit dem eigentlichen Schutzzollsysteme älteren Stiles nicht identifizieren, von welchem es sich in vielen Dingen unterscheidet, namentlich darin, daß es den erziehlichen und temporären Charakter des letzteren nicht hat und demselben in manchen Punkten, namentlich was die Verteuerung der Lebensmittel durch Zölle betrifft, geradezu widerspricht; es wird sich nur durch die Erfahrung richten lassen.

Der erste Schritt in der Richtung dieses neuen Systems geschah im Jahre 1879 vorsichtig, wenn nicht zaghaft. Die Agrarzölle waren noch klein. Daß es zu einer rationellen Umgestaltung des Zolltarifs im protektionistischen Sinne nicht kam, braucht kaum erwähnt zu werden. Einzelne Partieen namentlich der Textilien wurden durchgreifend geordnet, im übrigen blieb es bei dem rohen, alphabetischen Zolltarife mit seinen unglaublichen Härten und Ungereimtheiten.

Hier handelt es sich nur darum, den Effekt dieser Reform auf Österreich-Ungarn festzustellen, welcher sehr verschieden war.

Ungarn, welches sich am meisten getroffen fühlte, trat zunächst mit aller Entschiedenheit für den Abschluß eines Tarifvertrages im alten Stile ein und sah in dem neuen Tarife bloß Kompensationszölle, welche bestimmt seien, im Wege eines Tarifvertrages nachgelassen zu werden. Die österreichische Regierung mit dem Handelsminister Korb, welcher selbst agrarische Neigungen hegte und ein ausgesprochener Schutzzöllner war, empfahl eine abwartende Stellung; man „solle sich begnügen, in Berlin im allgemeinen die Geneigtheit zur Herstellung eines dauernden Vertragsverhältnisses auszusprechen und der deutschen Regierung überlassen, die Grundlagen desselben zu entwerfen". Es kam bald Klarheit in die Lage. Nachdem Ungarn seinen Wunsch, die Verhandlungen mit dem Deutschen Reiche aufzunehmen, durchgesetzt hatte und eine Anfrage an die deutsche Regierung gerichtet worden war, antwortete dieselbe am 15. Februar 1880 mittels einer Note, welche folgendermaßen lautete:

„Die deutsche Regierung ist nicht in der Lage, die von Österreich-Ungarn beantragten Herabsetzungen und sonstigen Abänderungen des deutschen autonomen Zolltarifes zugestehen zu können und nimmt daher auch ihrerseits von entsprechenden Anträgen in betreff des österreichisch-ungarischen Tarifes Abstand. Dagegen ist die Kaiserliche Regierung bereit, Österreich-Ungarn gegenüber den deutschen Tarif in seiner Gesamtheit oder in dem von Österreich-Ungarn gewünschten Umfange vertragsmäßig zu binden, sofern Österreich-Ungarn zu entsprechenden Zugeständnissen bereit ist."

Der Note lag ein Verzeichnis jener Positionen des österreichisch-ungarischen Zolltarifes bei, auf deren Bindung deutscherseits besonders Wert gelegt, und deren Erweiterung noch hinsichtlich der Artikel vorbehalten wurde, welche im deutschen Tarife reciprok gebunden würden. Gleichzeitig erklärte sich die deutsche Regierung zur Fortsetzung der Verhandlungen bereit. Die der deutschen Regierung übergebenen Anträge in Bezug auf die Sicherung unseres Viehexportes waren in der deutschen Note mit Stillschweigen übergangen.

Es war nun an den Regierungen der Monarchie, diese Proposition namentlich in der Richtung zu beantworten, ob und welche der in dem übergebenen Verzeichnisse angeführten Positionen unseres Zolltarifes gebunden werden können. Zur Charakterisierung dieses Verzeichnisses genügt es anzuführen, daß in demselben unter anderem die ganze Textilienbranche, Eisen und unedle Metalle, Glas, Thon, Papier, Leder, Kautschuk, Kurzwaren, Chemikalien — alles im gesamten Umfange — aufgenommen waren.

Es dauerte nun nahezu ein volles Jahr, bis die Einigung der zwei Reichshälften über die Deutschland zu erteilende Antwort hergestellt war.

Es hängt dies mit der Frage der Revision des österreichisch-ungarischen Zolltarifes zusammen, welche sofort nach dem Erscheinen des deutschen Zolltarifes vom 15. Juli 1879 aktuell geworden war und alle an den handelspolitischen Vorgängen beteiligten Kreise erregt hatte.

Der deutsche Zolltarif hatte auf Rohstoffe Zölle gelegt, welche in Österreich-Ungarn zollfrei blieben; die Industrialzölle Deutschland überstiegen vielfach jene der österreichisch-ungarischen Monarchie und wenn auch nicht behauptet werden konnte, daß die Reciprocität in den beiderseitigen Tarifen etwa unentbehrlich sei und durch deren Mangel der wechselseitige Außenhandel bedroht worden wäre, so wurde doch die Parität der beiderseitigen Zolltarife, namentlich in den Voten der Handelskammern und in anderen industriellen Kreisen als die unerläßliche Bedingung für eine dauernde Bindung des österreichisch-ungarischen Zolltarifes hingestellt, wie später noch zu erörtern sein wird.

Die Frage der Revision einzelner Positionen unseres Zolltarifes wurde zuerst und zwar von ungarischer Seite[1] bei der Zollkonferenz vom 18. Oktober 1879 zur Sprache gebracht, welche sich mit der Präzisierung der bei den bevorstehenden Verhandlungen in Berlin vorzubringenden Gesichtspunkte befaßte.

Seitens des ungarischen Vertreters wurde damals ausgeführt, daß die Situation, welche für einzelne Produktionszweige durch das Inslebentreten des neuen deutschen Zolltarifs mit 1. Januar 1880 geschaffen, eine sehr mißliche sei und bei Feststellung des österreichisch-ungarischen Tarifes nicht vorher gesehen werden konnte, woraus sich nach Ansicht der ungarischen Regierung die Notwendigkeit ergebe, den letzteren Tarif in einigen Punkten einer Revision zu unterziehen. Eine solche Revisiou werde ungarischerseits bezüglich Mehl (1 fl. Zoll) und Sohlleder (Erhöhung auf 18 fl. Zoll) ins Auge gefaßt. — Die ungarische Regierung wünsche sich mit der österreichischen so bald als möglich hierüber zu verständigen, damit ein darauf bezüglicher Gesetzentwurf den Legislativen beider Reichshälften ohne Säumen vorgelegt werden könne.

Der Standpunkt der österreichischen Regierung wurde dahin präzisiert,

[1] Matlekovits „Die Zollpolitik ꝛc.“ behauptet unrichtigerweise das Gegenteil: „Die österreichische Regierung .... habe die ungarische Regierung .... im Jahre 1879 ersucht, es möge der allgemeine Zolltarif einer Revision unterzogen werden .... allein die ungarische Regierung widerstand mannhaft diesen Gelüsten ....!!“

„daß sie den österreichisch-ungarischen Tarif seiner gegenwärtigen Gestalt nach nicht als geeignet betrachte, um Deutschland gegenüber in seiner Totalität gebunden zu werden." Die Notwendigkeit einer Revision unseres Tarifes ergebe sich wie aus Erwägungen der Parität mit dem deutschen Tarife, aus Rücksichten der Schutzbedürftigkeit im allgemeinen, aus finanziellen und zolltechnischen Erwägungen, „Erst nach Maßgabe dieser Revision werde es möglich sein, über die Bindung unseres Tarifes Deutschland gegenüber schlüssig zu werden."

Ungarn war demnach für eine partielle, Österreich zuerst für eine totale Revision des österreichisch-ungarischen Zolltarifes.

Dieser Standpunkt wurde angesichts der ablehnenden Haltung Ungarns dahin modifiziert, daß sofort in die Vertragsverhandlungen mit dem Deutschen Reiche eingegangen werde, jedoch aus dem, nach deutschem Antrage zu bindenden österreichisch-ungarischen Tarife alle Tarifpositionen ausgeschieden werden sollen, bezüglich deren die beiden Reichshälften bisher ein Revisionsbegehren gestellt hatten. Der Rest wurde in einer neuen Liste zusammengestellt, welche gegenüber dem deutschen Antrage ziemlich restringiert erschien.

Es wurde nun lange darüber gehadert, welche Zollpositionen von der Bindung im Vertrage mit Deutschland auszunehmen wären. Ungarn war in dieser Richtung sehr beharrlich und so fest es auf der Zollerhöhung für Mehl, Sohlleder u. s. w., welche seine eigene Produktion bilden, bestand, so eifrig wehrte es sich gegen eine zu große Ausdehnung der Tarifrevision, welche den Vertrag mit Deutschland in Frage stellen könnte.

So kam es, daß nach vielem Notenwechsel, Zollkonferenzen und Reisen durch fast ein Jahr kein Einverständnis darüber erreicht wurde, welche Positionen des österreichisch-ungarischen Zolltarifes im Handelsvertrage mit Deutschland gebunden werden können, bis endlich das oben angedeutete Auskunftsmittel acceptiert wurde. Mittlerweile hatte Freiherr von Pino das österreichische Handelsportefeuille übernommen. — Die Liste der zu bindenden Zollpositionen wurde erweitert und endlich der deutschen Regierung mitgeteilt, welcher zugleich die Wiederaufnahme der Vertragsverhandlungen auf dieser Basis angeboten wurde. Die Verhandlung fand zu Berlin statt, an welchen österreichisch-ungarischerseits der Botschaftsrat Graf Wolkenstein, der k. ungarische Staatssekretär Matlekovits und der k. k. Ministerialrat Dr. Bazant, deutscherseits der Staatsminister von Bötticher, Unterstaatssekretär von Scholz, Geheimräte Burghart und Huber führend sich beteiligten.

Den Wünschen der deutschen Unterhändler, die Zahl der zu bindenden Zollpositionen des österreichisch-ungarischen Zolltarifes zu erweitern, wurde wenig Widerstand geleistet. Die Verhandlungen dauerten nicht lange und die österreichisch-ungarischen Delegierten reisten mit der Überzeugung heim, daß die Anforderungen der deutschen Regierung und namentlich Ungarns in der Vertragsfrage fast vollständig befriedigt und darnach die Genehmigung der beteiligten Regierungen völlig zweifellos sei.

Es kam jedoch anders. Während sich der Abschluß des Tarifvertrages auf österreichisch-ungarischer Seite aus dem Grunde verzog, weil noch mehrfach Versuche gemacht wurden, wenigstens für einige Specialitäten unseres Exportes an Vieh und tierischen Produkten — für Schafvieh und für die Durchfuhr von frischem Fleisch — Zugeständnisse veterinärpolizeilicher Natur von Deutschland zu erlangen, vollzog sich auf deutscher Seite ein Umschwung und am 9. Mai wurde von dieser Seite erklärt, auf einen Vertrag, wodurch der deutsche Tarif in seinen wesentlichsten Positionen gebunden und damit dessen Weiterentwicklung gehindert würde, nicht eingehen zu können.

Es trat also dieselbe Erscheinung in der handelspolitischen Führung des Deutschen Reiches hervor, welche man schon im Jahre 1877 deutlich wahrnehmen konnte. Während die Ministerien im Deutschen Reiche, ursprünglich mehr freihändlerischen Gesichtspunkten folgend und nach der Reform des deutschen Zolltarifes doch auf eine Stabilisierung der Zollpolitik durch einen Tarifvertrag bedacht, mühsam den Boden für eine Vereinbarung mit dem Nachbarreiche zu ebnen suchten und den dünnen Faden der Verhandlung unverdrossen fortspannen, trat im entscheidenden Augenblicke ebenso wie im Jahre 1877 auch im Jahre 1881 die starke Unterströmung zutage, das Machtwort des Reichskanzlers, welches alle Bemühungen um das Zustandekommen des Vertrages vereitelte. Er wollte keinen Tarifvertrag[1].

[1] Der Verfasser, damals österreichischer Delegierter bei den Vertragsverhandlungen, hatte noch während derselben die Ehre, vom Fürsten Bismarck bei einer parlamentarischen Soiree in ein längeres Gespräch gezogen zu werden, dessen Gegenstand eben die Möglichkeit des Abschlusses eines Tarifvertrages bildete. Der Fürst sagte beiläufig: Er möchte recht gerne den Wünschen Österreich-Ungarns entgegenkommen; es sei indes schon mit Rücksicht auf die unausweichlichen Meistbegünstigungsansprüche dritter Staaten außerordentlich schwer. Nachdem er einige dieser Wünsche mit bemerkenswerter Sachkunde erwähnt hatte, sagte er achselzuckend: „Das Hemd ist näher als der Rock.“ Bei aller Freundschaft für Österreich-Ungarn werde es ihm kaum möglich sein, nennenswerte Erleichterungen für den österreichisch-ungarischen Export zu bieten. Sichtlich war er mit sich selbst noch nicht im Reinen; aber daß er für die

Das Ergebnis war der Abschluß eines Meistbegünstigungsvertrages, mit dürftigem Inhalte, welcher bis Ende des Jahres 1887 zu laufen hatte, wobei jeder Teil das Recht hatte, denselbem vom 1. Januar 1883 an einjährig zu kündigen. Das Provisorium wurde zum Definitivum.

Der Meistbegünstigungsvertrag vom 23. Mai 1881, welcher mehr als zehn Jahre in Geltung blieb, erschien im Reichsgesetzblatte und damit war die autonome Zollpolitik in Österreich-Ungarn wie im Deutschen Reiche definitiv besiegelt.

Das Verhältnis zu Italien.

Bevor wir dazu schreiten, die Aktion der autonomen Zollpolitik in Österreich-Ungarn zu schildern, ist es notwendig, einen Blick auf das handelspolitische Verhältnis zu Italien zu werfen, welches ganz eigenartig war und die Methode der Handelspolitik dieser Zeitperiode recht deutlich illustriert.

Während die Handelsverträge mit Deutschland, Frankreich und England gekündigt und nicht wieder erneuert wurden, die beiden letzteren ohne daß ein Versuch zur Wiederanknüpfung gemacht worden wäre, wurde der bestehende Tarifvertrag mit Italien vom 23. März 1867 von Österreich-Ungarn nicht gekündigt, wohl aber nach seinem Ausgange und wiederholten Erstreckungen erneuert. Es war nie auch nur die Rede davon, gegenüber Italien autonome Zollpolitik zu betreiben und man war vielmehr sichtlich bemüht, diesen einzigen Tarifvertrag zustande und unter Dach zu bringen, sowohl um die prinzipielle Geneigtheit zur Vertragspolitik zu erweisen als auch um bei den beginnenden Fährlichkeiten des vertragslosen Zustandes gegenüber Deutschland doch den Rücken gedeckt zu haben.

Die Vertragsverhandlungen zogen sich wohl in die Länge und ruhten zeilweilig gänzlich, indes nicht etwa wegen allzugroßer Schwierigkeiten einer Verständigung, als vielmehr deshalb, weil beide Teile zuerst die Verträge mit dritten Staaten — Italien mit Frankreich, Österreich-Ungarn mit Deutschland — abgeschlossen zu sehen wünschten, welche für die Handelspolitik richtunggebend und für das Ausmaß der zu gewährenden Zugeständnisse von ausschlaggebender Bedeutung waren. Sowie nämlich Italien

Zugeständnisse Österreich-Ungarns wenig Empfänglichkeit besaß, und lediglich einerseits freundschaftliche Rücksicht auf das alliierte Nachbarreich, andererseits die agrarischen Interessen Deutschlands auf die Wagschale legte, ließ sich schon damals deutlich erkennen.

seine besten und schwerwiegendsten Tarifzugeständnisse für die Vertragsverhandlungen mit Frankreich aufzubewahren hatte, um vollwichtige Gegenleistungen dafür zu erringen, so war Österreich-Ungarn bestrebt, zuerst mit dem Deutschen Reiche sich in Bezug auf die Zolltarife zu benehmen und den anderen Vertragsstaaten auf dem Wege der Meistbegünstigung die dem Deutschen Reiche gewährten Tarifherabsetzungen zu gewähren, um nicht durch den umgekehrten Weg die Verwertung der eigenen Zollermäßigungen zum Eintausch genügender Äquivalente seitens des in erster Linie stehenden großen Nachbarstaates, des Deutschen Reiches, zu beeinträchtigen.

Sowie sich daher wegen der Wechselfälle in den Vertragsverhandlungen mit Deutschland auch der Abschluß des Handelsvertrages mit Italien verzögerte, so sehr beeilte man sich mit letzterem, als die Aussichten auf eine baldige Verständigung mit Deutschland im Jahre 1877 sich trübten und der autonome Zolltarif vom 27. Juni 1878 ins Leben trat, welcher indes gegenüber Italien angesichts des aufrechten Handelsvertrages ohne aktuelle Wirksamkeit war, es wäre denn, daß man die autonomen Zölle auf italienische Exportartikel als gutes Kompell zur Nachgiebigkeit bei dem bevorstehenden Abschlusse der Vertragsverhandlungen betrachten wollte, was auch eine wohlberechnete Absicht war.

Die Verhandlungen mit dem italienischen Vertreter Ellena waren einfach und unschwierig und führten bald zu einer Verständigung in allen Punkten. Der Zoll- und Handelsvertrag mit Italien vom 23. Dezember 1878, welcher auf zehn Jahre lautete, enthielt außer dem Vertragstarif ein Zollkartell, Bestimmungen über den Veredlungs- und Grenzverkehr und im Schlußprotokoll einige Bestimmungen von größerer Tragweite.

Dieser Vertrag kann als ein Muster für Handelsverträge überhaupt betrachtet werden. Vollständiger als der frühere enthält er in den beiderseitigen Vertragstarifen ein genaues Bild des wechselseitigen, auf reciproke Erleichterungen angewiesenen Verkehres. Beide Reiche hatten den Schutzzoll offen zum Systeme erhoben und brachten dasselbe auch in ihren autonomen Tarifen zum Ausdrucke. Nichtsdestoweniger nahm Österreich-Ungarn keinen Anstand, die autonomen Zölle für Seidenwaren, wenn auch nicht bis zur Tiefe des früheren Vertragstarifes (160 fl.), doch soweit zu ermäßigen (200 fl.), daß der italienische Export darin nicht gehemmt wurde. Andererseits verzichtete Italien auf sein Vorhaben, seine Leinenindustrie gegenüber dem österreichischen Exporte zu schützen, da dies die Erlangung der früher erwähnten Begünstigung für die Seidenwaren ausgeschlossen hätte und begnügte sich mit den Zöllen des alten Vertrages für Leinenwaren. Diese zwei Zölle sehen wir auch fürderhin in korrelaten Zusammenhang gebracht; keine Seidenzollermäßigung ohne mäßige Leinenzölle; so blieb es auch lange, bis, wie wir später sehen werden, bei dem Vertrage vom Jahre 1892 die bekannte Zähigkeit der Italiener die Preisgebung dieses Verhältnisses herbeiführte. Diese beiderlei Zölle waren auch der schwierigste Punkt der Verhandlungeu. Denn außerdem gab es wenig strikt entgegengesetzte Interessen oder vielmehr die beiderseitigen Zollpolitiker, welche eifrig bestrebt waren, einen Vertrag zuwege zu bringen und bei vollständiger Kenntnis der Konkurrenzverhältnisse in beiderlei Gebieten sich auf die dringendsten Anliegen durchaus konkreter Natur beschränkten, haben es vermieden, Gegensätze dort zu behaupten, wo nicht große Interessen im Spiele waren und geringfügige, von Konjunkturen abhängige Exporte zu großen Fragen aufzubauschen, wie es z. B. die deutschen Unterhändler, wohl mehr von abstrakten freihändlerischen Gesichtspunkten aus, zu thun liebten. Auch sträubte man sich nicht allzusehr, mäßige Erhöhungen für die alten Vertragszölle zuzugestehen, wenn dadurch die Exportfähigkeit nicht in Frage gestellt wurde.

Wir sehen dies ganz deutlich in der Behandlung der Textilien im Vertrage mit Italien. Die Zölle für Wollwaren und Baumwollwaren waren von Italien aus protektionistischen Gründen bedeutend verstärkt worden. Der Export Österreichs dahin war besonders in einigen Specialitäten nicht ohne Belang; andererseits war nicht zu verkennen, daß jede Zollermäßigung in erster Linie dem Importe der Schweiz, Englands und Deutschlands zugute kommt; man verstand sich bald und nahm die Wollwarenzölle im erhöhten Ausmaße nur zum Teile (150 fr. und 100 fr.) und die Baumwollwaren gar nicht in den Vertrag auf.

Italiens Vertragszölle per 100 Kilo in Francs

	im J. 1867	im J. 1878
Leinengarne roh oder gebleicht	11.50	11.50
Leinengewebe, glatt, bis 5 Kettenfäden auf 5 mm	23.10	23.10
" mehr als " " " "	57.75	57.75
Packleinwand	10.—	12.—
Wachsleinwand	10% des Wertes	20.— / 40.—
Leinen-, Knopf- und Bandwaren	80.—	100.—
Wollwaren aus Streichgarn	10%	150.—
" mit Baumwollkette	10%	100.—
" konfektioniert zu Kleidern	gleich dem Stoffe	10% Zuschlag

In einer anderen, nicht minder bedeutenden Warengruppe — Eisen und Stahl — räumte Italien, welches bekanntlich trotz seiner Erzschätze keine vollständige und ausgebildete Eisenindustrie besitzt und wenigstens damals mehr auf den Schutz von einzelnen eisenverarbeitenden Werken bedacht war, mäßige Zölle, namentlich für Roheisen und Eisenhalbfabrikate ein, wovon Österreich, welches im Gros der Eisenwaren wenig Exportkraft besitzt, nur in Stahl, einigen Halbfabrikaten, dann Sensen und anderen Werkzeugen einen mäßigen Nutzen zu ziehen hoffen konnte. In dieser Gruppe war überhaupt kein Gegensatz der Interessen vorhanden.

Italiens Vertragszölle in Francs

	im J. 1867	im J. 1878
Eisen:		
roh in Stücken	frei	frei
roh in Guß	4.—	4.—
geschmiedet oder gewalzt in Stäben von 4 mm Durchm.	4.62	4.62
= Draht	8.10	8.—
= Platten von 4 mm Durchmesser	4.62	4.62
= Bleche von weniger als 4 mm Durchmesser	9.25	8.—
Gußwaren, verzinnt, emailliert	4.60	5.—
Achsen und andere gewerbliche Eisenwaren	6.93	7.—
Eisenbahnschienen	1.15	3.—
Eisen zweiter Bearbeitung	11.55	11.80
Weißblech	9.25	10.75
Stahl:		
Stangen, Platten, Draht	13.85	wie Eisen
Sensen	9.25	10.—
Andere Werkzeuge	9.25	12.—

Anders stand es in der Gruppe von Papier-, Glas-, Thon-, und Lederwaren, in welchen die österreichische Industrie bekanntlich sehr leistungsfähig ist und gegenüber welcher Italien seine eigene Produktion thunlichst zu schützen suchte. Der Ausweg bestand darin, daß man im ganzen die alten Vertragszölle wieder aufnahm und nur einige Specialitäten ausschied, deren erleichterte Einfuhr unbedenklich schien.

Italiens Vertragszölle in Francs

	im J. 1867	im J. 1878
Papier weißes	10.—	10.—
= farbiges, Tapeten	25.—	25.—
Löschpapier, Packpapier	frei	frei
Gemeine Pappendeckel	8.—	frei
Glas in Tafeln:		
ungeschliffen, 4 mm dick	3.75	3.75
geschliffen, unbelegt	15.—	20.—
geschliffen, belegt	25.—	35.—

Italiens Vertragszölle in Francs

	im J. 1867	im J. 1878
Hohlglas, weißes	5.— / 12.—	7.—
" geschliffen, farbig u. dergl.	7.— / 15.—	11.—
Gemeine Thonwaren	1.15	1.50
Porzellanwaren	12.—	12.—
Lederwaren	50.—	50.—

Auch in Holz, dem Hauptexportartikel Österreichs nach Italien, war eine Verständigung um so leichter, als Italien bekanntlich nennenswerte Waldschätze entbehrt.

Italiens Vertragszölle in Francs

	im J. 1867	im J. 1878
Parquetten	2.75	4.—
Holz, gesägt	frei	frei
Möbel aus gebogenem Holze	7.—	7.50
" aus anderem Holze	—	13.—
Holzwaren, roh	10%	frei
" andere	10%	8.—
Kurzwaren aus Holz	40.—	40.—
Gemeine Korbflechterwaren	frei	frei
Holzfasermasse	frei	frei

Gewisse Schwierigkeiten verursachte immer die Sicherung des Absatzes in Bier, Branntwein und Zucker in Italien, zumal es bei diesen, der inneren Verzehrungssteuer unterliegenden Produktionen weniger auf den Zollsatz als darauf ankommt, daß die Steuer den fremden Import nicht härter trifft, als die inländische Produktion. Die klimatischen nnd landwirtschaftlichen Verhältnisse Italiens sind bekanntlich diesen Industrieen nicht sehr günstig. Die Bierbrauereien im Norden Italiens haben sich seither wohl vermehrt und in ihrer Leistungsfähigkeit mehr gehoben, als man voraussetzen konnte. Nichtsdestoweniger wird die Konkurrenz hier immer ein dankbares Feld finden. Was Alkohol betrifft, so fehlt der Anbau der zu einer nutzbringenden Fabrikation erforderlichen Feldfrüchte und ist die Produktion auf gewisse, in der Menge nicht ausschlaggebende Früchte und Abfälle angewiesen.

Noch weniger ist der Zuckerrübenbau günstig; bloß die Raffinerieen kommen in Betracht, daher man sich im Vertrage darauf beschränken konnte, zu stipulieren, daß der Bezug ausländischen Rohzuckers nicht allzusehr begünstigt werden dürfe.

Das hauptsächlichste Interesse Italiens in diesen drei großen Artikeln ist darnach vorwiegend ein finanzielles und man kann den italienischen Zollpolitikern das Zeugnis geben, daß sie dieses Interesse vortrefflich zu wahren wußten. Durch hohe inländische Steuern, verbunden mit hohen Zöllen, zog es aus Alkohol und Zucker steigende Einnahmen, ohne den Konsum zu schwächen und die glücklichen Erfahrungen Italiens darin waren wohl auch für die späteren gleichen Vorgänge in der Schweiz, Deutschland und Österreich-Ungarn ermunternd.

Wir finden also in dem Vertrage die Verpflichtungen Italiens dahin definiert, daß die inneren Abgaben vom Alkohol nach dem wirklichen Produkte (Menge und Gradhaltigkeit) einzuheben sind und daß der Rohzucker mit vier Fünfteilen des Einfuhrzolles auf Raffinat verzollt werden muß. Es kann indes nicht verhehlt werden, daß die Einhaltung dieser Bestimmungen während der Vertragsdauer vielfach zu Beschwerden österreichischer Exporteure Anlaß gab und daß auch der Export vielfach litt.

Italiens Vertragszölle in Francs

	im J. 1867	im J. 1878
Bier	2.—	2.—
Branntwein	5.50—10.—	12.—
Zucker	nicht gebunden	
Wein	5.77	5.77

Wenden wir uns zu den von Österreich-Ungarn eingeräumten Begünstigungen.

Außer Seide und Seidewaren hatte Italien in Industrieerzeugnissen wenig exportfähige Artikel und zumeist nur von mäßigem Belange. Dies sind Teigwaren, Fleischwürste, Taue und grobe Hanfwaren, Strohhüte, Glaswaren ganz besonderer Art, Papier-, Majolika und einige andere Thonwaren, Steinmetzarbeiten und Wachskerzchen. Es war nicht schwer, die Einfuhr dieser Artikel zu erleichtern.

Österreich-Ungarns Vertragszölle in fl. ö. W.

	im J. 1867	im J. 1878
Seidengewebe, glatt ohne Beimengung anderer Spinnstoffe	160.—	200.—
Teigwerk	5.—	1.—
Fleischwürste	16.—	16.—
Taue	1.50	1.50
Packleinwand	1.50	2.—

Österreich-Ungarns Vertragszölle in fl. ö. W.

	im J. 1867	im J. 1878
Strohhüte per Stück	—.10	—.10
Papier: Lösch- und Packpapier	frei	frei
Packpapier	2.—	2.—
ungeleimt, ordinär	2.— / 3.—	2.—
anderes	3.—	3.—
Holzwaren, gemeinste	frei	frei
Hölzerne Hausgeräte	3.—	3.—
Glasbehänge	2.—	2.—
Glas- und Emailwaren	12.—	12.—
Steinmetzarbeiten	frei	frei
Thonwaren, gemeine	frei	frei
„ einfach und weiß	5.—	5.—
Wachszündkerzchen	1.50	3.—

Wichtig, ja unerläßlich war für Italien die Sicherung seines Exportes iu Südfrüchten (Orangen, Citronen, Feigen, Datteln, Mandeln u. dergl.) und anderen Artikeln seiner Landwirtschaft (Olivenöl, Anis, geschnittene Blumen, Obst, Gartengewächse u. a. m.), für welche Österreich seither nicht nur ein großes, dankbares Absatzgebiet bildete, sondern auch einen bedeutenden Zwischenhandelsplatz in Triest unterhielt. Die bisherigen Zölle waren Finanzzölle, welche im Vertrage weiter ermäßigt wurden.

Wir lassen hier ausnahmsweise die statistischen Nachweisungen über die Importmengen der österreichisch-ungarischen Monarchie folgen, und zwar aus dem doppelten Grunde, weil die Provenienz der bezüglichen Artikel aus Italien unzweifelhaft ist und dann, weil die großen Mengen deutlich zeigen, wie Italien mit dem Absatze seiner eigentümlichen Bodenprodukte auf seine Nachbarländer angewiesen ist und wie gering im Grunde genommen die Gegenwerte sind, welche es in einem Zollvertrage mit Österreich-Ungarn zu bieten vermag.

Es wurden z. B. im Jahre 1876 aus Italien nach Österreich-Ungarn exportiert:

	100 Kilo
Feigen, frische	28 875
„ getrocknete	112 190
Orangen, Limonen	57 606
Mandeln	18 081
Reis	335 803
Gartengewächse, frische	291 577
Obst, frisches	58 597

	100 Kilo
Fische, frische	4 718
„ zubereitet	21 252
Käse	13 516
Olivenöl	46 673
Anderes Öl	100 283
Strohhüte Stück	366 835

Trotzdem marktete man mit Zollermäßigungen nicht strenge und ließ Italien als den schwächeren Teil in gar manchem gewähren.

Weitere Vorteile aus dem Handelsvertrage zog Italien aus Verkehrsbeziehungen, welche noch aus der Zeit der Zugehörigkeit Lombardo-Venetiens zum Kaisertume und des näheren Zollbandes mit Modena stammten. Hierher ist vor allem zu rechnen die Zollbegünstigung (3 fl. 20 per 100 Kilo), welche für norditalienische Weine schon im Handelsvertrage vom Jahre 1876 eingeräumt und im neuen Vertrage auf Mittelitalien ausgedehnt wurde. Weiter gehört hierher das Zugeständnis, daß die Chioggioten (Bewohner der Insel Chioggia u. a.) nach wie vor an der österreichischen Seeküste die Fischerei treiben dürfen. Das Opfer, welches in dieser Richtung gebracht wurde, war sehr fühlbar. Die Bewohner Dalmatiens und Istriens, von Ländern, wo ein karger Boden und der Mangel jeglicher Industrie, außer Wein- und Olivenbau fast keine Nahrungsquelle bietet, vermögen gegen die intensive und überlegene Konkurrenz der italienischen Fischer nicht aufzukommen und es bedeutet der Verzicht auf die natürlichen Vorrechte der eigenen Küstenbewohner daher allerdings ein großes Opfer, welches für die Dauer nicht wird gebracht werden können. Der Veredlungsverkehr in Eisen, Getreide u. s. w., die Zollermäßigungen für limitierte Mengen im Grenzverkehre, hatten keine wesentliche Bedeutung.

So stellt sich denn der Zoll- und Handelsvertrag vom 27. Dezember 1878 als ein Austausch von Erleichterungen dar, welche, ohne das System des Zollschutzes in beiden Reichen mehr als unausweichlich notwendig zu durchbrechen, den gewohnten Verkehr erhielten und förderten, wobei allerdings nicht übersehen werden kann, daß die Art und die Gegenstände des wechselseitigen Verkehrs zumeist Specialitäten sind, bei welchen gegensätzliche Interessen nur selten vorkommen.

Die Verhältnisse zu den westlichen Industriestaaten.

Durch die Kündigung der englischen Nachtragskonvention und den Abschluß eines einfachen Meistbegünstigungsvertrages im Jahre 1876 war das handelspolitische Verhältnis zu England definitiv geregelt. Seither und bis auf die jüngste Zeit geschah auch nicht der geringste Versuch, an diesem Stande der Dinge etwas zu ändern und es ist anzunehmen, daß es dabei sein Bewenden haben wird.

England steht wie überall auch gegenüber Österreich-Ungarn im Vordergrunde, sowohl was den Import als den Export anbelangt. Wenn man mangels statistischer Nachweisungen über die Herkunft und Bestimmung der ein- und ausgehenden Waren darüber im Zweifel gewesen sein konnte, so ist diese Lücke durch die neuesten offiziellen Publikationen über den auswärtigen Handel der österreichisch-ungarischen Monarchie völlig ausgefüllt und es sei gestattet, dem Gange der Ereignisse vorgreifend, einige Ziffern denselben zu entnehmen, zumal wir nicht mehr in die Lage kommen, uns hier mit England zu beschäftigen.

Was zunächst den Import Englands nach Österreich-Ungarn anbetrifft, so zerfällt er in zwei große Gruppen, deren eine von den zahllosen Rohstoffen gebildet wird, welche England als erster Handelsstaat hierher ebenso wie in die ganze Welt für die Bedürfnisse der Industrie liefert (Häute, Fettstoffe, Baumwolle, Kupfer u. s. w.), während die andere in ziemlich ausgiebigen Halbfabrikaten und Fabrikaten besteht, in welchen England seine große, bewunderungswürdige Überlegenheit trotz aller Zolltarife behauptet hat. Hierher sind zu rechnen Garne aller Art, dann Eisen, von dem für unsere Gießereien unentbehrlichen schottischen Roheisen angefangen bis zur vollendetsten Verarbeitung in Maschinen der mannigfaltigsten Art. Von beiden Gruppen ist die erstere der Menge und dem Werte nach die weitaus größere.

Was die österreichisch-ungarische Ausfuhr nach England betrifft, so besteht das Gros in Getreide, Malz, Mehl, Bohnen und anderen Feldfrüchten; bescheidenere Mengen weisen die altösterreichischen Exportartikel, Papier, Glas, Kurzwaren, darunter Knöpfe und Schmucksachen, aus. Neuester Zeit spielten Zucker und Eier im Exporte eine große Rolle.

	Einfuhr		Ausfuhr	
	Millionen Gulden	Prozent	Millionen Gulden	Prozent
im Jahre 1891	64.6	10.5	53.5	6.8
im Jahre 1892	61.6	9.8	46.2	6.3

Minder einfach und bestimmt gestaltete sich das handelspolitische Verhältnis zu Frankreich.

Nachdem der alte Tarifvertrag vom Jahre 1866 von Österreich-Ungarn gekündigt und wiederholt erstreckt worden war, mußte er mit Ende des Jahres 1878 infolge des Inslebentretens des autonomen österreichisch-ungarischen Zolltarifes vom 27. Juni 1878 sein Ende erreichen.

Die Verständigung über einen provisorischen Meistbegünstigungsvertrag wurde im diplomatischen Wege gepflogen und verzögerte sich mehr infolge unabsichtlicher Versäumnisse des damaligen Botschafters, Grafen Beust, so lange, bis das französische Parlament auseinanderging. Österreich-ungarischerseits hatten die Regierungen sich mit den nötigen Ermächtigungen der Legislativen zur zwischenweiligen Beordnung der handelspolitischen Angelegenheiten versehen, ein Auskunftsmittel, welches seither infolge der jähen Wandlungen auf dem handelspolitischen Felde sehr in Schwung gekommen ist, in Frankreich jedoch, damals wenigstens, untunlich gewesen zu sein scheint.

So kam es, eigentlich ohne und vielmehr gegen den Willen beider Reiche zu einem kurzen Zollkriege, dem ersten, welchen Österreich-Ungarn zu verkosten hatte. Die Schrecknisse desselben waren nicht groß, zumal die französischen Zollorgane rücksichtsvoll genug den veralteten Tarif général in Hebung brachten und der neue österreichisch-ungarische Zolltarif mit seinen winzigen Retorsionszuschlägen von 10 und 5 % die französische Einfuhr nicht fühlbar beeinträchtigen konnte.

Am 20. Januar 1879 bereits wurde eine die wechselseitige Meistbegünstigung notdürftig genug regelnde Konvention geschlossen, welche, nachdem sie die beiderseitigen gesetzgebenden Körper passiert hatte, am 24. Februar 1879 ins Leben trat und anfangs durch Zusatzerklärungen ergänzt, später aber (7. November 1881) durch eine verbesserte Konvention mit gleichem Inhalte ersetzt wurde.

Provisorium folgte auf Provisorium, bis im Jahre 1883 ein ernstlicher Versuch zum Abschluß eines Tarifvertrages gemacht wurde, wozu das durch die Gestaltung des deutschen Marktes beängstigte Ungarn besonders drängte.

Die kommissarischen Verhandlungen im Spätherbst 1883 zu Paris ergaben sehr bald, daß mittlerweile in Frankreich dieselben agrarpolitischen Anschauungen Platz gegriffen hatten, welche man aus Deutschland zu fühlen bekommen.

Die französische Regierung, welche vom Parlamente gebundene Hände hatte, erklärte, überhaupt die Zölle für Getreide, Mehl und andere landwirtschaftliche Produkte, auch Vieh, vertragsmäßig nicht festlegen zu können und darum handelte es sich für Ungarn allein. Österreich selbst, welches außer dem Verkehre in Glas und Kurzwaren (besonders Wiener Phantasieartikel, Perlmutterknöpfe, Schmuckwaren) hauptsächlich mit seiner Holzausfuhr am französischen Markte interessiert ist, verhielt sich mehr zurückhaltend.

Wie vorauszusehen, scheiterte dieser Versuch vollständig und es kam lediglich der Meistbegünstigungsvertrag vom 18. Februar 1884 mit unbestimmter Dauer zustande, in welchem die einzige Tarifermäßigung Österreich-Ungarns darin bestand, daß der Zoll auf französische Schaumweine von 50 fl. auf 40 fl. herabgesetzt wurde, wogegen Frankreich sich anheischig machte, seine strenge Veterinärpolizei dahin zu mildern, daß die Einfuhrverbote nur im Falle wirklich vorhandener und erwiesener Viehseuchen gehandhabt, Hammel und frisches Fleisch aber unbeanstandet eingehen dürfen.

Diese Ordnung der Dinge kann als eine definitive und zugleich als ausreichend bezeichnet werden, zumal der Verkehr nicht so bedeutend ist, als er gemeiniglich angenommen wird.

Die neuesten Nachweise über den auswärtigen Handel Österreich-Ungarns bestätigen dies. Es betrug die Einfuhr aus Frankreich

im Jahre 1891	21.7 Millionen Gulden
d. i. von der Gesamteinfuhr	3.5 %
im Jahre 1892	21.6 Millionen Gulden
d. i.	3.4 %

Die Ausfuhr Österreich-Ungarns nach Frankreich dagegen betrug

im Jahre 1891	33.2 Millionen Gulden
d. i. von der Gesamtausfuhr	4.2 %
im Jahre 1892	25.1 Millionen Gulden
d. i.	3.2 %

Die Reform des autonomen österreichisch-ungarischen Zolltarifes im Jahre 1882.

Der zweite ernstliche Versuch, mit dem Deutschen Reiche einen Handelsvertrag mit Tarifen und von langer Dauer zuwege zu bringen und damit die handelspolitischen Verhältnisse der österreichisch-ungarischen Monarchie nach alter Art zu stabilisieren, war im Jahre 1881 gescheitert. Ungarn hatte diesen Versuch mit bemerkenswerter Kraft und Ausdauer betrieben und die österreichische Regierung war schließlich willig gefolgt.

Das Mißlingen hatte eine große Wirkung. Ungarns Widerstand gegen die protektionistische Strömung in Österreich war gebrochen; ja noch mehr; sowie man zuvor die Hoffnung nicht aufgab, eine Verständigung mit Deutschland zu erzielen, um den für den Abfluß der Bodenfrüchte und Rohstoffe aus Österreich-Ungarn wichtigen deutschen Markt zu sichern, so trat jetzt in der Auffassung der leitenden ungarischen Staatsmänner der Wunsch zutage, durch die Verschärfung der Zölle auf deutsche Industrieartikel schließlich doch die deutsche Handelspolitik zum Einlenken in die alten Bahnen zu veranlassen. Was man dort durch fast zwei Jahre beharrlich abgelehnt hatte, die Gesamtrevision des österreichisch-ungarischen Zolltarifes vom 27. Juni 1878, sie wurde nunmehr prinzipiell zugestanden.

Auf seite Österreichs war der negative Ausgang der Vertragsverhandlungen, mindestens in den parlamentarischen und industriellen Kreisen als die Beseitigung einer Gefahr für die handelspolitische Entwicklung mit Befriedigung begrüßt worden. Im Parlamente hatte die schon früher herrschende schutzzöllnerische Tendenz durch den Eintritt der Czechen in die Legislative des Reiches neue und ausgiebige Verstärkung erfahren. Aus den Handelskammern, den industriellen und sonst handelspolitisch interessierten Kreisen erscholl verstärkt der Ruf: Gesamtrevision des Zolltarifes auf Grundlage der Parität mit dem deutschen Zolltarife.

Die handelspolitische Aktion der österreichischen Regierung griff sofort und umfassend ein. Seit Jahren war man im österreichischen Handelsministerium mit Vorbereitungen zu dieser großen und schwierigen Aufgabe beschäftigt. Sachlich tiefgehende, wenn auch wenig förmliche Enqueten hatten im Laufe der letzten Jahre ein ungeheures Material zutage gefördert und das Zusammenwirken der staatlichen Organe mit den berufensten Vertretern industrieller Interessen Österreichs hatte im Laufe der Zeit dazu geführt, daß ein erschöpfendes Bild der wirtschaftlichen Zustände und Bedürfnisse vorlag, um seinen praktischen Ausdruck in einem neuen Zolltarife zu finden.

So war es möglich, daß kurze Zeit nach Abbruch der Verhandlungen mit der deutschen Regierung ein ganz neuer, übersichtlich und faßlich angeordneter Zolltarif im Entwurfe fertig gestellt war und kaum ein Jahr später als Gesetz ins Leben treten konnte[1].

Um von der äußeren Gestaltung dieses neuen Tarifes zunächst zu reden, so ist vor allem zu erwähnen, daß durch denselben die abstrakte Anlage

---

[1] Der Verfasser war als Referent für Handels- und Zollpolitik im k. k. Handelsministerium noch in der glücklichen Lage, die jahrelangen Studien zwecks der Reform des Zolltarifes in einem Entwurfe zu verwerten, welcher nach seinem Ausscheiden aus diesem Wirkungskreise (Ende 1881) im Wesen Gesetz geworden ist.

des deutschen Zolltarifes vollständig verlassen wurde und an deren Stelle eine kaufmännisch verständliche, mit Berücksichtigung der speciell österreichischen Industrieverhältnisse verfaßte Klassifikation des ganzen Warengebietes trat[1].

Der neue Zolltarif war indes nicht bloß äußerlich eine wirkliche Reform. Der Geist, von dem er getragen ist und welcher sich in den kleinsten Spalten und unscheinbarsten Unterscheidungen offenbart, ist der planmäßige Schutz jeder wirtschaftlichen Produktion des eigenen Landes vor der auswärtigen Konkurrenz. Der Spielraum für eine solche Aufgabe war weit genug, wenn auch Ungarn, wie wir später an den Zöllen für Wollwaren sehen werden, den Protektionismus Österreichs auch damals nicht voll gewähren ließ und der Bestand des Zollvertrages mit Italien bis zum Jahre 1886 in mancher Warengruppe recht mißliche Schranken auferlegte.

Der Motivenbericht der österreichischen Regierung zu dieser Gesetzesvorlage spricht sich darüber ziemlich unumwunden aus:

„Der Zolltarif vom Jahre 1878 war durchaus keine radikale Änderung der früheren Zollgesetzgebung.“ Er war bloß eine neue Kodifikation der früheren Vertragszölle, ohne dieselben mehr als ausnahmsweise und da auch nur unzureichend zu erhöhen.

„Der Zolltarif vom 27. Juni 1878 war eben nicht nur, wie es bei unseren staatsrechtlichen Verhältnissen unvermeidlich ist, das Ergebnis eines Kompromisses zwischen den wirtschaftlichen Interessen der beiden Reichshälften, sondern er war außerdem von dem Bestreben vorsichtiger Bedachtnahme auf die Erleichterung einer künftigen, handelspolitischen Verständigung mit Deutschland diktiert,“ was wir dahin ergänzen möchten: Der 1878er Tarif wurde nur unter der Bedingung von Ungarn als autonomer Tarif acceptiert, daß die Ermäßigungen desselben, welche bei den vorausgegangenen Vertragsverhandlungen mit der Regierung des Deutschen Reiches dieser als Kompensation für reciproke Ermäßigungen und Zusicherungen im deutschen Zolltarife zugestanden worden waren, nunmehr ohne diese Kompensation aufrecht bleiben und vielmehr das Äquivalent für die neuerlich erteilte Zustimmung Ungarns zur Aktivierung dieses Tarifes zu bilden haben.

---

[1] Wenn Matlekovits in seinem Werke „Die Zollpolitik &c.“ S. 98 sagt, daß in diesem neuen Zolltarife „möglichst viele Positionen“ gemacht wurden, so muß der Verfasser eben dieses Zolltarifes im Entwurfe wohl bemerken, daß er seinerseits diese Absicht nicht gehabt hat. Erst später hat man „möglichst viel Positionen“ geschaffen, was der Verfasser als einen Fehler betrachtet. Die Zersplitterung des Zolltarifes, welche heute wahrzunehmen ist, ist die Ubertreibung einer an sich richtigen Klassifikationsweise und bildet bereits eine fühlbare Unzukömmlichkeit.

Dieser Tarif war also mehr in der Form als seinem Wesen nach ein autonomer Akt und konnte deshalb auch nur als Minimaltarif gelten.

„Fragt man nach den Wirkungen dieses Tarifes in den drei Jahren seiner Geltung, so zeigt sich, daß er seine beiden Zwecke, die vermehrte Sicherung des inländischen Marktes und Erhaltung des status quo auf fremden Märkten nicht erreicht hat. Die statistischen Listen und die Berichte der Handels- und Gewerbekammern lassen im allgemeinen folgendes wahrnehmen: Die früher als Ausnahme charakterisierten wirklichen Erhöhungen (bei Kaffeesurrogaten, Bouteillenglas, Baumwollgarnen u. s. w.) haben sich wohlthätig bewährt, sie haben gezeigt, daß unsere Industrie in der That nur eines Anhaltes bedarf, um sich zu entwickeln; die Produktion stieg, die Einfuhr sank; diese Erhöhungen waren jedoch viel zu wenig zahlreich, sie betrafen nur einige Artikel und waren nicht nachhaltig genug. Bei der großen Menge der anderen Branchen konnte ein Umschwung nicht eintreten, da ja alles beim Alten geblieben war; die Einfuhr stieg weiter in derselben Entwicklung wie sie unter den Konventionaltarifen gestiegen war, der Konsum wurde, sofern er früher vom Auslande gedeckt war, auch weiter von dort aus gedeckt, denn die Bedingungen der Konkurrenz sind zumeist die gleichen geblieben.

Der inländische Markt wurde also durch den Zolltarif von 1878 weder unserer landwirtschaftlichen noch unserer industriellen Produktion in zureichendem Maße gesichert, und doch ist durch die handelspolitischen Ereignisse der letzten Jahre gerade die Behauptung des inländischen Marktes für viele Artikel die Hauptsache geworden, nachdem ihnen die fremden Märkte mehr und mehr verschlossen werden."

Daß die Einfuhr im allgemeinen seit 1879 nicht ab-, sondern ziemlich beträchtlich zugenommen hat, beweisen die folgenden Ziffern:

	Handelswerte der Waren-Einfuhr in Millionen Gulden					
	über die deutschen Grenzen			über alle Grenzen		
Im Jahre	Rohstoffe	Fabrikate	Summe	Rohstoffe	Fabrikate	Summe
1876	132.0	209.4	341.4	279.0	255.3	534.3
1877	140.7	205.6	346.3	302.1	253.2	555.3
1878	140.0	227.2	367.2	274.8	277.3	552.1
1879	140.7	220.6	361.3	276.4	275.0	551.4
1880	145.9	226.4	372.3	316.1	291.5	607.6
1880 gegen 1877 Zunahme absolute	5.2	20.8	26.0	14.3	38.2	52.3
1880 gegen 1877 Zunahme in Prozenten	3.7	10.1	7.5	4.7	15.1	9.4

Fast alle wichtigeren Warengruppen hatten eine vermehrte Einfuhr aufzuweisen.

„Dies Vorangeschickte dürfte die Eingangs gemachte Behauptung, daß der Tarif von 1878 weder den Zweck der vermehrten Sicherung des inländischen Marktes, noch jenen der Erhaltung des status quo auf fremden Märkten erreicht hat, hinlänglich erwiesen haben.

Wir stehen heute wieder dort, wo wir 1878 standen,. nämlich vor der Notwendigkeit, unseren Tarif wirklich autonom zu revidieren, nur hat sich seitdem die

Situation wesentlich geklärt; die Hoffnung, durch Rücksichtnahme auf das Ausland, dasselbe ebenfalls zu freiwilliger Schonung unserer Interessen veranlassen zu können, ist beseitigt, und wir haben heute nachzuholen, was man im Jahre 1878 unterlassen zu müssen glaubte. Abgesehen von Italien haben jene Staaten, deren Konventionaltarife mit uns wir in unserem Tarife von 1878 thunlichst respektiert haben, in jüngster Zeit Änderungen ihrer Tarife von ganz anderer und viel weittragenderer Natur vorgenommen, und hierdurch, wie bereits erwähnt, unsere Ausfuhrspecialitäten getroffen.

Daß die uns aufgedrängte Situation die eben geschilderte ist, und so von allen beteiligten Kreisen aufgefaßt wird, geht auch aus dem charakteristischen Umstande hervor, daß die Handelskammern, als sie im Juli 1879 über den deutschen Zolltarif befragt wurden, ganz spontan mit Revisionsbegehren in Bezug auf unseren Zolltarif antworteten.

Die k. k. Regierung hat denn noch im Jahre 1879 Tarifrevisionsverhandlungen mit der k. ungarischen Regierung eröffnet, welche aber erst dann zu einem positiven Ergebnisse führten, als nach dem Scheitern der daneben mit Deutschland geführten Tarifvertragsverhandlungen sich niemand mehr der Überzeugung verschließen konnte, daß eine vertragsmäßige Herabsetzung der deutschen Zölle auf das alte Niveau zunächst nicht zu erlangen sei, und dies am wenigsten so lange, als wir selbst einen Zolltarif festhalten, für dessen Abänderung äquivalente Opfer zu bringen das Ausland kein lebhafteres Interesse haben kann.

Allfällige weitere Bemühungen in dieser Richtung dürften jedem fremden Staate gegenüber so lange erfolglos oder von ungenügendem Erfolge begleitet bleiben, als wir nicht überhaupt durch die That bewiesen haben werden, daß die Interessen der beiden Reichshälften sich zu einem kräftigen solidarischen Auftreten zur Wahrung des eigenen Marktes vereinigen lassen. Das Zustandekommen der gegenwärtigen Tarifrevision ist deshalb von der größten Tragweite für unsere handelspolitische Machtstellung überhaupt."

Soweit glaubten wir dem Motivenberichte zum Zolltarife vom Jahre 1882 das Wort lassen zu sollen.

Eine Retorsion gegen Deutschland und dessen Zolltarif vom Jahre 1879 zu üben, war nicht die Absicht der österreichisch-ungarischen Regierung und es wird auch der Einfluß des gedachten Tarifes auf unsere Ausfuhr nach Deutschland mit Zurückhaltung erörtert.

Was man vor allem wollte, war die Erhöhung der Einfuhrzölle und unter den Gründen für diese Maßregel spielte, wie gesagt, das Erfordernis der sogenannten Parität mit den Zöllen des Deutschen Reiches eine große Rolle. Wo im deutschen Zolltarif irgend eine Zollerhöhung eingeführt worden war, folgte diesseits eine ziffermäßig gleiche Erhöhung, wie dies namentlich bei den Zöllen auf Mehl, Getreide, Leder-, Glaswaren in Verbindung mit anderen Materialien u. s. w. wahrzunehmen ist.

Wenden wir uns zu einem kurzen Überblick der hauptsächlichsten Zollerhöhungen.

In der Gruppe der Textilwaren finden wir vor allem die Einschaltung eines neuen um 4 fl. höheren Staffelzolles für Baumwollgarne über Nr. 50. Das Gros der Einfuhr in derlei Garnen besteht in Garnen Nr. 36 und 42, welche für Druckware zumeist verwendet werden und schon in dem früheren Tarife eine Erhöhung um 4 fl. erfahren hatten, was nicht wenig zur Entwicklung der Spinnerei beigetragen hatte. Eine weitere Erhöhung für diese Gattung wagte man auch diesmal aus Rücksichten für die hochentwickelte Weberei nicht, welche durch die gleichzeitige Aufhebung des Appreturverkehres in eine neue Situation gegenüber den Druckfabriken gekommen war und Schonung erheischte. Überhaupt wird man der österreichischen Zollpolitik in der so schwierigen Übergangszeit vom Freihandel zum Schutzzoll das Zeugnis nicht versagen können, daß sie bei allen noch so eingreifenden Maßnahmen nur schrittweise und vorsichtig vorgegangen ist.

Bei den Baumwollgeweben blieb der bisherige Stand der Staffelzölle nach der Feinheit des Garnes und der Dichtigkeit des Gewebes bis auf die notwendige Ausgleichung des Zolles für Gewebe über Nr. 50 wegen des erhöhten Garnzolles und bis auf die Erhöhung der feinsten Webewaren, Spitzen und Sammete, wobei sich bereits die finanzielle Rücksicht der höheren Belastung für Luxusartikel zeigte.

Auch in Leinengarnen und Leinengeweben wurde der Stand der Zölle wenig verändert. In der Hauptsache handelte es sich um die Jutezölle, deren Erhöhung indes Ungarn aus Rücksicht auf seinen bedeutenden Konsum an Sackstoffen für Bodenfrüchte auch diesmal nicht zugeben wollte.

In Wollengarnen und Wollengeweben bestand die wesentlichste Zollerhöhung darin, daß an Stelle von drei Staffelzöllen (40, 60, 80 fl.) nur zwei Staffelzölle (50 und 80 fl.) mit der Grenze von mehr und weniger als 500 Gramm aufgestellt wurden, was eine geringe Verstärkung des Schutzzolles für mittelfeine Tuchware darstellt, wobei die Damenkleiderstoffe auch diesmal noch leer ausgingen. Wichtig war dagegen die besondere Tarifierung von Filzwaren mit Zöllen (12, 40, 80 fl.), welche dem Werte dieser im Konsum mehr und mehr Aufnahme findenden Stoffe angemessener waren, sowie der Teppiche (mit 12 und 40 fl.), die infolge der freihändlerischen Verschiebung natürlicher Tarifgrenzen in widersinnige Tarifpositionen geraten waren.

In Seidenwaren wurden durchgehends namhafte Zollerhöhungen vorgenommen, welche indes nur als Negociationsobjekte für künftige Tarifverhandlungen mit Italien erschienen. (400 fl. Ganzseiden, 200 fl. Halbseiden.) Ein zumeist gegen den französischen Import von Kleiderkonfektion und Putzwaren gerichteter Zollaufschlag (40 % gegen früher 20 %) trat bei Kleidungen, Wäsche und Putzwaren ein, wobei übrigens der Tarif für Damen- und Strohhüte vereinfacht wurde.

Anders und erheblicher gestaltete sich die Reform des Tarifes, was Eisen und Stahl sowie Metallwaren überhaupt betrifft. Was man im Jahre 1878 auch aus Rücksicht auf das Exportinteresse Deutschlands unterlassen hatte, holte man jetzt nach; es war die durchgehende Erhöhung aller Eisenzölle, welche sich auf einem von 50 kr. auf 80 kr. erhöhten Grundzolle für Roheisen aufbauten. Dabei wurde der Tarif in einer der steigenden Verarbeitung und Wertvermehrung in allen Stadien der Eisenindustrie genau angepaßten Klassifikation durchgreifend reformiert, welcher sich auch heute als der rationellste unter allen bestehenden Tarifen bezeichnen läßt. (Roheisen 80 kr.; Ingots 1 fl. 60 kr.; Stabeisen nicht façonniert 2 fl. 75 kr, façonniert 3 fl. 50 kr.; Bleche und Draht 4, 5, 8 fl.; Eisenguß 2, 4, 8 fl. 50 kr.; gemeine Eisen- und Stahlwaren 4, 5, 8 fl. 50 kr.; Kessel 6 fl.; gemeine Schneidewerkzeuge 10 fl., feine Eisenware 15 fl.; feine Messerschmiedware 30 fl.) Ähnliches gilt von dem Tarife für sonstige Metallwaren, welche eine neue, zweckmäßige Einteilung mit teilweise erheblicher Steigerung der Zölle erfuhren. In Maschinen traten Zollerhöhungen dermal noch bescheidener Art ein. Der unpraktische Gedanke, für Maschinen, die angeblich im Inlande nicht erzeugt werden, Zollermäßigungen zu gewähren, kam leider wieder zu Ehren und in den Tarif.

Bekanntlich ist die Industrie Österreichs in Papier, Leder, Holz, Glas und Thon konkurrenzfähig, wenn auch nicht in allen Artikeln mit gleicher Stärke, und in manchen sogar von untergeordneter Leistungskraft. Um nun auch in diesen Specialitäten den inneren Markt zu gewinnen, wie auch in Rücksicht auf die mehrmals erwähnte Parität mit den deutschen Zöllen erfuhren diese Warengruppen mehrfach Zollerhöhungen, welche hauptsächlich die deutsche Konkurrenz trafen. Insbesondere wurden die Zölle auf Leder-, Glas-, Papier-, Stein- und Thonwaren fast durchaus ziffermäßig gleich mit jenen Deutschlands gehalten. Neben den hier angeführten großen Industrieen kamen zum erstenmal eine Reihe zumeist beschränkter, für die Verwendung der vaterländischen Arbeitskräfte nicht unwichtiger Industrieen zur Geltung, welche in den früheren Tarifen teils gar nicht, teils unrichtig behandelt worden waren.

Hier sind zunächst die Kautschukindustrie und chemische Industrie überhaupt, dann die Verfertigung von Seiler-, Korb- und Korkwaren, von Fußbodenbelägen aus neuartigen Kompositionen, die Reisschälerei, die Konservenindustrie, die Kürschnerwaren, die Fabrikation optischer Gläser, der Schutz der Buchbinderei u. s. w., kurz, so viele Stiefkinder aller Zolltarife zu erwähnen, welche aus ihrer allüblichen Vernachlässigung hervorgezogen und unter den belebenden Schutz des Zolltarifes gestellt wurden, teilweise ohne daß ein Impuls dazu von den Interessenten gegeben worden wäre.

Soweit, was die Schutzzölle auf Industrieartikel betrifft.

Wir gehen nun zu den Agrarzöllen über. Der Motivenbericht der österreichischen Regierung verdient, soweit er die Verhältnisse der Getreidezölle und des Getreideexportes behandelt, hier eine Erwähnung. Das Urteil über die Sachlage ist richtig, rechtfertigt aber keineswegs die Notwendigkeit von Getreidezöllen mit wirtschaftlichen Gründen.

„Von der Gesamtproduktion der Monarchie an Körnerfrüchten, welche sich nach dem zehnjährigen Durchschnitte auf Grund der offiziellen, aber notorisch zu niedrigen Ernteziffern auf 191 Millionen Hektoliter schätzen läßt, liefert jede der beiden Reichshälften durchschnittlich je die Hälfte, ein Anteil, welcher mit den Verhältniszahlen der produktiven Fläche und des Ackerlandes ziemlich übereinstimmt und sich auch aus der intensiveren Kultur in Böhmen, Niederösterreich u. s. w. erklärt. In Österreich ist der Korn-, Gerste- und Haferbau, in Ungarn der Weizen- und Maisbau überwiegend

Die Monarchie, als Ganzes betrachtet, gehört, wenn man alle Getreidearten summiert, noch in die Reihe der sogenannten Getreideexportländer, welche bei Mittelernten einen Überschuß an das Ausland abzugeben haben.

Regelmäßig exportierend ist Österreich-Ungarn aber nur in Gerste, Malz und Hafer. Betrachtet man dagegen die eigentlichen Brotfrüchte einzeln, so zeigt eine genauere Prüfung, daß die Monarchie vermöge des Wachstums der industriellen Bevölkerung bereits nahe dem Wendepunkte stehen dürfte, wo sie bei längerer Fortbauer der dermaligen Zustände aus einem Brotfrüchte zumeist exportierenden Reiche ein Gebiet mit regelmäßigem Importe von Brotfrüchten werden könnte.

In Roggen fand im zehnjährigen Durchschnitte eine Mehreinfuhr, im Weizen eine Mehrausfuhr statt.

Obschon die Ziffern der Erntestatistik und sogar jene der Handelsstatistik durchaus keine besondere Zuverlässigkeit beanspruchen können, so reichen sie doch so weit aus, um es wahrscheinlich zu machen, daß Getreidezölle für Österreich-Ungarn in Mittel- und guten Jahren für die nächste Zukunft noch wenig oder keine, in Jahren mit geringerem Ernteertrage aber immerhin einen Einfluß auf die Getreidepreise im Inlande und damit auf die Rentabilität des Getreidebaues nehmen werden.

Beim Fehlen einer Einfuhr oder bei einer im Verhältnisse zum Angebote inländischen Getreides nur geringfügigen Einfuhr kann der Zoll für letztere die Preise im Inlande nur lokal beeinflussen.

Von so mäßigen Getreidezöllen, wie die beantragten sind, läßt sich allerdings auch in Jahren stärkeren Einfuhrbedarfes die Wirkung keineswegs erwarten, daß in Hinkunft größere Flächen dem Getreidebaue zugewendet und die Monarchie hierdurch bezüglich ihrer Versorgung mit Brotstoffen vom Auslande für alle Fälle unabhängig gemacht würde. Eine derartige Steigerung des Getreidebaues auf Kosten anderer Kulturen wäre auch weder rationell, noch ist sie, bei den heutigen Kommunikations- und Handelsverhältnissen ein Bedürfnis. Die Wiederherstellung der Getreidezölle soll vielmehr dazu beitragen, der durch die heutigen Verkehrsverhältnisse bedingten Gefahr entgegen zu wirken, daß auch in Jahren, wo die inländische Produktion dem Bedarfe genügen würde, ihr der Absatz durch die zollfreie und durch Differentialtarife der Bahnen vor dem Versande im Inlande noch begünstigte Einfuhr beschränkt werde, und daß die Landwirtschaft in schlechten Erntejahren neben dem Ausfalle in der Quantität auch noch einen vom Auslande diktierten Ausfall in den Preisen zu erleiden habe.

Die Getreidepreise können sich bekanntermaßen heute, bei der Entwicklung des Verkehrswesens dauernd nicht mehr nach lokalen Verhältnissen richten, sondern werden von den Weltmärkten diktiert und hängen in erster Linie von dem Angebote Amerikas und Rußlands ab.

Wenngleich im letzten Decennium die Getreidepreise für die österreichischen und ungarischen Produzenten noch gute genannt werden können, was unserer früheren Ernte und dem Umstands zuzuschreiben sein dürfte, daß das amerikanische Getreide bisher nur ausnahmsweise bis nach Österreich-Ungarn vorgedrungen ist, so bürgt doch nichts für eine Fortdauer dieser Preisverhältnisse.

Wenn man den raschen Gang der bisherigen Entwicklung der amerikanischen und russischen Konkurrenz beobachtet, so wird man sich nicht gut dabei beruhigen können, unseren Landwirten intensivere Kultur, Übergang zur Zucht besserer Viehrassen u. s. w. zu empfehlen und die, bestenfalls sehr langsam eintretenden Wirkungen dieser Maßregeln abzuwarten.

Es darf nicht versäumt weren, die Abhilfe auch auf dem Gebiete der Zollpolitik, wo eine rasche Wirkung möglich ist, zu versuchen."

Damit wurde die Einführung von mäßigen Zöllen, und zwar für

Getreide	—.50 fl.	per 100 Kilo
Roggen, Gerste, Hafer . . .	—.25 „	„ „ „
Mehl	1.50 „	„ „ „

begründet. Wir haben wenig dazu zu sagen. Daß ein Getreide exportierender Staat Getreidezölle benötigt, um dann, wenn er ausnahmsweise einmal eine Mißernte und deshalb teureres Brot hat, den Preis noch zu heben, wird man niemals beweisen können. Im gegebenen Falle kann man indes aus handelspolitischen Gründen gegen die Einführung jener Zölle nichts einwenden. Einmal besaß damals Deutschland einen regelmäßigen Export von Roggenmehl nach Böhmen und, wenn auch in geringerem Maße, in diversen Fruchtgattungen im Grenzverkehre. Die Reciprocität war schon deshalb schwer zu vermeiden. Dann mußte aber auch Österreich-Ungarn gegenüber Rumänien und Serbien u. s. w. eine Waffe erhalten, um bei bevorstehenden Verträgen Zugeständnisse an seinen Export von Industrieerzeugnissen zu erzwingen. Dazu genügten mäßige Zölle, wie die oben erwähnten, immerhin. Schließlich mußte man sich mit Agrarzöllen schon aus Rücksicht auf Ungarn und Galizien befreunden.

Einen ganz bedeutenden Zusatz erhielt der neue Zolltarif durch die starken Finanzzölle, ja, man kann sagen, daß das Bestreben, den Zollertrag zu heben, wenn nicht stärker, doch mindestens ebensosehr sich äußerte, wie die Tendenz des Protektionismus.

Auch in dieser Beziehung wurde mit dem, aus der Ära des Freihandels stammenden Axiome gebrochen, daß nur wenige, größeren Konsums fähige Nahrungs- und Genußmittel ausnahmsweise mit Zöllen zu belegen sind, während als Regel für Rohstoffe, zum Teil auch für Halbfabrikate, namentlich aber für Nahrungsmittel das zollfreie Regime zu gelten habe.

Wir finden im Gegenteil die Regel durchgeführt, daß jede Ware mit einem ihrem Werte angemessenen Zolle zu belasten ist, wofern nicht die Bestimmung derselben als Rohstoff für die Industrie, namentlich bei Exportindustrieen und die Schwierigkeit einer Rückvergütung eine solche Besteuerung unrätlich machen. Artikel des Luxus aber finden wir mit verstärkten Zöllen getroffen. Wir verweisen in dieser Richtung auf die Zölle für verschiedene Sämereien und Pflanzen, Talg, Öle, Mineralwässer, manche Eßwaren, Gummen und Harze, diverse chemische Hilfsstoffe u. s. w.

Ausschlaggebend waren allerdings die erhöhten Zölle auf Kaffee und Petroleum.

Der Kaffeezoll wurde von 24 Gulden auf 40 fl. erhöht. Bemerkenswert für die Geschichte der Zollpolitik ist, daß auch diese bedeutende Zollerhöhung vom Konsum ebenso anstandslos ertragen wurde und eine anhaltende Verringerung desselben ebensowenig herbeiführte, wie die unter großen Kämpfen durchgeführte Zollerhöhung im Jahre 1878.

Der Import betrug

im Jahre	Metercentner
1876	326 000
1877	338 000
1880	315 000
1881	356 000
1884	354 000
1885	367 000
1888	344 000
1889	346 000
1890	351 000

Der Zollertrag von diesem Artikel stieg folgendermaßen:

im Jahre	fl.
1876	5 234 000
1877	5 418 000
1880	7 582 000
1881	8 590 000
1884	13 367 000
1885	13 778 000
1888	12 958 000
1889	12 998 000
1890	13 152 000

Anders verhielt es sich mit dem Petroleumzolle.

Hier war die Aufgabe, höhere Erträge aus diesem allgemeinen Verbrauchsartikel für den Staatsschatz zu erzielen, was an sich einen größeren Finanzzoll bedingte, mit der Rücksicht auf den Schutz einerseits der galizischen Urproduktion von Rohölen, andererseits der ungarischen Raffinerieen in Einklang zu bringen.

Das galizische Rohprodukt ist von minderer Güte und liefert wegen des Gehaltes an unverbrennlichen Schwerölen und flüchtigem Benzin keine günstige Ausbeute. Die ungarischen Raffinerieen waren bis dahin auf den Bezug rumänischen Rohöls, ebenfalls von geringerer Güte, angewiesen.

Die Lösung war keine glückliche. Die Zölle vom Jahre 1878 (Rohöl 60 kr., Raffinat 3 fl.) wurden im Jahre 1882 auf 1 fl. 10 kr. und 10 fl. erhöht, wogegen die inländische Produktion an raffiniertem Öl mit einer Verbrauchssteuer von 6 fl. 50 kr. belastet wurde.

Infolge einer von Ungarn geübten, dem Sinne der Zollbestimmungen entgegenstehenden Praxis wurde der Zoll für Rohöl auch auf die aus dem eben in Aufschwung gekommenen russischen Naphtagebiete am Schwarzen Meere bezogenen, künstlich verunreinigten Raffinatöle angewendet, was einen völligen Umsturz in den Verhältnissen dieses Artikels herbeiführte. Eine für die Reinigung der zuvor künstlich verunreinigten Öle errichtete Fabrik in Fiume, welche bei selbstverständlich höchst günstiger Ausbeute lediglich die erheblich geringere innere Steuer zu entrichten hatte, machte nicht nur in ganz kurzer Zeit den direkten Bezug raffinierten Öles unmöglich, dessen Import denn auch von 1 123 000 Lire im Jahre 1882 in kurzer Zeit auf 127 000 Lire im Jahre 1888 sank, sondern erschwerte auch den Bestand der galizischen Rohölproduktion, welche, wie bemerkt, viel ungünstigere Ausbeuteverhältnisse mit ihrem wirklichen Rohöl hat. Dazu kam auch die Verschiebung in den Einnahmen. Während die gemeinsame Zollkasse ihre

Einnahmen schwinden sah, wuchs die innere Steuer, welche jede der beiden Reichshälften selbständig für sich einhebt, rapid, was jedoch vorwiegend Ungarn zu gute kam, dessen Fiumaner „Raffinat" auch in Österreich Absatz fand, während Österreich, der weitaus größere Konsument, weder entsprechenden Zoll noch Steuern erlangte.

Hier erübrigt uns nur noch, auf jene Zollmaßnahmen einzugehen, welche die differentielle Begünstigung der Seehäfen von Österreich-Ungarn beim Importe gewisser wichtiger Waren betreffen.

Es wurden Zollnachlässe bei der Einfuhr zur See, ohne Rücksicht, ob der Import direkt vom Ursprungslande oder indirekt von einem anderen Zwischenhafen geschieht [1], für mehrere Artikel gewährt, als Kaffee, Kakao, Thee, Gewürze, Reis zum Enthülsen, Palmöl, Kokosnußöl, Indigo, Cochenille. Am bedeutendsten erscheint der Zollerlaß für Kaffee, welcher allgemein einem Zolle von 40 fl., bei der Einfuhr zur See indes nur von 37 fl. unterliegt. Der Effekt war namentlich bei dem letztgenannten Artikel ein vollständiger. Während noch im Jahre 1881 unter dem alten Regime bloß 25 % der Gesamteinfuhr von Kaffee zur See eingingen, und das Gros von den deutschen Nordseehäfen bezogen wurde, beträgt der Bezug zur See gegenwärtig nahezu 90 %, und ist der Handel in Kaffee nach Triest gewandert, wo sich auch Hamburger und Mannheimer Handelsfirmen angesiedelt haben.

Es ist hier der Ort, um einen Blick auf die beiden größten Seehäfen der Monarchie, Triest und Fiume, zu werfen, und kurz zu erwähnen, was für deren Emporbringung seither geschehen. Die Häfen selbst wurden mit großem Aufwande (in Triest zusammen 20 Millionen Gulden) erweitert und mit Lagerhäusern und Warenschuppen ausgerüstet. In Triest wurden die Lagerungsanlagen von der Gemeinde und Handelskammer mit 11 000 000 fl. Kosten nicht ganz zweckmäßig hergestellt. Der von Ungarn eingeschlagene Weg, durch eine 12jährige Steuerfreiheit und andere staatliche Begünstigungen die Industrie ins Land zu ziehen, hatte in Fiume in Verbindung mit den Zollbegünstigungen für Raffinerieen von Mineralölen und Reisschälereien eine rasche Entfaltung industrieller Anlagen zur Folge, ein Beispiel, das von Österreich durch analoge Steuerbegünsti-

---

[1] Daß man die Zollbegünstigung nicht auf die direkte Einfuhr aus dem Ursprungsland beschränkte, war ein Fehler. Um nur ein Beispiel anzuführen, zeigt die Handelsstatistik von Triest, daß im Jahre 1891 von 345 000 Metercentnern Kaffee bloß 238 000 Metercentner direkt eingeführt wurden, wogegen der Überrest aus italienischen, französischen, ja sogar dentschen Häfen (Hamburg sendete allein 34 000 Metercentner) stammt.

gungen in Triest viel später mit gleichem Erfolge nachgeahmt wurde. Die Freihäfen alten Stils wurden in Freibezirke umgewandelt, in welchen bloß die Lagerhäuser und gewisse unbegrenzte Uferstellen vom Zollregime ausgenommen sind. Dazu kamen vielfach Begünstigungen durch Eisenbahntarife, die namentlich in Ungarn eine krankhafte Entwicklung erfuhren, und manche andere Erleichterungen, wie namentlich die Subventionierung von Schiffahrtsgesellschaften (Lloyd, Adria). Der Wetteifer, um nicht zu sagen die Eifersucht, welche zwischen den genannten beiden Häfen herrscht, erwies sich als das stärkste Agens und wirkt auch noch heute fort, wo das wichtigste bereits geschehen, und wenig, was unmittelbares Bedürfnis genannt werden könnte, zu thun erübrigt.

Dabei darf nicht übersehen werden, daß Fiume einen wirklichen Handel nur in bescheidenem Umfange, und zwar in Artikeln, welche, wie Faßdauben, in nächster Nähe produziert werden, besitzt. Hauptsächlich bildet es die Ausgangspforte für den ungarischen Export in Mehl, Spiritus und Holz, und in den wachsenden Ziffern der Ausfuhr von Fiume drückt sich zumeist die Steigerung dieses Exportes aus, welcher durch weitgehendste tarifarische Begünstigungen hierher geleitet wurde, während in den steigenden Importziffern namentlich die Rohstoffe für die in Fiume neu gegründete Petroleumraffinerie und Reisschälerei zu erkennen sind. Das lange zuvor vernachlässigte Fiume ist denn auch gewachsen, wie es Kinder im ersten Lebensalter zu thun pflegen, und die Entwicklung ist ihm wohl zu gönnen. Wenn man aber mit künstlichen Mitteln aller Art aus Fiume einen Handelsplatz gleich Triest zu machen sucht, und das ganze Tarifwesen der Bahnen, der Schiffahrt und der Lagerhäuser auf den Kopf stellt, nur um der geographischen Umklammerung Ungarns durch Österreich auf diesem schmalen Pfade zum Meere zu entrinnen, so wird sich zweifellos zeigen, daß die großen Opfer vergeblich waren, und der internationale Handel sich noch weniger wie eine Industrie durch staatliche Maßregeln allein und ohne die Gunst natürlicher Verhältnisse aus dem Boden stampfen läßt.

Triest dagegen, wie die weiter folgenden Ziffern zeigen, stagniert. Man kann wohl sagen, daß, wenn die differentielle Zollbegünstigung des Seeverkehres nicht geschehen wäre, der Rückgang unausweichlich war. Die nur sehr langsam und nicht ohne Rückfälle steigenden Ziffern der Ein- und Ausfuhr sagen indes nicht alles. Der vielversprechende Verkehr mit Ostindien, mit der Levante nimmt ab, und an Stelle des Eigenhandels tritt der wenig lohnende Transitverkehr. Diese nicht unbedenklichen Erscheinungen finden nur in der überlegenen Konkurrenz anderer Handelsplätze ihre Erklärung, nicht aber Fiumes, auf welches man in leicht zu durchschauender

Absicht in Triest hinzuweisen liebt, auch nicht Venedigs, dessen Verfall augenscheinlich ist, sondern in der Konkurrenz der Nordseehäfen, welche den Handel durch Thatkraft und wirkliche Leistung an sich zu fesseln wußten.

Ein- und Ausfuhr zur See
(Warenwerte in Millionen Gulden)

Triest:	1880	1881	1882	1883	1884	1885	1886	1887	1888	1889	1890	1891
Einfuhr	135	157	162	185	186	167	179	196	194	204	200	166
Ausfuhr	117	134	147	146	160	164	162	175	156	156	169	162
	252	291	310	332	346	331	341	371	350	360	369	328
Fiume:												
Einfuhr	8	12	14	21	23	21	21	20	23	26	28	34
Ausfuhr	19	22	29	43	44	54	53	54	68	62	60	59
	27	34	43	64	67	75	74	74	89	88	88	93

Der neue österreichisch-ungarische Zolltarif trat am 1. Juni 1882 ins Leben, nachdem ein Sperrgesetz schon früher dagegen Vorsorge getroffen hatte, daß etwa die höheren Finanzzölle durch massenhafte Einfuhren der betroffenen Waren vor der Aktivierung des neuen Gesetzes umgangen würden. Das neue Zollgesetz verschärft auch die Zollretorsionen gegen Provenienzen aus Staaten, welche österreichisch-ungarische Waren ungünstiger behandeln als andere, indem es den Retorsionszuschlag von 10 % auf 30 % erhöhte und zollfreie Waren mit 15 % Wertzoll (statt 5 %) belegte.

Die Ausdehnung des österreichisch-ungarischen Zollgebietes.

Am 1. Januar 1880 wurden Istrien mit den quarnerischen Inseln, Dalmatien, die am Adriatischen Meere gelegenen Freihäfen mit Ausnahme von Triest und Fiume, dann Bosnien und die Herzegowina in das allgemeine österreichisch-ungarische Zollgebiet einbezogen. Im ganzen wurden damit an 2 Millionen Einwohner, welche dem zollpolitischen Auslande angehört hatten, in der wirtschaftlichen Gesetzgebung dem Stammlande assimiliert. Istrien wie Dalmatien besitzt im Wein- und Ölbau seine hauptsächlichsten, fast einzigen Nahrungsquellen und ist mit dem Absatze auf das Mutterland angewiesen, wohin es auch diese Produkte mit begünstigenden Zöllen jederzeit lenkte. Istrien war Zollausschluß und ohne Zollschranken; Dalmatien dagegen bildete ein eigenes Zollgebiet mit ermäßigten Zöllen, welche übrigens vaterländische Erzeugnisse nur mit der Hälfte trafen. Es sind passive Provinzen, welche der Unterstützung des Reiches zu gar vielen kulturellen Aufgaben bedürfen.

Die schon lange in Aussicht genommene Einverleibung dieser Provinzen in das Zollgebiet wurde in dem Zoll- und Handelsbündnisse vom Jahre 1878 bestimmt erklärt und ein Jahr darauf in einer Weise durchgeführt, welche sich sehr bewährte und den Widerstand dieser Reichsteile fast unfühlbar brach. Es wurden nämlich die alten Zollinien als Zwischenzollinien belassen und sofort die Außenzollgrenze in Wirksamkeit gesetzt. Dadurch, daß der Verkehr aus Istrien und Dalmatien nach dem alten Zollgebiete nicht sogleich freigegeben wurde und daß man ein Jahr verstreichen ließ, bis die Zwischenzollinie fiel und der Verkehr frei wurde, vermochte man dem Schmuggel wirksam zu begegnen, welcher sich sonst zweifellos in der Weise ergeben hätte, daß kurz vor dem Einbeziehungstermin große Vorräte an Waren in diese Provinzen zollfrei geschleppt worden wären, welche nach dem Eintritt in das Zollgebiet weiter in letzteres geworfen worden wären. Der andere Modus, die Nachverzollung der Warenvorräte, konnte nur in den einbezogenen Freihäfen durchgeführt werden; in größeren Provinzen erschien diese übrigens leicht zu umgehende und schwerfällige Modalität undurchführbar.

Ähnlich wurde es mit Bosnien und der Herzegowina gemacht, nur fiel die Zollgrenze zwischen diesen Occupationsländern und Dalmatien sofort, weil mit Rücksicht auf den niederen Zolltarif des letzteren Landes die Gefahr einer Überschwemmung mit eingeschleppten Waren nicht bestand. Bemerkenswert ist die Form, in welcher die zollpolitische Inkorporierung geschah. Da weder Österreich noch Ungarn allein Gesetze für diese Länder erlassen können, auch gleichförmige Gesetze beider Reichshälften manchen Bedenken begegnen, so wurden ähnlich wie beim Zoll- und Handelsbündnisse Österreichs und Ungarns die Regierungen dieser Staaten von ihren Legislativen angewiesen, „dafür zu sorgen, daß diese Bedingungen (Grundsätze für das Zollwesen, indirekte Steuern, Monopole und sonst gemeinsame Institutionen) von der Landesverwaltung für Bosnien und die Herzegowina erfüllt werden.“ Diesen beiden Occupationsländern wurden als Anteil aus dem gemeinsamen Zollerträgnisse 600 000 fl. Gold auf unbestimmte Dauer zuerkannt. Die Durchführung dieser zollpolitischen Maßregel ging glatt vor sich und erfreuen sich beide Länder sichtlichen Gedeihens.

Die Zollnovelle vom Jahre 1887.

Noch hatte die Aktion der autonomen Zollpolitik ihren Höhepunkt nicht erreicht, noch war dieselbe nicht zum Stillstande gekommen, wie dies allerdings einige Jahre später — nach dem Jahre 1887 — geschehen sollte.

Durch die Zolltarifreform vom Jahre 1882 waren die meisten Beschwerden über unzulänglichen Schutz der heimischen Industrie behoben. Das Ausmaß der Zölle in manchen Branchen, wie z. B. der Eiseninduſtrie, war beträchtlich, wenn auch die Eiseninduſtriellen unermüdlich auf eine durchgängige Erhöhung der Eisenzölle, welche bei einem Roheisenzolle von 80 kr., Wertzölle von 25—40 % bedeuteten, drangen und mindestens 1 fl. für Roheisen als Ausgangspunkt für die ganze Klassifikation begehrten, wozu es aber, wie wir glauben, mit Recht nie kam. Allein manche andere Industrieen, namentlich Halbfabrikate wie Garne, welche bei dem früheren freihändlerischen Systeme eben wegen des unzureichenden Ausmaßes für das Finalprodukt, übel wegkommen mußten, beklagten sich nicht ohne Grund, daß man sie auf Zölle mit 4—8 % des Wertes beschränke und die weitere naheliegende Entwicklung verhindere. Der Freihandel hatte eben zu lange geherrscht, um nicht Verhältnisse zu schaffen, welche bei allem Protektionismus selbst in dem Zeitraum von 5—6 Jahren nicht umgewandelt werden konnten und geschont werden mußten — deshalb die schrittweise Verschärfung des Schutzzolles bei solchen Industrieen. Die Importziffern wiesen in der That keinen wesentlichen Rückgang auf, wie einige Beispiele zeigen.

Die Einfuhr betrug in Millionen Gulden Wert:

	1882	1883	1884
Baumwollgarne	18.9	19.5	18.4
Wollengarne	14.9	13.0	14.7
Seidenwaren	17.0	13.1	14.7
Maschinen	19.7	15.9	17.1

Manche Post des Tarifes war verbesserungsbedürftig; solche Lücken im Systeme auszufüllen, war also immerhin ein Bedürfnis.

Mehr als dies sprach für eine Revision des Tarifes die Erwägung, daß der Tarif vom Jahre 1882 doch nur ein Minimaltarif und mit demselben der Abschluß von Tarifverträgen schwer denkbar war. Es bedurfte eines wirklichen Generaltarifes und es war nur eine natürliche Entwicklung des autonomen Regimes, wenn man es nicht bei dem Tarife vom Jahre 1882 bewenden ließ.

Allein, es läßt sich mit vollster Bestimmtheit aussprechen, daß es nicht zu einer weiteren partiellen Verstärkung der Schutzzölle gekommen wäre, wenn dieses Bedürfnis allein die Triebkraft für eine weitere Aktion gebildet hätte. Der 1882er Tarif war eben ein Vertragstarif, geschlossen mit Ungarn, welches von wesentlich anderen Interessen und Anschauungen geleitet, kaum die Hand geboten hätte, um lediglich der Industrie des zollverbündeten Österreichs zu Hilfe zu kommen. Dazu bedurfte es anderer, mächtiger Impulse, und diese stellten sich auch bald ein.

Der Anstoß kam von außen — von Deutschland — wo seit dem Jahre 1879 kein Jahr verging, ohne daß an den Reichstag eine Vorlage des Reichskanzlers mit Zollerhöhungsentwürfen gelangt wäre.

Wegen dieser Wechselwirkung der Zollpolitik in beiden Reichen ist es notwendig, einen Blick auf die Enwicklung der deutschen Zollpolitik zu werfen, welche, von Bismarck geführt, unablässig neuen Anlauf nahm, um namentlich die Agrarzölle auf eine Höhe zu bringen, welche bis dahin in der Geschichte des Zollwesens unerhört und bislang von Schutzzöllnern wie Freihändlern als verderblich verdammt worden war. Es gingen dem deutschen Reichstage folgende Anträge auf Zollerhöhungen zu:

12. Mai 1881 betr. Mehl von 2 auf 3 Mark;

25. Mai 1881 betr. Wollwaren unter 200 gr pro □m von 135 auf 220 Mark;

27. April 1882, betr. die Zollrestitution für Mühlen, welche auch, soweit sie hier aufgezählt sind, Annahme fanden, wogegen andere damit verbundene Zollerhöhungen abgelehnt wurden. Weiter folgten

11. Februar 1883 der Antrag auf Erhöhung der Holzzölle,

im Jahre 1884 mittels zwei Vorlagen der Antrag, eine Reihe von Waren, zumeist französischer und schweizerischer Provenienz und überhaupt als Luxusartikel zu Finanzzöllen geeignet, mit höheren Zöllen zu belegen.

Diese unaufhörlichen Vorstöße wurden in Österreich-Ungarn mit steigender Unruhe verfolgt, bis endlich im Deutschen Reichstage die Vorlage vom

2. Februar 1885 erschien, wornach die Zölle auf

Weizen	von	1	auf	3	Mark
Roggen	„	1	„	2	„
Gerste	„	0.50	„	1.50	„
Malz	„	1.20	„	3	„
Holz roh	„	0.10	„	0.30	„
„ behauen	„	0.10	„	0.40	„
„ gesägt	„	0.25	„	1	„
Mehl	„	3	„	6	„

erhöht werden sollten.

Diese Verschärfungen trafen hauptsächlich die Interessen Ungarns, wenngleich in manchen Artikeln, wie namentlich Holz, beide Reichshälften berührt erschienen. Dabei ist zu berücksichtigen, daß, seitdem Graf Taafe das

Kabinett leitete und namentlich Handelsminister Pino österreichische Handelsinteressen wahrzunehmen hatte, die Willfährigkeit gegen Ungarn bis zur Schwäche System geworden war und demzufolge auch fortan Ungarn auf die Handelspolitik der Monarchie einen geradezu bestimmenden Einfluß übte. Von Ungarn ging denn auch sofort der Gegenstoß aus.

Schon am 26. Februar fand die Handels- und Zollkonferenz in Wien statt, von welcher das offiziöse Organ der ungarischen Regierung triumphierend berichten konnte, daß den Anträgen der Vertreter der ungarischen Regierung gemäß eine Erhöhung der österreichisch-ungarischen Zölle für Getreide, Mehl und Malz „bis zur Ziffer der in Deutschland in Aussicht genommenen Erhöhung der bezüglichen Zollpositionen" beschlossen worden sei. Ganz der Sachlage entsprechend wurde bemerkt, daß für „eine große Zahl von Industrieartikeln, namentlich feinen Wollwaren, entsprechende Zollerhöhungen acceptiert worden seien." — Mit einer bisher ungekannten Hast kam der schwerfällige Mechanismus für Zollpolitik in der zollverbündeten Monarchie in Gang, und bereits am 8. März 1885 gingen die vereinbarten Gesetzentwürfe, wodurch der Zolltarif vom 25. Mai 1882 abgeändert werden sollte, den Legislativen zu, deren Hauptinhalt der § 2 bildete, wonach die Regierung zu ermächtigen sei, „im Verordnungswege die Zollsätze für Getreide, Hülsenfrüchte, Mehl und Mahlprodukte bis zu der Höhe abzuändern, in welcher dieselben im allgemeinen Zolltarife des Deutschen Reiches zur Feststellung gelangen." Man konnte in diesem Zeitpunkte noch nicht einmal die Erhöhung ziffermäßig aussprechen, weil sie in Deutschland noch nicht beschlossen war. Daneben war eine Reihe von Industrialartikeln, darunter hauptsächlich Wollenwaren im Gewicht von weniger als 200 gr pro □m, ferner Baumwoll- und Wollengarne, dann Maschinen zur höheren Verzollung beantragt.

Schon am 1. April desselben Jahres war der Ausschuß des österreichischen Abgeordnetenhauses in der Lage, durch seinen jederzeit zur Verteidigung aller Regierungsvorlagen bereiten Berichterstatter, Meznik, die Zustimmung des Hauses mit der Modifikation zu beantragen, daß die mittlerweile in Deutschland wahrscheinlich gewordenen Getreide- und Mehlzölle nunmehr ziffermäßig in das Gesetz aufgenommen werden sollten. — Die Vorlage begegnete indes im Hause Schwierigkeiten parlamentarischer und sachlicher Art. Die liberale Linke bekämpfte prinzipiell die Regierung und suchte die Vorlage dadurch zu Falle zu bringen, daß sie Exemtionen vom Getreidezolle für das getreidearme Tirol und Erhöhungen des Zolles auf Rohpetroleum zu Gunsten Galiziens beantragte, wodurch die im „Ringe" der Rechten unentbehrlichen klerikalen Abgeordneten Tirols und Polens abspenstig gemacht werden sollten, was indes der deutsch-liberalen Opposition, wie wir gleich vorausschicken wollen, wie alle anderen noch so geschickten Sprengversuche mißlang. — Zur Beseitigung der Schwierigkeiten bedurfte es vor allem Zeit. Der Reichsrat wurde im Mai vertagt. — Die Tarife wurden von der Regierung zur Vernehmung der Handelskammern und zur Umarbeitung der Vorlage benutzt, welche denn auch erst am 5. Mai 1886 dem wiederversammelten Reichsrate mit wesentlich erweitertem und verbessertem Inhalte zuging. — Der Gesetzentwurf verdient eine nähere Betrachtung, weil er zu dem definitiven autonomen Zolltarife führte und abgesehen davon durch die Einführung namhafter Agrarzölle eine bedeutungsvolle Wendung in der Handelspolitik Österreich-Ungarns herbeiführte.

Die Getreide- und Mehlzölle wurden konform dem zur Zeit der parlamentarischen Behandlung — 1886 — faktisch bestehenden Zollausmaße Deutschlands festgestellt, nämlich:

Mais	—.50	Gulden
Gerste, Hafer	—.75	"
Weizen, Roggen	1.50	"
Hülsenfrüchte	1.—	"
Mehl und Mahlprodukte . . .	3.75	"

(Für den Bedarf Dalmatiens wurden quantitativ begrenzte Mengen zollfrei zugelassen, und den Mühlen und Bäckereien im Grenzbezirke mußte wegen der z. Z. noch in dem Vertrage mit Italien festgelegten Zollfreiheit für Brot, welche auch gegenüber Deutschland galt, notgedrungen der ältere geringe Getreidezoll unter Kontrolle vorbehalten werden.) — Diese Zölle gelangten auch am 1. Juni 1887 zur Einführung und blieben fortan in Geltung ungeachtet dessen, daß im Deutschen Reiche am 26. November 1887 eine weitere Verschärfung der Getreidezölle eintrat, welche wir hier im voraus konstatieren wollen:

Weizen, Roggen	per 100 Kilo . .	5.—	Mark
Hafer	" " " . .	4.—	"
Hülsenfrüchte	" " " . .	2.—	"
Gerste	" " " . .	2.—	"
Malz	" " " . .	4.—	"
Mais	" " " . .	2.—	"
Mehl u. a. Mahlprodukte	" " " . .	10.50	"

Der Vollständigkeit wegen wollen wir auch noch beifügen, daß Frankreich zur selben Zeit seine Getreidezölle erhöhte, welche sich heute (Ende 1893) folgendermaßen stellen:

Weizen	100 Kilo	. . . . . .	5.— Francs
Weizenmehl	" "	. . . .	8.— "
Roggen, Gerste	" "	. . . .	1.50 "
Roggenmehl	" "	. . . .	frei "
Malz	" "	. . . .	1.90 "

Wenn Deutschland, wenn Frankreich seine Landwirtschaft gegen die amerikanische Konkurrenz, deren Grenzen sich übrigens seither nicht als so unermeßlich gezeigt haben, als sie damals schienen oder vielmehr dargestellt wurden, in so radikaler Weise schützen wollte, daß auf Nahrungsstoffe ersten Ranges Zölle in der Höhe von mehr als 30 % des Wertes gelegt werden, so war dies ein Experiment, welches immerhin gewagt werden kann, weil die einheitliche Staatsgewalt immer in der Lage ist, dann, wenn der bekannte Ernstfall für Getreidezölle eintritt, nämlich Mißernte und Hungersnot, welche erfahrungsmäßig immer zur temporären oder dauernden Abschaffung der Getreidezölle führen, Schaden am Gemeinwohle zu verhüten.

Dies ist bei dem Doppelstaat Österreich-Ungarn nicht der Fall, wo der auf 10 Jahre geschlossene Zoll- und Handelsvertrag fast 20 % Zölle auf ein unentbehrliches Lebensmittel vorwiegend zu Lasten des einen Teiles stipuliert und das natürliche Ventil der temporären Aufhebung der Zölle mindestens nur sehr schwer und mit unabsehbaren Weiterungen gebraucht werden kann.

Und welche Gründe kann man in Österreich-Ungarn für die Einführung solcher Zölle geltend machen?

Eine regelmäßige, die einheimische Landwirtschaft bedrohende Konkurrenz fremder Länder am eigenen Cerealienmarkte besteht nicht und bestand nie, und von dem überseeischen Getreide hat man nie etwas verspürt. Österreich-Ungarn ist ein Getreide *exportierendes* Gebiet und führt hauptsächlich nur Mais für die südlichen Provinzen und für Brennereien, sowie etwas Roggen ein.

Die Handelsausweise für die Periode seit dem Bestande von Getreidezöllen (1882) [1], welche übrigens mit den Ergebnissen der Vorjahre nicht differieren, zeigen dies deutlich.

Es wurden nämlich **mehr** *ausgeführt*:

[1] Die Einfuhrziffern aus der früheren Periode mit dem Regime der Zollfreiheit sind namentlich deshalb unverläßlich, weil in der Einfuhr vielfach auch die Durchfuhr des Zwischenhandels enthalten ist.

	Millionen Metercentner									
	1883	1884	1885	1886	1887	1888	1889	1890	1891	1892
Getreide überhaupt	2.2	0.3	0.4	3.9	5.6	9.2	6.9	5.9	6.5	8.0
darunter:										
Gerste	1.7	2.3	2.8	2.2	3.7	4.2	3.1	3.6	3.6	3.2
Malz	0.8	0.9	0.9	1.0	1.1	1.1	1.3	1.2	1.1	1.2
Weizen	1.1	—	0.1	1.8	2.2	4.1	2.5	2.3	2.3	0.6
Hafer	0.2	0.3	0.3	0.4	0.1	0.2	—	—	0.1	0.9
Mehl	1.8	1.5	1.4	1.4	1.2	2.0	1.7	1.3	0.9	0.5
Hülsenfrüchte	0.6	0.4	0.4	0.4	0.5	0.7	0.6	0.6	1.1	0.8

Dagegen **mehr** eingeführt:

Mais	0.9	1.7	2.7	0.8	0.7	0.3	—	0.8	—	—
Roggen	0.5	1.1	0.8	0.7	0.6	—	—	0.1	—	—

Getreidezölle von solcher Höhe, wie sie nunmehr seither bestehen, einzuführen, war durchaus ungerechtfertigt. Wenn Ungarn dabei im Sinne hatte, die rumänische Einfuhr an Weizen und Mais vollständig auszuschließen, so mußte andererseits Österreich sofort erkennen, daß die Einführung eines solch bedeutenden Zolles, welcher damals durchaus nicht als eine für künftige Fälle bereit gehaltene Grundlage für Vertragsverhandlungen gedacht wurde, eine schwer zu überbrückende Barre gegen jedwede vertragsmäßige Regelung der Handelsbeziehungen zu Rumänien, diesem wichtigen Absatzgebiete für den österreichischen Export von Industrieerzeugnissen, welches dieselben wiederum nur mit seinem Export an Vieh und Getreide bezahlen kann, bilden werde, und es war ein schwerer Fehler der österreichischen Handelspolitik, welcher sich, wie wir später sehen werden, bitter rächte, daß es dem Verlangen Ungarns, die Monarchie gegen den Südosten durch Agrarzölle abzuschließen, nachgab. — Die Agrarzölle in dem bedeutenden Ausmaße, wie sie der Tarif vom Jahre 1887 aufweist, waren eben Zugeständnisse an Ungarn, welche sich nimmer handelspolitisch erklären lassen.

Welche waren nun die Kompensationen, welche für die Agrarzölle auf dem Gebiete der industriellen Schutzzölle geboten wurden? Dieselben waren allerdings mager genug und, wie der Motivenbericht der Regierung deutlich verrät, mehr bestimmt, die Votierung des Gesetzes mundgerecht zu machen, als thatsächliche Äquivalente zu begründen.

In der Hauptsache handelte es sich in dieser Beziehung um zwei Belange: einmal, den Zoll auf wollene Damenkleiderstoffe (Wollwaren im Gewichte von weniger als 200 gr pro □m) auf die Höhe des deutchen Zolles mit 110 fl. zu bringen und damit ein von Ungarn trotz aller Gründe und Billigkeitsrücksichten bisher hartnäckig verweigertes Zugeständnis an die nordböhmische Industrie zu erlangen, und dann, die letzte rationelle Ausgestaltung des protektionistischen Zolltarifs dadurch zu erzielen, daß man die Baumwollgarnzölle in den Nummern 30 bis 50, welche für das Gros des Konsums von Baumwollwaren (namentlich bedruckte Kottonerieen) von ausschlaggebender Bedeutung sind und aus Rücksicht für die durch die Aufhebung des Appreturverkehres ohnehin bedrängte Weberei bislang nicht angetastet wurden, um 2 fl. erhöhte und zugleich für das Doublieren von Garnen bis Nr. 60 ebenfalls einen Zuschlag von 2 fl. einführte.

Damit gewann endlich der Tarif von Baumwollgarnen einige Systematik, wenn dieselbe auch von der konsequenten Durchführung des Schutzzollprinzips, wie sie in dem französischen Tarife enthalten ist, noch weit entfernt ist. Darnach unterscheidet der österreichisch-ungarische Zolltarif einerseits zwischen rohen und gebleichten oder gefärbten, andererseits zwischen einfachen und doublierten oder mehrdrähtigen Garnen, welche er weiter nach dem Feinheitsgrade des Gespinstes in folgender Weise im Zolle abstuft:

a. bis Nr. 12 (englisch)	6, 8, 12	fl.
b. von Nr. 12 bis 29	8, 10, 14	"
c. von Nr. 29 bis 50	14, 16, 18	"
d. über Nr. 50	16, 12, 20	"
e. alle mehrdrähtigen Garne	24	"
f. adjustierte Garne	35	"

bei doublierten Garnen wurde die Feinheitsgrenze Nr. 50 später durchbrochen.

Diese Zollerhöhung war zweckmäßig und hat, wie wir später sehen werden, nicht wenig zur Entwicklung der so lange vernachlässigten Feinspinnerei beigetragen. —

Einigermaßen anders verhält es sich mit der Regelung der Zölle für Wollengarne, welche bisher ebenfalls teils wegen des kürzlich erwähnten Mangels genügend hoher Zölle für Damenkleiderstoffe, teils auch wegen der Opposition der Weber unterlassen worden war, und womit ein langes Versäumnis endlich gutgemacht wurde. Die österreichische Wollspinnerei befindet sich in einer eigentümlichen Lage. Sie erzeugt schon mangels des nötigen Rohstoffes und der überlegenen Specialitäten Englands gewisse Garne von größerer Feinheit (über Nr. 30 metrisch) wie Weftgarn gar nicht, ist dagegen in Streichgarnen konkurrenzfähig, welche auch schon durch das Bedürfnis örtlicher Accommodation an die Webereien einigermaßen gegen Massenimporte geschützt sind, und bedarf hauptsächlich eines Schutzes in der Fabrikation weicher Kammgarne, in welchen verhältnismäßig wenige, wenn auch sehr ansehnliche Etablissements bestehen. Die Lösung der etwas widerspruchsvollen Aufgabe erschien in dem neuesten Tarife gelungen, welcher die ersterwähnten Weftgarne nur einer Kontrollgebühr (1 fl. 50 kr.) unterwirft, im übrigen für alle Garne (mit Ausnahme der gröbsten Garne) eine einzige Zollstaffel aufstellt, nämlich Nr. 45 (metrisch), über welche alle Garnzölle um 4 fl. steigen, so zwar, daß die Garnzölle von 8 fl. bis 20 fl. sich abstufen. Es war dies wohl das Minimum eines rationellen Tarifes für Wollengarne. —

Wichtig ist auch noch die vollständige Reform der Maschinenzölle. Auch in dem Tarife vom Jahre 1882 war man nicht von dem aus der freihändlerischen Ära eingebürgerten rohen Maßstabe abgegangen, die Maschinen lediglich darnach zu gliedern, ob sie aus Holz, Eisen oder anderen unedlen Metallen bestehen, und beseitigte bloß die härtesten Unzukömmlichkeiten dadurch, daß man nur jene Maschinen im Zolle verbilligte, welche aus mehr als 75 % vom Gesamtgewichte Holz oder Gußeisen enthalten. Dafür hatte man die gutgemeinte, indes längst als unpraktisch (1860) abgeschaffte Bestimmung wieder eingeführt, daß Maschinen, welche im Inlande nicht erzeugt werden, zum halben Zoll eingeführt werden können und zur Handhabung dieser Bestimmung später auch ein eigenes Zollkomitee eingesetzt, um nach einer vierjährigen Erfahrung zu erkennen, daß es sich hauptsächlich nur um Erleichterung des Bezuges von Maschinen für die Textilindustrie handeln kann, welche man durch einen niedrigeren Zoll besser begünstigt, als durch den arbiträren nachträglichen Zollnachlaß mit seinen unvermeidlichen Streitfragen und Willkürlichkeiten. Es wurde daher diese Zollfreiheit im Tarife gestrichen und eine Klassifikation der Maschinen (Spinnmaschinen, Webstühle, Dreschmaschinen u. s. w. mit Zollsätzen von 4 fl. 40 kr. bis 15 fl., Nähmaschinen 20 und 40 fl.) mit Rücksicht auf die Leistungsfähigkeit der eigenen Maschinenindustrie und die Wichtigkeit des Konsums vorgenommen, welche gelungen genannt werden kann. Sämtliche diese Zollerhöhungen sind in einem ernstlich protektionistischem Zolltarife vollauf begründet, wie dies aus den Handelsausweisen der vorangegangenen Jahre hervorgeht:

	Einfuhr						
	1879	1880	1881	1882	1883	1884	1885
Baumwollgarne .	112000	115000	104000	128000	143000	130000	93000
darunter:							
rohe über Nr. 29 b. 50 .	78000	81000	80000	85000	89000	77000	53000
rohe über Nr. 50 . .				8000	15000	15000	13000
Wollengarne . .	38000	36000	38000	42000	42000	49000	47000

	1879	1880	1881	1882	1883	1884	1885
Wollenwaren nicht besonders benannte .	25000	26000	26000	27000	22000	19000	14000
darunter:							
schwere über 500 Gr. .	12000	12000	13000	13000	9000	7000	4000
leichte	11000	12000	12000	13000	11000	11000	10000

Damit haben wir das Wesentlichste der Zollerhöhungen auf dem Gebiete der Industrieerzeugnisse erschöpft. Immerhin finden sich einige bemerkenswerte Verbesserungen des Zolltarifes, welche wir nicht übergehen wollen. Dahin sind zu rechnen: die Vereinfachung des Tarifs in Kautschukwaren, eine neue besondere Tarifierung von Chamotte-, Stein-, Asbest-, Cement- und Metallwaren u. a. m.

Im allgemeinen war man sichtlich bemüht, wo irgend thunlich, eine mehr und minder ausgiebige Zollsteigerung anzubringen, häufig nur zu dem offen eingestandenen Zwecke, um bei Vertragsverhandlungen z. B. mit Italien wieder davon abzugehen (Seidenwaren).

Daß die Zollerhöhungen, wenigstens soweit sie der österreichischen Industrie zu gute kamen, nicht allzuweit gingen, zeigt die Position der schweren und mittelstarken Wollwaren, d. i. von mehr als 500 gr, dann von 200—500 gr pro □m, welche mit 50 und 80 fl. belassen wurden, weil, wie der Motivenbericht in beschämender Weise zugesteht, „ungeachtet der eindringlichsten Bemühungen bei den Verhandlungen mit der königl. ungarischen Regierung eine Erweiterung der Novelle in dieser Richtung leider nicht ermöglicht worden ist."

Als eine bemerkenswerte Ausgestaltung des protektionistischen Systems erscheint schließlich die Ausdehnung der Zollrückerstattung für Rohstoffe und Halbfabrikate, welche im Inlande verarbeitet und sodann wieder ausgeführt werden, ohne wie bisher an die Bedingung des Nachweises der Identität der ein- und wieder ausgeführten Ware gebunden zu sein. Als solche neu zum „Veredlungsverkehr" zugelassenen Produkte werden aufgeführt:

Gewebe gegen Ausfuhr im bestickten Zustande, als Kleider, als Schuhe; Eisen und Eisenhalbfabrikate gegen Ausfuhr als Kochgeschirr, Konstruktionseisen, Maschinen, Fahrzeug, Getreide zum Vermahlen, Reis zum Polieren u. dgl. m.

Es sind dies Maßregeln, welche in Staaten mit protektionistischen Zöllen und gleichzeitig Exportinteressen wie Frankreich gang und gäbe sind und meistens zu argen Mißbräuchen dadurch benutzt wurden, daß man die damit erlangte Zollprämie für aus anderem Material gefertigte Waren anderer Unternehmer verwertete (Äquivalentenverkehr). Es wurde aber auch weiter verabredet, daß jede der beiden Regierungen die andere „von den einseitig erteilten Bewilligungen der Zollrestitution und den dabei angeordneten Kontrollen nachträglich in Kenntnis setzen wird, damit stets eine völlige Übersicht über die bestehenden Zollrestitutionen ohne materielle Identitätskontrolle möglich sei.“ Ein gefährliches Mittel zur wirklichen oder vermeintlichen Förderung der Industrie speciell in Ungarn! — Neue Finanzzölle waren diesmal nicht beantragt worden; es wäre auch schwer gewesen, dieselben zu finden, und noch schwieriger, die Zustimmung in beiden Legislativen zu erlangen, da man vollauf mit der Erhaltung des bestehenden Zollsatzes für Petroleum beschäftigt war.

Bereits anläßlich der Darstellung des Tarifes vom Jahre 1882 haben wir den Unfug, welcher sich bezüglich der Behandlung des bloß gefärbten, dabei mehr oder weniger vollständig raffinierten Rohöls in Ungarn ungeachtet der nachdrücklichsten Einsprache Österreichs, welches dadurch in seinem Steuerertrage und Zollgefällsanteile geschädigt war, eingebürgert hatte.

Ungarn genoß bei dem bestehenden Tarife für Petroleum mehrfache Begünstigungen, welche denn auch in ausgiebigster Weise zum Nachteile der anderen Reichshälfte benutzt wurden. Einmal genoß es den ermäßigten Zollsatz von 68 kr. für rumänisches Rohöl, welches für ungarische Raffinerieen eingeräumt worden war. Es wurden importiert:

1882	52 454	Metercentner
1883	154 869	„
1884	170 822	„
1885	217 481	„

Dagegen war nun nichts zu sagen, als etwa, daß damit das Interesse an der Begünstigung seiner Raffinerieen wohl genügend gewahrt gewesen wäre. Allein es zeigte sich weiter folgende Veränderung im Importe.

Schwere Rohöle, russischer Provenienz mit 1 fl. 10 kr. Zoll:

1882	72 646	Metercentner
1883	4 849	„
1884	27 797	„
1885	249 941	„

Leichte Rohöle, amerikanischer Provenienz mit 2 fl. Zoll:

1882	1 010	Metercentner
1883	80 835	„
1884	390 827	„
1885	418 003	„

Der bedeutendste Teil dieser Rohöle wurde von der Fiumaner und anderen ungarischen Raffinerieen bezogen, so zu sagen wieder raffiniert und in Ungarn versteuert, um nach Österreich zoll- und steuerfrei zum Konsume gebracht zu werden.

Es ist denn auch dergestalt erklärlich, daß der Import von raffiniertem Petroleum rasch sank, nämlich:

1882	1 065 004	Metercentner
1883	781 373	"
1884	675 676	"
1885	441 524	"

Die Schädigung der österreichischen Finanzen durch diesen Unfug oder richtiger gesagt, legitimierte Zolldefraude hätte allein die heftige Opposition des Reichsrates, welche sich eben in dieser Richtung formierte und der Regierung ernste Verlegenheiten bereitete, nicht herbeigeführt; allein es waren die Interessen des Petroleum produzierenden Galiziens mitleidend, welches in der Konkurrenz gegen den Import eines angeblichen Rohöls mit einer Ausbeute von 92—95 % zum Zolle von 1 fl. 10 kr. und 2 fl. nicht aufkommen konnte, und mit dieser Bundesgenossenschaft war die Linke lange Zeit imstande, die Annahme des Antrages der Regierung zu verhindern, welche nach langen und heißen Kämpfen mit der ungarischen Regierung nicht mehr zu erreichen imstande war, als einen Zoll für Rohpetroleum von 1 fl. 42 kr. statt 1 fl. 10 kr.

Der Schluß bestand darin, daß nach neuerlichen Verhandlungen mit Ungarn und namentlich mit Polen der Zollsatz für schweres Rohöl mit 2 fl. angenommen, der Begünstigungszoll für rumänisches Petroleum per 68 kr. auf 200 000 Metercentner beschränkt und der Unfug mit dem „geschwärzten" Rohöl legitimiert wurde.

Im übrigen wurde der neue Zolltarif fast unverändert angenommen. Der parlamentarische Kampf, welchen die Linke mit Waffen auserlesenster Beredtsamkeit gegen die Vorlage geführt hatte, beruhte mehr auf politischen, parteitaktischen Gründen und zerschellte an dem „eisernen Ringe", welcher die liberalen Deutschen nach wie vor umklammerte und auch diese gefährliche Sprengprobe überstand. Eine Ausnahme bildete die sachliche Rede Pleners über den Gedanken einer Zollunion mit Deutschland, welche so treffend war, daß wir einen Teil dieser Ausführungen am Schlusse dieser Arbeit wiedergeben zu müssen glauben.

Die Novelle trat am 1. Juni 1887 in Kraft. Österreich-Ungarn hatte einen vollständig schutzzöllnerischen Zolltarif, welcher sich im Durchschnitte auf jener Höhe bewegte, welche Frankreich seither eingenommen hatte, und welche vielfach die Industrialzölle Deutschlands übertraf. (Einen ziffermäßigen Vergleich der Zollsätze hier zu führen, ist schon deshalb zwecklos, weil, abgesehen von der Verschiedenheit der Klassifikation und der Unverdaulichkeit solcher Zusammenstellungen für den Nichtfachmann, selbst bei gleichen Zollsätzen der Effekt derselben je nach der Konkurrenzfähigkeit der einheimischen Industrie ein ganz verschiedener ist. Deutschland hält bei seiner hochentwickelten Eisenindustrie und mäßigen Eisenzöllen die fremde Konkurrenz wirksamer ab, als Frankreich und Österreich-Ungarn, welche beide ausnahmsweise höhere Eisenzölle besitzen, als in anderen Warengruppen).

Die Retorsion gegen Deutschland war erreicht. Man vermied zwar das Wort, Ungarn leugnete zuletzt indes nie, bei seiner Zustimmung zu den Verschärfungen des Zollschutzes für Industrieerzeugnisse auch den Zweck im Auge zu haben, die deutsche Einfuhr zu treffen und die Handelspolitik des Deutschen Reiches von der schwer getragenen Belastung der Bodenerzeugnisse abzubringen.

Man kann indes nicht sagen, daß es irgend zu ernstlichen Reibungen oder gar zum Zollkriege gekommen wäre; das wollte man beiderseits nicht. Bei wenig Anlässen, wie bei der Einführung der Differentialzölle zu Gunsten Triests und Fiumes, welche auch Hamburgs Interessen hart berührten, kam es wohl zu vertraulichen Auseinandersetzungen; im übrigen wurde der bekannt intime Verkehr der beiden Kabinette durch die Wandlungen im Zollwesen nicht gestört. Es mag dies immerhin als eine Widerlegung der älteren Lehrmeinung gelten, daß politische Freundschaft die handelspolitische Freundschaft voraussetzt und eventuell auch Opfer erheischt. Bismarck hat das nie so verstanden, und ebensowenig haben andere Staaten kleinen Kalibers, welche sonst mehr zu derartigen Liebesdiensten auf Kosten der Handelspolitik Veranlassung haben könnten, wie, um nur einige Beispiele zu nennen, die Schweiz, Serbien, Rumänien u. a. m., sich zu solchen Preisgebungen von Handels- und Wirtschaftsinteressen herabgelassen.

Die Handelsverträge mit Deutschland, Italien und der Schweiz.

Die autonome Zollpolitik in Österreich-Ungarn war beendet; der Zolltarif ließ in protektionistischer Richtung wenig mehr zu wünschen übrig; noch mehr, man hat einen Tarif, welcher als Tarif général eine, wenn auch kleine Marge zu Nachlässen im Vertragswege bot; die Vertragspolitik, welche in den leitenden Kreisen nie aus dem Auge gelassen, speciell durch den neuen Handelsminister Marquis Bacquehem bald nach seinem Amtsantritte Mitte 1886 auffällig betont worden war, trat wieder in den Vordergrund. Die unmittelbare Veranlassung hiezu bot der Ablauf der bestehenden Handelsverträge mit dem Deutschen Reiche vom Jahre 1881 und mit Italien vom Jahre 1878.

Auch diesmal hatte Deutschland für die Aufnahme von Tarifverhandlungen ein taubes Ohr, und so kam man nach einer raschen Verständigung dazu, den bestehenden Handelsvertrag vom Jahre 1881 zuerst auf ein halbes Jahr, und später mittelst besonderen Übereinkommens auf unbestimmte Zeit gegen einjährige Kündigung zu erstrecken.

Italien hatte den Handelsvertrag vom 28. Dezember 1878 gekündigt, ebenso jene mit Frankreich und mit der Schweiz, um auf Grund eines neuen, mit erheblich gesteigerten Schutz- und Negociationszöllen reich ausgerüsteten autonomen Generaltarifes in Verhandlungen zu treten. Kein Staat ist auf Tarifverträge mit Nachbarstaaten zur Sicherung seines ganz eigentümlichen Exportes an Bodenprodukten mehr angewiesen, als Italien. Seine Südfrüchte und Weine und auch die fast durchwegs Specialitäten bildenden Industrieerzeugnisse sind gegen Retorsionen außerordentlich empfindlich, und der Verlust eines jeden Absatzgebietes ist unersetzlich. Sein Schmuggel erheischt Zollkartelle. Und dabei hat kein Staat Europas die Schutzzollpolitik mit mehr Eifer und Ausdauer durchgeführt, als wiederum Italien, welches endlose Zollkriege mit Frankreich führte und gegenüber der Schweiz nicht mehr weit davon war. Seitens Italiens wurde gegenüber Österreich-Ungarn in der Öffentlichkeit und in den Vertragsverhandlungen die Meinung propagiert, daß der bisherige Handelsvertrag für Italien ungünstig gewesen sei und verbessert werden müsse. (Die offiziellen Handelsausweise Italiens weisen in der That stets ein Mißverhältnis in der wechselseitigen Ausfuhr nach; so 1866

Einfuhr aus Italien nach Österreich-Ungarn	95	Mill. Lire
Einfuhr aus Österreich-Ungarn nach Italien	224	" "

was einfach davon herrührt, daß im Export Österreich-Ungarns zum Teile auch die Durchfuhr aus Deutschland, namentlich in zollfreien Artikeln, enthalten ist, und ferner, daß die Ausfuhr Italiens nach Österreich-Ungarn zum guten Teile über Triest erfolgt und dort als in den freien Verkehr tretend seine Provenienz einbüßt. — Österreich-Ungarn hatte damals noch keine Handelsstatistik mit Nachweisung der Herkunft und Bestimmung der Waren.)

Diese Verbesserungen erreichte Italien in dem neuen, am 7. Dezember 1887 zu Rom abgeschlossenen Handelsvertrage in dreierlei Richtung: Einmal, daß es seine eigenen Vertragszölle nur in erhöhtem Ausmaße zugestand, dann daß es die Ermäßigung der österreichisch-ungarischen Zölle für alle seine einigermaßen belangreichen Exportartikel durchsetzte, und endlich dadurch, daß es seinerseits, auf die bevorstehenden Vertragsverhandlungen mit Frankreich und der Schweiz hinweisend, die Bindung von Zollpositionen ablehnte, welche gleichzeitig letztere Staaten in höherem Maße berührten und Österreich-Ungarn mit der Meistbegünstigung zu vertrösten wußte.

So fehlten in dem neuen Vertragstarife die Zölle für Eisen und Eisenhalbfabrikate, Stahl, Bleche, unedle Metalle, Maschinen, Eisenbahnwagen, Wollwaren, Wachstuch, Kautschuk u. s. w.

Die durchaus nicht widerlegte Thatsache, daß Österreich-Ungarn von 357 Positionen seines Zolltarifes 74 gegenüber Italien band, wogegen Italien von 346 Positionen nur 49 zugestand, beleuchtet drastisch den neuen Vertrag.

Die ganze Schwäche der Vertretung Österreichs, welches zum Unterschiede von Ungarn dabei fast allein unmittelbar interessiert ist, trat in mehreren Stipulationen hervor, welche in einer geschichtlichen Skizze der Zollverträge als Kuriosa erwähnt zu werden verdienen. Eines der hauptsächlichsten Items mußte die Wahrung des altgewohnten österreichischen Absatzes von Leinen und Leinengarn nach Italien und die Festlegung der Zölle womöglich in dem früheren, ohnehin bereits drückenden Ausmaße bilden. Was finden wir aber in dem Vertrage? Eine Option, die formell zwar zweiseitig gefaßt ist, sachlich aber nur Italien eingeräumt worden war, nämlich bis zu einer gewissen Frist sich zu entscheiden, ob es die alten Leinenzölle und dafür eine Herabsetzung des österreichisch-ungarischen Zolles auf Ganzseidenwaren auf 200 fl. eintauschen oder auf beides verzichten wolle. Ebenso wurde die Ermäßigung des österreichisch-ungarischen Weinzolles auf 3 fl. 20 kr. davon abhängig gemacht, ob Italien seinen Weinzoll auf diesen Betrag herabmindern wolle, wo es doch auch Laien in handelspolitischen Dingen bekannt sein mußte, daß Österreich-Ungarn mangels eines gleichwertigen Weinexportes nach Italien kein Interesse an der künftigen Gestaltung des italienischen Zolltarifes für Weine habe, wohl aber Italien ein gefürchteter Konkurrent der tiroler und dalmatinischen Weine sei. Der Ausgang in beiden Fällen war auch nicht anders, als man erwarten mußte, Italien optierte für 200 fl. Seidenzoll und 3 fl. 20 kr. Weinzoll, worüber sich in dem weinbautreibenden Süden Österreichs ein Sturm erhob. Weitere derartige, faktisch einseitige Optionen wurden

Italien eingeräumt für seine Viehzölle, indem es sich vorbehielt, diese Zölle nur dann zu ermäßigen, wenn ihm Frankreich seinerseits geringere Viehzölle koncediert, und last not least erhielt es sogar das Entscheidungsrecht über die Dauer des ganzen Vertrages, bezüglich welcher der Motivenbericht der Regierungsvorlage naiverweise folgendes bemerkt:

„Die Dauer des Vertrages ist eine zehnjährige. Es wurde jedoch verabredet, daß eine Kündigung auch auf den 31. Dezember 1891 erfolgen könne. Dies geschah beiderseits in der Absicht, auch schon in einem früheren Zeitpunkte Korrekturen, die sich allenfalls als unabweislich notwendig herausstellen würden, vorzunehmen; italienischerseits noch speciell im Hinblicke darauf, daß die Zollverträge Frankreichs mit Spanien, Belgien, der Schweiz, den Niederlanden, Schweden-Norwegen und Portugal nur bis zum 1. Februar 1892 dauern, Italien somit in diesem Zeitpunkte vieler Vorteile für seinen Export nach Frankreich, welche es nur kraft der Meistbegünstigungsklausel besitzen würde, verlustig werden kann, und deshalb seinerseits in diesem Momente freie Hand gegenüber Frankreich haben muß."

Als gewichtige Konzessionen an Italien sind die aus früheren Verträgen wieder übernommenen formell reciproken Berechtigungen der beiderseitigen Staatsangehörigen zum Betriebe der Küstenschiffahrt und der Fischerei zu erwähnen. Aus den Ausweisen über die in den beiderseitigen Häfen im Jahre 1886 ein- und ausgelaufenen Schiffen ist folgendes Verhältnis zu entnehmen:

Schiffe österreichisch-ungarischer Flagge	Schiffe italienischer Flagge
2 035	19 569
mit Tonnen	mit Tonnen
365 393	1 099 062

Die Erweiterung des Zollkartells kam hauptsächlich Italien zu statten. Der Motivenbericht der Regierung sagt darüber:

„Im Zollkartell übernahm die k. k. Regierung im Interesse der öffentlichen Moral und freundnachbarlichen Rücksichten analoge Verpflichtungen im Interesse des italienischen Zollgefälles, wie wir solche kraft des mit dem Deutschen Reiche bestehenden Zollkartells dem letzteren gegenüber üben."

Die wesentlichsten Vorteile, welche dagegen Österreich-Ungarn aus dem Vertrage geltend machen konnte, bezogen sich auf den Export von Bier, Spiritus und Zucker. Die Zollsätze für beide ersteren wurden mit 3 und 14 Francs per Hektoliter gebunden, jener für Zucker dagegen freigegeben, unter der erneuten Bedingung, daß Italien den Rohzucker immer mit mindestens 4/5 der vom Raffinatzucker erhobenen Abgabe belegen muß, was eine gewisse Schranke gegen übermäßige Begünstigung der italienischen Raffinerieen bedeutet. Auch wurde die herkömmliche prinzipielle Bestimmung erneuert, daß die innere Steuer die importierte Ware nicht mehr belasten dürfe, als die in Italien selbst erzeugte. Bei Spiritus solle die innere Steuer nach Maßgabe der wirklichen Menge und Gradhältigkeit des Produktes erhoben werden, und die vom Bier als Äquivalent der inneren Abgabe zu entrichtende Zuschlagsgebühr zum Zolle sei nach Wahl des Importeurs entweder auf Grund des erhobenen Zucker- oder Alkoholgehaltes oder auf Grund eines Maximalgehaltes von 15 Graden einzuheben, was letzteres eine Neuerung darstellt. Schließlich sei ein Vergleich zwischen den alten und neuen Vertragszöllen nebst der Angabe der Importmengen im Jahre 1886 beigefügt:

Einfuhr Italiens aus Österreich-Ungarn.

	Zölle in Lire		Menge im Durchschnitte:
	im J. 1878	im J. 1887	1884—1886
Bier in Hektolitern	2.—	3.—	69 000
Spiritus in Hektolitern	12.—	14.—	27 000
Olivenöl 100 Kilo	3.—	6.—	21 000
Mineralwässer 100 Kilo	—.50	—.50	10 000
Raffinatzucker 100 Kilo	—	—	54 000
Rohzucker 100 Kilo	—	—	215 000
Leinengarne, roh 100 Kilo	11.50	11.50	[1]
Leinengewebe, roh:			
bis 5 Kettenf. auf 5 mm	23.10	23.10	
über 5 Kettenf. auf 5 mm	57.10	57.10	
Baumwollgewebe, bedruckt	—	wie Gewebe + 75	4 000
Holz, gesägt, cubm	frei	frei	857 000
Gebogene Möbel 100 Kilo	7.50	7.50	4 000
Holzgeräte, roh, 100 Kilo	frei	6.—	12 000
Papier 100 Kilo	10.—	12.—	8 000
Halbzeug 100 Kilo	frei	1.—	15 000
Pappendeckel 100 Kilo	frei	2.—	45 000
Sensen 100 Kilo	10.—	12.—	1 000
Glas, geblasen, 100 Kilo	7.—	8.50	17 000
„ geschliffen 100 Kilo	11.—	15.—	6 000
„ farbig 100 Kilo	11.—	18.—	
Musikinstrumente Stück	1.—	1.50	15 000

[1] Die statistische Nachweisung Italiens (Garne 7—9000 q, Gewebe 70—200 q) ist offenbar falsch. Die Einfuhr erfolgt von den belgischen Bleichereien.

Einfuhr Österreich-Ungarns aus Italien.

	Zölle in Gulden im J. 1878	Zölle in Gulden im J. 1887	Menge im Durchschnitt: 1884–1886
Feigen 100 Kilo	2.– bis 5.—	1.—	38 000
Johannisbrot, Kastanien 100 Kilo	2.—	2.—	22 000
Orangen, Citronen 100 Kilo	4.—	frei	82 000
Mandeln 100 Kilo	10.—	5.—	16 000
Reis 100 Kilo	1.—	1.50	121 000
Nüsse 100 Kilo	1.50	1.50	3 000
Gemüse 100 Kilo	frei	frei	61 000
Sämereien 100 Kilo	frei	frei	3 000
Schweine Stück	—	—.30 bis 1.50	6 000
Olivenöl 100 Kilo	2.40	2.40	56 000
Fische, getrocknet, 100 Kilo	3.—	3.—	4 000
„ zubereitet, 100 Kilo	—	15.—	1 000
Farberden 100 Kilo	frei	1.—	26 000
Seide 100 Kilo	frei	frei	5 000
Ganzseidenwaren	200.—	200.—	0 300
Hüte Stück	—.10 bis —.20	—.10 bis —.20	30 000
„ Venetianer Stück	—.05	—.02	5 000
Marmorplatten 100 Kilo	frei	frei	14 000
Röhren und Ziegel 100 Kilo	frei	frei	195 000
Schwefel 100 Kilo	frei	frei	99 000
Glasbehänge 100 Kilo	2.—	2.—	2 000
Korbflechterwaren 100 Kilo	frei	1.50	1 000
Packpapier 100 Kilo	2.—	2.—	2 000
Seife 100 Kilo	2.50	2.50	3 000

Im übrigen wurden auch in diesem Vertrage wechselseitig unter dem Titel des Grenzverkehres differentielle Begünstigungen im Zollsatze eingeräumt. Auch der Veredlungsverkehr zwischen Südtirol und der Lombardei, namentlich in der Verarbeitung von altem Eisen schrumpfte weiter ein.

Der hier skizzierte Handelsvertrag erfuhr bei seiner parlamentarischen Behandlung allgemeine, mehr und minder scharfe Verurteilung, die mildeste von dem Berichterstatter Fr. von Schwegel, welcher, ohne die früher erwähnten Thatsachen in Abrede zu stellen, doch gewunden genug namens des Ausschusses schließlich folgendes erklärte: „Der Ausschuß war sich wohl bewußt, daß bei der Entscheidung über die Annahme oder Ablehnung des vorliegenden Vertrages nicht so sehr der Wert der einzelnen Bestimmungen desselben, als die Rücksicht auf das Ganze maßgebend sein müsse und daß es unthunlich sei, Modifikationen zu beantragen. Der Vertrag sichert für den Handels- und Schiffahrtsverkehr zwischen der Monarchie und Italien die Fortdauer vertragsfreundlicher Beziehungen unter dem Regime annehmbarer Vertragstarife; er garantiert eine gewisse Stabilität, die für die Erhaltung und Entwicklung dieser Beziehungen von der größten Bedeutung ist. Der Verzicht auf größere Vorteile, die der eine oder der andere Teil bisher genossen hat und die Opfer, die von beiden Seiten gebracht werden mußten, um den Abschluß des Vertrages zu ermöglichen, sind zum größten Teile durch die Schwierigkeiten gerechtfertigt, welchen handelspolitische Transaktionen dieser Art bei der herrschenden Zeitströmung gegenwärtig allerorts begegnen. Zuletzt und nicht im geringsten Grade war für den Ausschuß bei der Beurteilung des vorliegenden Vertrages die Rücksicht auf die guten politischen Beziehungen zu dem befreundeten Nachbarreiche und die Erwägung maßgebend, daß die Harmonie der wirtschaftlichen Interessen im hohen Grade geeignet sei, diese Beziehungen dauernd zu erhalten und zu befestigen."

Auf Grund dieser Ausführungen stellt der volkswirtschaftliche Ausschuß folgende Anträge:

1. Das hohe Haus wolle dem vorliegenden Handels- und Schiffahrtsvertrage die verfassungsmäßige Zustimmung erteilen, und

2. es wolle beschließen:

„Die Regierung wird aufgefordert, gemeinschaftlich mit der königlich ungarischen Regierung dahin zu wirken, daß die Ratifikation des Handels- und Schiffahrtsvertrages vom 7. Dezember 1878 nur unter der Voraussetzung erfolge, daß die im Punkte IV des Schlußprotokolles zu diesem Vertrage vorgesehene Zollbehandlung österreichisch-ungarischer Garne und Gewebe aus Leinen und Hanf bei der Einfuhr in Italien nach den Bestimmungen des Handels- und Schiffahrtsvertrages vom 27. Dezember 1878 seitens der königlich italienischen Regierung thatsächlich zugestanden werde."

Treffend äußerte sich der Freihändler, Abg. Beer, welcher nach einem schmerzlichen Rückblick auf die Seltenheit von Handelsverträgen den Vertrag als einen ungünstigen erklärte und mit dem Wunsche schloß, daß die Regierung es wohl zum Abschlusse von Handelsverträgen bringe, daß aber auch die künftigen Verträge günstiger ausfallen als der vorliegende und daß die Regierung „auch die Organe besitze, um die Ideen, welche sie als die richtigen aufgestellt hat, zur Verwirklichung zu bringen." Der Vertrag wurde selbstverständlich angenommen.

Nicht minder abfällig wurde der Handelsvertrag mit der Schweiz vom 23. November 1888 beurteilt.

Die Schweiz war lange eine sichere Stätte des Freihandels geblieben;

ihr Zollsystem (1 % für Rohstoffe, 2 % für Halbfabrikate, 3 % für Fabrikate, 5 % für Konfektionsware, 10 % für Luxusgegenstände, Zollmaximum 100 Francs) bedeutete lediglich eine sehr mäßige Besteuerung der Einfuhr und veranlaßte weder Österreich-Ungarn noch Deutschland, die wechselseitigen Handelsbeziehungen auf einer anderen Grundlage als jener der bloßen Meistbegünstigung zu regeln, wozu noch ein schwunghafter Veredlungsverkehr mit Vorarlberg trat, dessen billige Arbeitskräfte die Spitzen- und Stickerei-Industrie von St. Gallen gerne und mit großem Vorteile benutzte. Das Wachsen der protektionistischen Strömung in Frankreich, im Deutschen Reiche und in Österreich-Ungarn rüttelten die Handelspolitik der Schweiz allmählich aus altgewohnten Geleisen auf. Die Einsicht gewann immer mehr Boden, daß bei dem Bestande eines solchen Zolltarifes die Verhandlungen mit fremden Staaten über die Begünstigung der Schweizer Ausfuhr wenig Chancen hatten. Dazu gesellten sich, wenn auch schwache schutzzöllnerische Regungen der Industriellen, mehr noch der Landwirte, den Schweizer Markt durch Zölle mehr zu schützen. Beiderlei Motive gewannen in der öffentlichen Meinung und in der offiziellen Handelspolitik der Schweiz allmählich Boden und traten, wenn auch sehr unvollkommen, in dem Tarife vom Jahre 1884 in Geltung, durch welchen die früher erwähnte Skala mit dem Maximum von 100 Francs abgeschafft und durchwegs Zollerhöhungen für Fabrikate in einem immerhin sehr bescheidenen Ausmaße eingeführt wurden. Die wichtigste Neuerung bestand darin, daß der Bundesrat ermächtigt wurde, eine Erhöhung der entsprechenden Tarifsätze bis auf das Doppelte ihres Betrages in Anwendung zu bringen, wenn der Tarif eines fremden Staates schweizerische Produkte mit besonders hohen Zöllen beschweren oder bedrohen würde.

Von dieser Ermächtigung machte der Bundesrat denn auch vollen Gebrauch, indem er wenige Wochen, nachdem er den Handelsvertrag mit Österreich-Ungarn gekündigt hatte, einen neuen Generaltarif am 1. Mai 1888 aktivierte, welcher nicht nur Negociationszölle enthielt, sondern auch seltsamerweise dazu dienen sollte, höhere Zölle auf dem Wege eines Handelsvertrages dauernd einzuführen und was noch seltsamer ist, dies auch erreichte, wie wir sofort sehen werden. Wie war dagegen die Situation in Österreich-Ungarn? Die enormen Zollschranken, welche gerade damals das Deutsche Reich gegen die Einfuhr von Bodenprodukten aufgeführt hatte, die andauernde Grenzsperre gegen den österreichisch-ungarischen Viehexport, welche auch die Durchfuhr unmöglich machte, ließen den Schweizer Markt wertvoller denn je erscheinen und dieses Moment, welches wir bei der Verteidigung des in Rede stehenden Vertrages im Parlamente vermissen, läßt den Vorgang der österreichischen Handelspolitik in milderem Lichte erscheinen. Dazu kam noch eines: die Schweiz mit ihren billigen Zöllen wurde eben damals vielfach benützt, um den österreichischen Export an Industrieerzeugnissen nach Rumänien über die Schweiz zu leiten und die Provenienz mit den an ihr haftenden Retorsionen des rumänischen Zolltarifes zu verwischen. Sollte man auch diesen Ausweg verlegen lassen?

In den Verhandlungen des Parlamentes wurde vor allem getadelt, daß die Regierung nicht einen Meistbegünstigungsvertrag abgeschlossen und durch Tarifabmachungen die vor allem wichtigen Verhandlungen mit Deutschland über einen Tarifvertrag bedenklich präjudiziert habe.

Abg. Hallwich, auf das übereinstimmende Votum der Handelskammern hinweisend, bezeichnete den Abschluß des Tarifvertrages mit der Schweiz als einen Fehler, „weil ein Tarifvertrag wegen seiner Konsequenzen gegenüber den anderen großen konkurrierenden Staaten, namentlich gegenüber Deutschland, große Schwierigkeiten bietet, der Angelpunkt unserer Vertragspolitik aber vor allem in unserem Verhältnisse zum Deutschen Reiche liegt und solange dieses sein System nicht ändert, Österreich-Ungarn ohne Gefahr nicht durch partielle Konzessionen an Produktionsgebiete, welchen die Konzessionen nicht allein zugute kämen und welche, wie die Schweiz, mit ihrer Bevölkerung von nicht mehr als drei Millionen Einwohnern doch nicht von ebenbürtiger Bedeutung sind, den Tarif, den wir erst kürzlich reguliert haben und auf den die großen Industrieen für längere Zeitdauer rechnen, jetzt wieder ganz oder teilweise preisgeben kann!"

Dagegen wurde seitens der Regierung nicht mit Unrecht eingewendet, daß die Schweiz sich keinesfalls mit einem Meistbegünstigungsvertrage und allenfalls der Regelung des Stickereiverkehres begnügt hätte und wir möchten hinzufügen, daß bei der Entschlossenheit der schweizerischen Handelspolitik, welche Zollkriege mit Frankreich und Italien nicht scheute, eine differentielle Behandlung der österreichisch-ungarischen Ausfuhr nicht so ganz ausgeschlossen war, was gerade in diesem Zeitpunkte gefährlich werden konnte. Aber es läßt sich noch etwas anderes einwenden. Es ist richtig, daß die künftigen Tarifverhandlungen mit Deutschland nicht präjudiziert werden durften; es ist indes ebenso richtig, daß eine geschickte Hand einen solchen Tarifvertrag mit der Schweiz zuwege bringen kann, welcher billigen und begründeten Anforderungen der Schweiz zu genügen vermag, ohne die künftig an Deutschland im Vertragswege zu gewährenden und daher vorsichtig aufzubewahrenden Konzessionen preiszugeben. Dieses Herausschälen von Tarifzugeständnissen für die Schweiz, ohne Präjudiz für dritte Interessenten beabsichtigten auch die österreichischen Handelspolitiker, es gelang ihnen nur nicht und für diese schwierige Durchschiffung fehlte der feste Steuermann.

Von diesem Standpunkte kann man die übrigens sehr splendiden Zollermäßigungen für schweizer Specialitäten billigen, als da sind:

Chocolade von 60 fl. auf 50 fl., die bekannten Kinder-Nährstoffpräparate von 40 fl. auf 20 fl., Suppen-Konserven von 40 fl. auf 15 fl., Strohbänder von 15 fl. auf 2 fl., Käse von 20 fl. auf 5 fl.

Was man aber nicht gutheißen kann, war die Einbeziehung großer Warenbranchen von allgemeiner Bedeutung.

Während man die hohen Sätze des österreichisch-ungarischen Tarifes vom Jahre 1887 für Taschenuhren fast unverändert beließ und derart ein Negociationsobjekt unbenützt ließ, welches für keinen Staat außer der Schweiz ein Interesse hat, weil letztere allein darin den Weltmarkt beherrscht, durchbrach man die Klassifikation für Baumwollgarne, indem man übrigens zum empfindlichen Abtrage für eine rationelle Einteilung und eine ordentliche zollamtliche Behandlung den Schweizern konzedierte, daß die Feinheitsgrenze von Nr. 50 auf Nr. 60 verschoben und der Zoll für Garne über Nr. 60 von 16 fl. auf 12 fl. herabgesetzt werde, was die kurz zuvor durch Zollerhöhungen begünstigte Feinspinnerei wieder preisgab.

Ebenso verfehlt und präjudiziell waren die Zollermäßigungen für Baumwollgewebe. Es wurden herabgesetzt die Zölle für gemeine Baumwollgewebe

mehrfarbig gewebt	von 70 auf 65 fl.
bedruckt mit 6 Farben	„ 70 „ 60 „

was an sich ein Mißgriff ist, da bedruckte Gewebe nicht niedriger zu verzollen sind als buntgewebte; feine Baumwollgewebe roh wurden von 80 fl. auf 70 fl., gebleichte, bedruckte von 120 fl. auf 100 fl., feinste von 160 fl. auf 140 fl., gestickte Baumwollgewebe und Spitzen von 300 fl. auf 225 fl. herabgesetzt. Damit ging ein wichtiges Tauschmittel für wertvollere Konzessionen Deutschlands verloren. Daß man Seidenbeuteltuch von 500 fl. auf 200 fl. herabminderte, mag hingehen, selbst die Einbeziehung der Ganzseidenwaren mit Zollminderungen von 500 auf 400 fl. könnte begreiflich sein; daß man aber in einem Vertrage mit der Schweiz den zolltechnischen Begriff der glatten Seidengewebe umstürzte und im Zolle von 500 fl. auf 200 fl. herabging, bleibt unverständlich. Was würde man dann an Frankreich zu bieten haben?

Nicht besser zu verantworten waren die leider immer mit bedenklichen, weil praktisch schwer zu handhabenden Klassifikationsänderungen verbundenen Zugeständnisse für die Verzollung von einzelnen Maschinengattungen von

8 fl. 50 kr. auf 5 fl. per 100 Kilo, darunter Walzenstühle und Müllereimaschinen, Elektro-Dynamo-Maschinen, Schiffsdampfmaschinen und „Werkzeugmaschinen“. Als wenn Deutschland keine konkurrierende Maschinenindustrie besäße!

Vergleichen wir nun damit die Zugeständnisse der Schweiz.

Einfuhr der Schweiz aus Österreich-Ungarn. — Zölle in Francs im Durchschnitt der Jahre 1885—1887.

		Einfuhrmenge	Vertragszoll	Schweizer Generaltarif vom 1. Mai 1888	Schweizer Generaltarif vor 1. Mai 1888
Mineralwässer	q	2 100	1.50	3.—	3.—
Bau- u. Nutzholz					
roh	"	27 000	—.15	—.20	—.05
gesägt	"	143 000	—.40	—.40	—.40
Ölsamen	"	2 000	—.30	—.30	—.30
Butter	"	3 000	7.—	8.—	3.—
Obst, frisch	"	23 000	frei	frei	frei
" gedörrt	"	20 000	1.50	1.50	1.50
Getreide	"	1 519 000	—.30	—.30	—.30
Hülsenfrüchte	"	10 000	—.30	—.30	—.30
Mehl u. dergl.	"	131 000	2.—	2.50	1.25
Malz	"	144 000	1.—	1.20	1.20
Bier	hl	1 700	4.—	5.—	3.50
Wein	"	126 000	3.50	6.—	3.50
Rindvieh:					
Schlachtvieh	Stück	15 000	15.—	25.—	5.—
Nutzvieh	"	8 900	12.—	20.—	5.—
Jungvieh	"	1 400	5.—	5.—	2.—
Schweine	"	10 000	5.—	8.—	2.—
			3.—	3.—	1.—
Schafe	"	17 000	—.50	—.50	—.50

Sehr treffend sagte in dieser Richtung der Abg. Hallwich bei der Behandlung der Vorlage:

„Es mußte unseren Unterhändlern bei den Vertragsverhandlungen mit der Schweiz in allererster Linie darauf ankommen, der Monarchie den bisherigen Export von Rohprodukten, hauptsächlich aber den Export von Weizen, Hafer, Gerste, kurzum Getreide zu sichern. Und nun behaupte ich, daß die Erreichung dieses Zweckes, des Hauptzweckes, unmöglich Schwierigkeiten bieten konnte. Die eidgenössische Verfassung allerdings bildet kein Hindernis gegen zeitweilige Einführung von Getreidezöllen in der Schweiz. Artikel 29 der revidierten Bundesverfassung der schweizerischen Eidgenossenschaft vom 29. Mai 1874 stellt als Grundsatz bei den Eingangsgebühren auf, daß dieselben für die inländische Industrie und die zur Landwirtschaft erforderlichen Stoffe möglichst gering zu taxieren sind, ebenso die zum notwendigen Lebensbedarf erforderlichen Gegenstände. Sie fügt aber in Alinea 3 hinzu: „Dem Bunde bleibt immerhin das Recht vorbehalten, unter außerordentlichen Umständen, in Abweichung von den vorstehenden Bestimmungen, vorübergehende besondere Maßnahmen zu treffen."

Redner bezieht sich nun auf den neuen, vom Bundesrat erlassenen Generaltarif, welcher am 1. Mai 1888 eingeführt wurde.

„Mit diesem Gesetze wurden nicht weniger als 160 Positionen des Schweizer Generaltarifes in der ausgesprochenen Absicht erhöht, um uns zu schrecken. Eine Position dieses Generaltarifes, eine allein, die uns am meisten interessiert, blieb unverändert: die Position Getreidezoll. Dieser Getreidezoll betrug vor dem 1. Mai 1888 30 Centimes und blieb nach dem 1. Mai 1888 bei dem Betrage von 30 Centimes. Seine Bindung fiel den Schweizer Herren wahrlich nicht schwer. Nicht einmal als Schreckschuß wagte man es, einen erhöhten Getreidezoll gegen uns loszulassen, geschweige denn mit einer solchen Erhöhung nachträglich gegen uns vorzugehen. So ängstlich stand also die Sache nicht, wie uns gesagt wurde.

Dagegen waren unsere Unterhändler nicht stark genug, alle anderen Erhöhungen des neuesten Schweizer Generaltarifes auf ihr früheres Niveau herabzusetzen.

Es geht nicht an, die Positionen des neuen Vertragstarifes lediglich zu vergleichen mit der Position des Generaltarifes der Schweiz vom 1. Mai 1888. Man muß notwendig jene Positionen vergleichen mit dem bis 1. Mai 1888 in Geltung gewesenen Generaltarife der Eidgenossenschaft vom 26. Juli 1884.

Der Zoll auf Bau- und Nutzholz, gemeines und rohes, wurde dadurch von 5 auf 15 Centimes erhöht, nicht aber herabgesetzt! Und ebenso geschah es bei Holzwaren, vorgearbeiteten &c.; bei Schuhwaren, Butter, Fleisch, Getreide, bei Hornvieh, Ochsen und Stieren e tutti quanti. Bei letzteren wurde der Zoll nicht etwa von 25 auf 15 Francs ermäßigt, sondern von 5 auf 15 Francs erhöht; bei Kühen und Rindern nicht von 20 auf 12 Francs ermäßigt, sondern von 5 auf 12 Franks erhöht; bei Schweinen mit oder über 25 Kilo Gewicht abermals nicht von 8 auf 5 Francs ermäßigt, sondern von 2 auf 5 Francs erhöht u. s. w. u. s. w. Eine Ausnahme bildet das Malz, die einzige, die wirklich durchgeführt wurde; eine Herabsetzung von 1 Franc 20 Centimes auf 1 Franc. Bei Mehl ist der Zoll thatsächlich von 1.25 Francs auf 2 Francs erhöht, nicht aber ermäßigt. Die ganze Errungenschaft des Vertragstarifes beträgt, rechnet man mit gegegebenen Ziffern, summa summarum 20 Centimes. Mehr bekomme ich bei dieser Rechnung nicht heraus.

Alle übrigen, noch wünschenswerten Ermäßigungen haben wir zu gewärtigen von der Meistbegünstigsklausel in unserem Vertrage zunächst mit Italien."

Redner schloß: „Weitaus den größten, den allergrößten Vorteil aus diesem Vertrage zieht unzweifelhaft unser Compaciscent, die schweizerische Eidgenossenschaft. Sie sichert sich mit diesem Vertrage erstens den billigen Import von Getreide und Fleisch aus ihrer natürlichen Getreide- und Fleischkammer, Österreich-Ungarn und sie sichert sich zweitens mit diesem Vertrage den billigen Export ihrer eigenen wertvollen Industrieartikel nach ihrem natürlichen Absatzgebiete Österreich-Ungarn."

Der Vertrag wurde genehmigt. Das beste an ihm war, daß er nur für die Zeit vom 1. Januar 1889 bis Februar 1892 geschlossen war.

Der Handelsverkehr zwischen Österreich-Ungarn und dem Deutschen Reiche.

Es ist nunmehr notwendig, einen Blick auf den Handelsverkehr, wie er sich unter der Herrschaft der autonomen Zolltarife in Österreich-Ungarn und im Deutschen Reiche entwickelt hat, zu werfen.

Wir folgen hierbei den Angaben der deutschen Zollstatistik, welche für diesen Zweck brauchbarer ist, zumal jene Österreich-Ungarns erst im Jahre 1891 eine durchgreifende Reform durch Erfassung der Provenienz und Destination der Waren erfahren hat. Wir beschränken uns dabei auf die Periode 1880 bis 1890. Auf die Jahre 1877 bis 1879 zurückzugreifen, schien hier nicht rätlich, schon deshalb, weil die Rohstoffe und Nahrungsmittel, welche das Exportelement Österreich-Ungarns nach Deutschland bilden, in diesen Jahren noch durchwegs zollfrei waren und bekannt ist, daß alle Angaben über Einfuhr und Ausfuhr zollfreier Artikel durch Fehlerquellen unverläßlich werden, deren wichtigste die Vermengung der Durchfuhr mit der Ein- und Ausfuhr ist, woran auch statistische Gebühren und Strafen nicht viel zu ändern vermögen.

	Deutschlands Einfuhr aus	Ausfuhr nach
	Österreich-Ungarn. (Werte in Millionen Mark.)	
1890	567.6	338.3
1889	529.8	319.0
1888	446.2	298.7
1887	422.3	296.0
1886	403.5	285.9
1885	383.6	284.4
1884	425.7	324.8
1883	475.5	336.1
1882	503.1	326.1
1881	433.1	316.0
1880	401.1	294.4

Wir sehen ein gewaltiges Aktivsaldo Österreich-Ungarns in dem beiderseitigen Verkehr, welches übrigens auch nach den statistischen Quellen Österreich-Ungarns, soweit dieselben benützbar sind, nicht zu bezweifeln ist. Forschen wir nach der Zusammensetzung dieser Handelsbilanz, so ergiebt sich folgendes Bild der wichtigsten Warengattungen, in welchen der Wechselverkehr besteht.

(Siehe Tabellen auf Seite 105, 106, 107 u. 108.)

Die Tabellen I und II, welche bloß die Werte der Ein- und Ausfuhr Deutschlands aus und nach Österreich-Ungarn in den wichtigsten Warengattungen darstellen, beleuchten vor allem die allbekannte Thatsache, daß Österreich-Ungarn hauptsächlich in Rohstoffen, darunter Bau- und Nutzholz und Braunkohle in erster Linie, dann in Nahrungsmitteln, namentlich Getreide, die Stärke seines Exportes besitzt. Mancher Artikel, wie Eier und frisches Obst, ist eben in dieser Periode zu großer Bedeutnng gelangt. Dagegen besitzt Österreich-Ungarn einen an Zahl der Artikel und an Wert nur geringen Export nach Deutschland in Fabrikaten, unter welchen allein das Leinengarn eine bedeutende Stellung einnimmt und auch während dieser Periode behauptet hat. Ebenso bekannt ist, daß umgekehrt der Export des Deutschen Reiches nach Österreich-Ungarn hauptsächlich in Fabrikaten besteht; wir haben die der Ziffer nach hervorragendsten in die Tabelle II aufgenommen und von den vielen Rohstoffen, welche in den Handelsausweisen des Deutschen Reiches figurieren, nur einige aufgenommen, von welchen zweifellos feststeht, daß sie thatsächlich deutscher

Tabelle I.

Deutschlands
Einfuhr aus Österreich-Ungarn.
In Millionen Mark.

	1890	1889	1888	1887	1886	1885	1884	1883	1882	1881	1880
Rohstoffe:											
Bau- u. Nutzholz	44.5	46.1	35.0	29.2	26.0	30.0	27.7	28.2	28.5	31.8	28.4
Braunkohle	26.0	19.7	19.2	16.3	15.0	13.4	13.8	13.2	12.0	12.2	10.1
Steinkohle	8.1	6.0	6.8	5.4	4.5	4.1	3.3	3.2	3.4	3.8	3.9
Felle und Häute	13.6	12.8	9.2	9.6	10.0	9.9	12.6	14.9	15.5	12.6	13.2
Schafwolle	8.5	14.3	8.9	6.9	12.9	8.0	11.9	13.9	15.3	14.1	21.3
Bettfedern, roh	5.6	7.1	6.6	5.6	6.7	7.8	8.2	7.6	8.1	6·4	6.7
" gereinigt	3.4	3.9	4.9	4.5	3.4	2.9	2.7	2.8	2.6	2.1	2.6
Steine, rohe	4.3	3.0	2.2	2.0	1.9	1.9	3.3	3.5	4.3	5.3	3.7
Nahrungsmittel:											
Gerste	37.0	47.0	24.9	36.8	24.8	27.2	33.6	31.6	39.2	24.6	25.2
Malz	17.8	20.0	13.6	15.3	13 3	14.4	14.8	14.0	12.1	10.8	8.8
Weizen	17.1	20.4	17.3	14.8	6.4	6.3	12.5	37.5	51.2	19.0	17.2
Raps	8.2	0.7	2.2	1.1	2.1	1.3	5.7	7.9	7.4	10.5	7.1
Roggen	0.9	1.7	1.0	0.4	0.1	1.2	2.2	5.2	9.9	9.4	10.7
Hafer	0.2	1.1	0.9	0.7	2.4	6.8	6.6	5.9	6.1	14.3	7.3
Mais	1.3	2.5	1.8	1.1	1.7	1.5	2.0	4.1	2.7	2.6	2.2
Hülsenfrüchte	3.7	3.1	3.6	2.2	2.6	3.5	3.5	3.6	3.9	3.5	2.9
Kleie u. dergl.	6.3	8.0	6.7	2.3	2.8	2.9	3.5	3.2	3.0	5.3	3.5
Kleesaat u. dergl.	6.3	4.3	10.0	7.3	7.3	6.0	5.5	4.0	4.0	5.8	4:9
Obst, frisches	9.3	10.8	7.7	14.0	13.4	9.6	6.7	3.3	4.7	2.1	2.6
" getrocknet	7.9	6.1	7.0	7.3	5.3	6.1	6.4	6.8	6.4	5.1	6.1
Küchengewächse	2.1	1 5	1.0	1.1	1.3	0.9	0.8	0.7	1.9	1.6	1.5
Futtergewächse	1.4	2.3	2.4	1.3	1.5	1.6	1.0	1.4	1.6	1.6	1.4
Hopfen	5.9	5.0	5.7	4.4	3.5	3.8	4.7	4.9	9.3	3.5	4.7
Mehl	3.5	3.4	2.5	5.1	4.0	5.0	11.4	11.0	9.5	6.9	5.6
Wein	7.3	7.8	5.7	5.3	4.9	4.6	4.9	4.3	3.9	3.8	3.2
Bier	6.4	4.9	3.4	3.1	2.9	2.4	2.5	2.4	2.2	2.2	2.2
Mineralwässer	1.2	1.2	1.1	1.1	1.1	1.2	1.2	0.9	1.1	1.9	1.7
Butter	3.5	5.4	2.8	2.3	2.8	2.7	2.7	4.5	4.8	4.4	4.8
Eier	34.0	25.9	20.4	20.1	16.0	14.4	15.4	11.0	13.7	10.7	10.8
Schweine	20.3	19.8	20.6	22.3	36.8	19.5	21.5	28.3	33.9	38.0	17.2
Kühe	10.6	6.6	4.1	5.4	7.6	4.2	6.7	10.5	7.5	3 4	3.3
Ochsen	4.5	3.1	2.5	2.9	4.8	3.9	6.7	10.1	7.3	4.1	4.3
Jungvieh	3.5	1.6	1.5	1.9	2.5	1.2	1.6	2.7	2.5	0.7	1.0
Pferde	9.1	5.5	5.7	9.9	7.4	7.0	9.0	8.6	8.8	9.7	11.3
Fabrikate:											
Ätherische Öle	1.3	1.6	1.5	1.8	0.8	1.3	1.0	1.3	1.5	0.8	0.4
Spiegelglas, roh	1.1	1.0	1.1	1.1	1.2	1.2	1.3	1.2	1.5	1.4	1.4
Farbiges Glas	1.3	1.2	1.1	0.9	0.9	0.9	0.9	0.8	0.7	0.7	0.8
Quincaillerie	4.6	3.5	2.7	2.1	1.7	1.6	1.3	1.2	1.6	2.0	1.3
Lederwaren, feine	7.5	4.2	4.0	4.6	3.2	2.9	2.6	2.0	2.0	2.1	2.1
Handschuhe	7.1	7.3	5.8	5.8	4.4	3.7	3.2	3.3	2.7	2.3	1.7
Leinengarn	11.8	12.2	11.5	10.6	12.0	14.5	13.1	14.3	12.4	10.4	8.7
Leinwand	0.8	0.9	0.7	0.7	0.9	1.4	1.9	2.2	2.1	2.5	2 1
Wollengarn	2.5	3.7	3.8	4.2	6.0	4.7	5.2	5.0	5.0	4.4	5.4

Tabelle II.

Deutschlands

Ausfuhr nach Österreich-Ungarn.

In Millionen Mark.

	1890	1889	1888	1887	1886	1885	1884	1883	1882	1881	1880
Baumwollgarne	2.0	1.9	2.0	1.9	1.9	2.0	3.1	3.0	3.3	3.0	4.1
Baumwollgewebe : . . .	2 4	2.7	4.0	4.3	4 9	5.1	5.9	5.4	5.2	4.0	2.9
Bürstenbinderwaren . .	0.5	0.5	0.6	0.6	0.7	0.7	0.8	0.7	0.7	0.5	0.5
Roheisen	0.4	0.5	0.4	1.0	0.9	0.7	1.9	3.9	3.3	2.5	1.5
Stabeisen	1.0	0.8	0.3	0.5	0.4	0.6	1.4	1.8	0.9	0.7	0.3
Eisenblech u. -Platten .	0.5	0.3	0.7	0.5	0.2	0.2	0.3	0.5	0.5	0.3	0.2
Grober Eisenguß	0.3	0.3	0.2	0.2	0.1	0.2	0.7	0.8	0.8	0:6	0.5
Röhren	0.5	0.7	0.3	0.3	0.5	0.7	1.6	2.0	2.1	1.2	0.8
Eisenwaren, grobe . . .	5.0	5.9	5.2	5.1	5.6	6.5	12.4	11.6	10.2	8.5	6.8
" feine . . .	1.2	1.3	1.4	1.5	1.9	1.9	1.9	1.9	1.7	1.5	1.8
Cement	0.9	0.8	1.0	1.2	1.0	1.1	1.3	1.2	1.5	1.2	1.2
Instrumente, musikal. .	1.1	1.0	1.3	1.8	1.8	1.0	1.8	1.6	1.1	1.0	0.8
" physikal. .	1.8	1.8	1.9	1.7	1.7	1.9	2.1	2.3	1.8	2.1	2.4
Maschinen	9.2	8.3	7.1	7.0	6.4	8.1	11.1	10.6	11.5	9.5	7.0
Kautschukwaren	2.4	2.2	1.9	1.8	2.3	2.2	2.1	2.2	1.8	1.8	1.9
Kleider	1.8	2.0	2.1	2.2	2.3	2.6	2.2	1.8	2.3	2.6	3.1
Waren aus unedlen Metallen	1.2	1.3	2.6	2.3	1.9	2.0	2.6	2.3	2.1	1.6	1.1
Leder	2.4	2.6	2.9	3.4	2.9	2.8	3.4	3.7	4.6	4.5	3.9
Handschuhleder	4.9	4.5	3.6	4.3	3.9	3.4	3.7	4.8	4.0	3.7	3.2
Sohlenleder	0.1	0.1	0.1	0.1	0.1	0.2	0.3	0.3	0.4	0.6	0.4
Lederwaren	2.9	2.1	2.4	2.9	2.3	2.7	3.6	3.6	3.7	3.6	3.5
Handschuhe	4.1	4.7	4.1	4.3	3.1	2.7	4.1	1.7	1.1	0.8	0.3
Bücher	17.8	16.4	14.9	14.2	12.0	11.8	11.1	10.9	11.2	9.5	9.2
Bilder, Stiche u. dergl.	4.6	4.1	4.0	4.4	4.1	4.6	4.4	3.9	4.1	3.7	3.9
Papier	2.1	2.0	2.6	2.5	2.5	2.5	1.5	1.5	1.4	1.4	1.3
Seidenwaren	4.4	4.8	4.4	4.1	4.3	4.7	5.0	5.3	5.4	7.6	7.8
Wollengarn	12.3	13.4	11.2	10.9	9.7	8.7	9.3	8.9	9.7	8.0	7.9
Wollenwaren	9.6	9.4	11.9	12.6	13.3	15.5	17.2	16.5	14.5	14.9	13.0
Gekämmte Wolle . . .	7.4	6.1	3.4	3.2	3.2	3.0	1.7	1.3	1.3	1.4	0.5
Schafwolle.	8.3	12.6	13.4	13.4	11.8	8.0	10.2	10.8	14.5	13.4	10.2
Steinkohlen	41.5	29.4	29.7	24.4	24.0	22.3	21.4	20.3	18.4	17.9	18.2

Tabelle III.

Deutschlands
Einfuhr aus Österreich-Ungarn.
(In Tausenden von Metercentnern.)

Wichtigere Warengattungen, deren Einfuhr dauernd abgenommen hat:

	1890	1889	1888	1887	1886	1885	1884	1883	1882	1881	1880
Roggen	87	157	118	54	20	110	190	401	751	532	634
Hafer	17	93	110	95	253	612	565	492	517	1 090	574
Mehl	136	133	103	206	164	188	381	394	324	247	226
Leinwand	2	2	2	2	3	4	5	6	6	7	6
Wollengarn	5	7	8	8	12	10	11	10	9	8	8
Mineralwässer	45	45	41	39	42	43	46	41	46	65	57
Schweine (1000 St.) . .	161	123	169	195	387	203	215	283	350	447	313

Wichtigere Warengattungen, deren Einfuhr dauernd nicht abgenommen hat:

Bau- u. Nutzholz, roh .	8 157	8 080	6 800	6 085	5 521	5 473	4 397	3 731	3 798	4 424	3 981
" " " gesägt	2.945	2 973	2 267	1 880	1 619	2 770	2 676	2 819	3 041	2 793	2 833
Bettfedern, roh	27	26	23	20	19	19	18	16	18	18	19
" gereinigt . .	9	9	9	9	6	6	5	5	5	4	5
Gerste	2 776	2 808	2 217	3 204	1 923	2 128	2 339	1 950	2 545	1 538	1 514
Malz	716	801	630	732	640	621	616	547	473	430	334
Weizen	1 107	1 344	1 215	1 044	438	467	828	2 034	2 600	905	832
Hülsenfrüchte	232	205	206	156	165	218	223	238	239	186	156
Kleie u. s. w.	785	1 007	934	363	385	376	395	361	356	554	332
Obst, getrocknet	170	219	202	197	173	180	173	144	135	114	146
Hopfen	13	18	12	12	11	13	11	9	12	10	12
Wein	137	131	118	106	89	85	79	73	68	64	59
Bier	226	214	164	151	140	117	122	120	114	107	107
Eier	323	304	240	209	178	160	147	137	144	113	114
Butter	25	35	23	19	23	22	21	28	30	32	32
Farbiges Glas	7	7	6	5	5	5	5	4	4	5	5
Quincaillerie	1	1	1	1	1	1	0	0	0	1	0
Lederwaren, feine. . . .	4	2	2	2	1	1	1	1	1	1	1
Leinengarn	66	71	68	63	69	81	67	75	71	63	54

Tabelle IV.

Deutschlands
Ausfuhr nach Österreich-Ungarn.
(In Tausenden von Metercentnern.)

Wichtigere Warengattungen, deren Ausfuhr dauernd abgenommen hat:

	1890	1889	1888	1887	1886	1885	1884	1883	1882	1881	1880
Baumwollgarn	6	6	6	6	7	7	9	10	11	10	13
Baumwollwaren	5	5	7	8	9	10	10	9	8	8	6
Bürstenbinderwaren	0.7	0.7	0.9	1	1	1	1	1	1	0.8	0.7
Roheisen	76	96	103	214	230	181	376	596	447	341	185
Grober Eisenguß	20	21	16	16	17	23	41	47	46	34	26
Röhren	17	23	13	14	28	33	59	63	61	38	24
Eisenwaren, grobe	52	63	57	59	68	72	101	91	76	60	47
" feine	5	5	6	7	9	9	7	7	6	5	6
Cement	205	185	252	328	292	318	348	301	354	289	242
Instrumente, musikal.	2	2	3	5	5	6	5	5	3	3	3
Maschinen	129	122	119	119	110	135	176	160	166	146	108
Leder	7	7	8	8	7	7	8	9	10	11	9
Sohlleder	0.9	0.7	0.7	0.9	1	1	2	2	2	2	2
Lederwaren	1	1	1	1	1	1	2	2	2	2	2
Wollenwaren	11	10	14	15	16	19	19	18	15	14	12
Schiefer	17	17	19	40	62	63	63	84	42	41	52

Wichtigere Warengattungen, deren Ausfuhr dauernd nicht abgenommen hat:

Kautschukwaren	3	3	2	2	3	3	3	3	2	2	2
Handschuhleder	5	5	4	4	4	3	3	5	4	4	3
Papier	12	11	14	13	12	12	11	10	10	9	8
Wollengarn	19	20	18	17	14	14	15	13	14	12	12

Provenienz sind. Viele andere, wie Baumwolle, Häute, Palmöl u. dergl. sind besser weggelassen worden.

Die deutsche Ausfuhr erstreckt sich auf fast alle Warengebiete und um sie vollständig wiederzugeben, bedürfte es einer Weitläufigkeit der Tabellen, welche wir unter allen Umständen vermeiden wollten. Es fehlt daher auch manche nicht unbedeutende Exportindustrie in den Tabellen II und IV, wie

z. B. die chemische Industrie des Deutschen Reiches, welche sich auf zahllose Einzelartikel verteilt.

Mehr als aus den Werten in den Tabellen I und II ist die Bewegung der Ein- und Ausfuhr Deutschlands aus und nach Österreich-Ungarn aus den Tabellen III und IV zu erkennen, worin die Warenbewegung nach Mengen dargestellt ist.

Der Totaleindruck ist, daß trotz der Zollerhöhungen die Einfuhr aus Österreich-Ungarn im ganzen nicht jenen ungeheuren Schaden erlitten hat, den man befürchtete und von gewisser Seite behauptete. Ganz besonders interessant ist der Blick auf die beiden Haupteinfuhrartikel Holz und Getreide. Was Holz betrifft, so wissen wir, daß die ersten Zölle vom Jahre 1879 völlig wirkungslos blieben; allein auch die Zollerhöhung vom Jahre 1885 traf nur die Sägeware und diese nur vorübergehend; schon in den beiden letzten Jahren erreichte die Einfuhr an gesägtem Holz den Stand vom Jahre 1880.

Wir können uns hierbei nicht versagen, einen Seitenblick auf die Gesamtlage des deutschen Holzmarktes zu werfen und zu prüfen, wie weit etwa die Konkurrenz dritter Importstaaten durch die Holzzölle Deutschlands gelitten habe.

Gesamteinfuhr Deutschlands an Holz.

(In Tausenden von Metercentnern.)

	1890	1889	1888	1887	1886	1885	1884	1883	1882	1881	1880
Bau- und Nutzholz, roh:											
Totale	20 464	20 421	16 784	13 657	11 973	17 304	11 881	12 505	11 069	13 436	12 078
davon aus											
Österreich-Ung.	8 157	8 080	6 800	6 085	5 521	5 473	4 397	3 731	3 798	4 424	3 981
Rußland	11 788	11 918	9 675	7 293	6 226	11 062	6 910	8 046	6 717	8 413	7 479
and. Staaten	519	421	309	278	225	768	574	727	553	598	617
Bau- und Nutzholz, gesägt:											
Totale	12 058	11 849	9 201	8 588	6 131	9 534	7 189	6583	6 278	5 503	5 301
davon aus											
Österreich-Ung.	2 945	2 973	2 267	1 880	1 619	2 770	2 676	2 819	3 041	2 793	2 833
Rußland	5 045	4 274	3 312	3 944	2 189	2 891	1 716	1 517	1 187	903	708
and. Staaten	4 066	4 602	3 621	2 763	2 322	3 873	2 796	2 246	2 048	1 806	1 759

Diese Zusammenstellung bedarf keiner langen Erläuterung. Es ergiebt sich klar daraus, daß der Import Deutschlands sowohl von rohem Holz wie von Sägeware trotz steigender Zölle in beständiger Zunahme war. Die vorübergehende Anschwellung der Einfuhr im Jahre 1885 mit der im nächsten Jahre folgenden Ebbe ist eine gewöhnliche Erscheinung vor und nach jeder Zollerhöhung. Merkwürdigerweise wurde nur Österreich-Ungarn soweit betroffen, daß sein Export einige Jahre stillstand, während der Export Rußlands in riesigem Aufschwunge über alle Zollhindernisse hinwegsetzte. Es genügt hier, die Thatsache festzustellen, daß die Holzzölle Deutschlands, soweit es deren Aufgabe war, die deutsche Waldwirtschaft und das Sägereigewerbe zu schützen, diesen Zweck in keinerlei Weise erfüllten. Es soll jedoch nicht geleugnet werden, daß die österreichisch-ungarischen Holzexporteure seit der Steigerung der Zölle im Jahre 1885 viel über mangelnden Nutzen und beziehungsweise darüber klagten, daß sie die Verteuerung des Exportes durch die Zölle übernehmen mußten, was wiederum einen Druck auf die Holzproduzenten Österreich-Ungarns bedeuten würde.

Wenden wir uns nun zu den Zöllen auf Getreide. Die deutschen Zölle betrugen in Mark für

	1879	1885	1887
Weizen	1	3	5
Roggen	1	3	5
Hafer	1	1.50	4
Hülsenfrüchte . . .	1	1	2
Gerste	0.50	1.50	2.25
Malz	1.20	3	4
Mais	0.50	1	2
Mehl	2	7.50	10.50

Einfuhr des Deutschen Reiches.

(In Tausenden von Metercentnern.)

	Durchschnitte der Jahre 1881—1885	1886—1890
Weizen: Totale	6 036	4 699
Davon aus: Österreich-Ungarn .	1 367	1 030
Rußland	2 395	2 458
Nordamerika . . .	661	254
anderen Staaten . .	1 611	956

	der Jahre 1881—1885	1886—1890
Roggen: Totale	7 484	7 592
Davon aus: Österreich-Ungarn .	397	87
Rußland	4 096	5 784
Nordamerika . . .	99	74
anderen Staaten . .	2 891	1 646
Hafer: Totale	2 764	1 751
Davon aus: Österreich-Ungarn .	655	114
Rußland	1 674	1 421
Nordamerika . . .	4	6
anderen Staaten . .	429	208
Gerste: Totale	3 640	5 393
Davon aus: Österreich-Ungarn .	2 100	2 586
Rußland	547	1 833
Nordamerika . . .	9	7
anderen Staaten . .	981	967
Mais: Totale	2 185	2 599
Davon aus: Österreich-Ungarn .	215	176
Rußland	127	555
Nordamerika . . .	378	1 166
anderen Staaten . .	1 462	901
Malz: Totale	568	718
Davon aus: Österreich-Ungarn .	537	704
anderen Staaten . .	31	14
Mehl: Totale	446	154
Davon aus: Österreich-Ungarn .	307	148
Rußland	4	0
Nordamerika . . .	21	1
anderen Staaten . .	112	4

Vor allem tritt uns hier die Thatsache entgegen, daß unter dem Regime der hohen Getreidezölle die Einfuhr in das deutsche Zollgebiet überhaupt nur in Weizen um 22 %, in Hafer um 36 % und in Mehl sogar um 65 % abgenommen hat. In Roggen und Mais ist die Einfuhr ziemlich gleich geblieben und in Gerste und Malz hat dieselbe sogar namhaft zugenommen. Dies Totalergebnis bedarf einer kurzen Beleuchtung. Der Rückgang beim Weizenimporte ist an sich gering. Nimmt man noch hinzu, daß der Gesamtimport an Weizen im Jahre 1889 sich wieder auf 5 168 872 Metercentner, im Jahre 1890 auf 6 725 873 und im Jahre 1891 sogar auf 12 962 126 Metercentner erhob, wenn ferner erwogen wird, daß in obiger Tabelle die Begünstigungen des Mahlverkehres nicht berücksichtigt wurden, so wird eine bedeutende Abnahme der Weizeneinfuhr nicht anerkannt und in dieser Hinsicht aus der Erfahrung ein Argument für die Wirksamkeit der Getreidezölle nicht geschöpft werden können. Wohl aber kann dieser Einfluß in Bezug auf Hafer und Mehl nicht geleugnet werden. Daß ein so ausgiebiger Schutzzoll, wie jener auf Mehl, also bei einem Fabrikate, den nachhaltigsten Einfluß auf dessen Produktion üben muß, dessen Erweiterungsgrenzen bloß von dem lohnenden Absatze gezogen werden, bedarf keiner Ausführung. So bleibt als vereinzelte Erscheinung bloß die unleugbare Abnahme des Haferimportes. (Dieselbe dauerte auch in den letzten Jahren fort. 1891: 1 198 835 Metercentner; 1892: 878 368 Metercentner). Es scheint der verhältnismäßig hohe Haferzoll weniger einen Produktionszuwachs als vielmehr eine Einschränkung des Konsums bewirkt zu haben, zumal gerade bei dieser Fruchtgattung Ersatznahrungsmittel, wie z. B. Mais, leicht zu verwenden sind.

Eine zweite sich deutlich abhebende Thatsache ist die wachsende Ausbreitung des russischen Getreideimports, welcher dermal bei der Versorgung des deutschen Getreidemarktes die erste Stelle einnimmt. Selbst in jenen Getreidegattungen, in welchen, wie bemerkt, eine Abnahme des gesamten Importes Deutschlands stattgefunden hat — Weizen und Hafer — litt die Einfuhr aus Rußland entweder gar nicht oder nur unwesentlich. Sie erhob sich indes zu größerem Umfange in Roggen und Mais, in welchen Gattungen die Einfuhr aus Österreich-Ungarn zurückging, und partizipierte mehr als dieses an der Steigerung der Einfuhr von Gerste. — Während also die deutschen Zölle den fremden Getreideimport in der großen Regel abzuwehren nicht vermochten und Rußland trotz aller Zollerhöhungen seinen Import in überraschender Weise zu steigern vermochte, sehen wir die nicht minder bemerkenswerkenswerte Erscheinung, daß die Einfuhr aus Österreich-Ungarn mit Ausnahme von Gerste und Malz in allen übrigen Getreidegattungen zurückging.

Der Rückgang des österreichisch-ungarischen Importes an Roggen läßt sich leicht erklären. Deutschland hatte nämlich seit jeher bedeutende Mengen Roggenmehl (durchschnittlich 300 000 Metercentner) nach Böhmen und Schlesien ausgeführt. Durch die Einführung des Mehlzolles in Österreich Ungarn wurde diese Ausfuhr zur Unmöglichkeit und wir sehen dieselbe rasch schwinden:

1880	309 440	Metercentner.	1881	188 207	Metercentner
1882	83 845	"	1883	16 375	"
1884	8 037	"			

Es zeigte sich, daß der Konsum Böhmens und Schlesiens an Roggenmehl nunmehr durch die österreichischen Mühlen gedeckt wurde, welche den bis dahin nach Deutschland ausgeführten Roggen selbst vermahlten. Das Ganze war eine bloße Verschiebung der Bezug- und Absatzverhältnisse der deutschen Mühlen.

Im übrigen aber bleibt die Thatsache unberührt, daß die österreichisch-ungarische Konkurrenz auf dem deutschen Getreidemarkte empfindlicher gegen die Zollerschwerungen war, als jene Rußlands und mehr und mehr den deutschen Markt verlor. Man kann auch nicht sagen, daß der Getreide-export der österreichisch-ungarischen Monarchie andere Absatzquellen aufgesucht und gefunden, ebensowenig, als daß die Produktion der Monarchie abgenommen hätte. Wohl aber ist die Annahme gerechtfertigt, daß ihr innerer Konsum steigt und deshalb ihr Überschuß an Getreide eine Tendenz nach Abnahme zeigt.

Zurückkehrend zu den Tabellen (S. 105—108) und der Prüfung, inwiefern die Zölle Deutschlands die Einfuhr aus Österreich-Ungarn beeinträchtigt haben, haben wir noch hervorzuheben, daß auch bei Hülsenfrüchten, Hopfen, getrocknetem Obste, Butter und den meisten übrigen Nahrungsmitteln ein Rückgang des Importes nicht stattfand. Die Zölle waren, soweit nicht die Zollfreiheit belassen worden, nicht erheblich.

Was den österreichisch-ungarischen Export an Fabrikaten betrifft, so zeigt die Tabelle I bemerkenswerte Erscheinungen. Der bedeutendste Exportartikel nach Deutschland auf diesem Gebiete — Leinengarn — erhielt sich trotz der neuen, viel gefürchteten Staffelzölle auf der früheren Höhe und überschritt diese schließlich. Es zeigte sich daran, daß die Konkurrenzfähigkeit der böhmischen und mährischen Spinner stärker war, als das Hindernis, welches die deutschen, wie anzuerkennen, mäßig bemessenen Garnzölle zu bereiten vermochten. Anders kam es bei Leinwand, wo die hohe Entwicklung der deutschen Leinenweberei mit mechanischem Betriebe, unterstützt von an sich nicht übermäßigen Schutzzöllen, alsbald der auf billigen Arbeitslöhnen basierenden Handweberei Österreichs die Einfuhr verlegte.

Ebenso wirkte die Zollerhöhung bei Wollengarnen einschränkend auf deren Einfuhr. Anders kam es bei feiner Lederware und Quincaillerie, diesen auf Geschmack und höheren Wert sich stützenden Exportindustrieen der Monarchie. An und für sich ist diese Ware durch Zölle schwer zu treffen, am wenigsten konnten ihr Zollsätze von 70 und 200 Mark anhaben, welche doch nur die ordinäre Ware nennenswert belasteten, während die wertvollere davon kaum berührt wurde. Dadurch erklärt sich, daß diese Specialität des österreichischen Exportes eben unter dem Regime des erhöhten Zollschutzes sich nicht bloß behauptete, sondern auch weitere Fortschritte auf dem deutschen Markte machte.

Man kann also wohl sagen, daß, wenn die deutschen Zölle auf Rohstoffe und Nahrungsmittel die Einfuhr aus Österreich-Ungarn nur zum Teile einschränkten, die im ganzen genommen nicht bedeutende Einfuhr an Fabrikaten unter dem neuen Zollregime ebenfalls nicht sehr gelitten hat.

Wohl anders verhält es sich mit der in der Tabelle IV ausgewiesenen Ausfuhr Deutschlands nach Österreich-Ungarn.

Der schüchterne österreichisch-ungarische Zolltarif vom Jahre 1878 ließ die deutsche Einfuhr ziemlich unbehelligt; schon die Zollreform vom Jahre 1882 bringt die Einfuhr zum Weichen; noch mehr Eindruck indes hat die im Jahre 1885 eingeleitete, indes erst im Jahre 1886 abgeschlossene und im Jahre 1887 ins Leben getretene letzte Revision des Zolltarifs auf die Konkurrenz Deutschlands gemacht. Bei der Vergleichung muß daher auch die Einfuhr nach 1887 jener vor 1887 gegenübergestellt werden. Eine Wiederholung der Ziffern hier ist nicht notwendig; ein kurzer Blick auf die Tabelle zeigt, wie in ganzen Warenbranchen die Einfuhr stockte und nach manchen sichtlichen Versuchen, trotz der Ungunst der Konjunktur den Markt zu behaupten, sank. Wo die Ziffern eine entgegengesetzte Richtung verfolgen, hat das seine guten Gründe. So erklärt sich das Steigen des Importes oder doch dessen Gleichbleiben bei Kautschukwaren durch die Unzulänglichkeit der jungen Industrie, bei Handschuhleder durch den geringen Zoll, welcher in der beabsichtigten Schonung dieses Halbfabrikates für die Bedürfnisse der exportkräftigen Handschuhfabrikation Österreichs seine Begründung fand, bei Wollengarn durch die eine ernstliche Abwehr nicht bezweckende Bemessung der Zölle und den steigenden Bedarf des Verkehrs in der österreichischen Webeindustrie, welche sich üppig entfaltete. Die Regel aber kann mit voller Bestimmtheit aufgestellt werden: Der Protektionismus von Österreich-Ungarn hat auf die Einfuhr aus Deutschland seine volle beabsichtigte Wirkung geäußert und dessen Einfuhr teils zurückgedrängt, teils an der weiteren Zunahme verhindert. Der deutsche Import an Fabrikaten ist bedeutend gesunken, so zwar, daß derselbe bei Baumwollgarnen und -Geweben im Jahre 1890 ziemlich nur die Hälfte des früheren Standes aufweist. Ebenso ist es in der großen Mehrzahl der Eisenwaren, bei Leder, Maschinen u. s. w. der Fall. — Aber auch nicht mehr. Der Export Deutschlands nach Österreich-Ungarn erfuhr mehr und minder empfindliche Einschränkungen, nirgends indes finden wir prohibitive Wirkungen selbst des hochgegriffenen Zolltarifs vom Jahre 1887. Dies erklärt sich durch den Charakter dieses Tarifes, welcher mit wohlberechneter Abstufung seiner Sätze die Einfuhr über ein gewisses Maß zu belasten vermied, andererseits aber durch den hohen Grad der Leistungsfähigkeit und Konkurrenzkraft der deutschen Industrie, welche den Wettbewerb auf dem österreichisch-ungarischen Markt selbst unter minder lohnenden Bedingungen aufrecht zu erhalten verstand.

Die österreichisch-ungarischen Zölle bewegten sich zwischen 15—40 %. Durch derartige Zölle wird in der Regel nur der Import solcher Waren behindert, bei welchen der Preisunterschied allein entscheidend ist und welche das Ausland zu billigeren Preisen zu liefern vermag. Wo es sich um Differenzen in der Qualität handelt oder wo, was hauptsächlich in Betracht kommt, Specialitäten den Gegenstand des Konsums bilden, welche das Inland, sei es in der technischen Ausführung, sei es selbst unter dem Zollschutze zu annäherndem Preise gleich zusagend zu liefern nicht vermag, wird der Import sich zu behaupten in der Lage sein, es wäre denn, daß man, wie die Vereinigten Staaten von Nordamerika und Rußland ein Beispiel geben, durch Zollsätze von 80 und mehr Prozent des Warenwertes von dem Bezuge verteuerter fremder Ware abschreckt. Zwischen protektionistischen und prohibitiven Zöllen liegt eine weite Kluft und diese zu überschreiten, war in der Absicht der österreichisch-ungarischen Handelspolitik nicht gelegen. Dasjenige aber, was gewollt wurde, was das unverrückbare Ziel eine lange Reihe von Jahren war, wurde auch im vollen Maße erreicht und wir werden später noch sehen, daß die Früchte der vierzehnjährigen autonomen Zollpolitik reichliche und lohnende waren.

Wenn wir hier die Erfahrungen, zu welchen eine vierzehnjährige Periode vertragloser Zollpolitik geführt hat, zusammenfassen wollen, so ist diejenige voranzustellen, welche sich damit charakterisieren läßt, daß dieser **Zustand keineswegs unerträglich war.** Sowohl Deutschland wie Österreich-Ungarn erlitten Einbußen an ihren gewohnten Handelsbeziehungen, ersteres an seinem Export von Industrieerzeugnissen weitaus empfindlichere, für welche es Ersatz in der Pflege des Exportes nach ferner gelegenen Regionen suchte und in Italien, Rumänien, dem Balkan, in der Levante und Südamerika auch fand, Österreich-Ungarn dagegen erlitt Einschränkungen seines Exportes in einzelnen Getreidegattungen und Mehl, wobei nur rücksichtlich des letzteren auf den fernen Märkten Englands, Hollands und Südamerikas eine unzulängliche Kompensation erreicht wurde. Die autonome Zollpolitik hat sich mithin selbst für den Export als so verderblich und unhaltbar nicht erwiesen, wie es seinerzeit prophezeit wurde.

Eine weitere Erfahrung bezieht sich auf die **Ergebnisse der Agrarpolitik.** Selbst die bis 33 % des Preises erreichenden Getreidezölle, sowie die 10—15 % betragenden Holzzölle haben einen fördernden Einfluß auf die Urproduktion Deutschlands zu üben nicht vermocht. Die

Handelsausweise zeigen mit Ausnahme des Hafers keine dauernde Abnahme des Importes. Hiermit stimmen die Berechnungen überein, welche auf dem Gebiete der Produktionsstatistik Deutschlands angestellt wurden.

Man hat nämlich berechnet, daß die Anbaufläche für Getreide im deutschen Zollgebiete, wenn dieselbe im Jahre 1879 gleich 100 angenommen wird, sich folgendermaßen im Jahre 1888 gestaltet hat: Anbaufläche für Weizen 103,9, für Roggen 98,0, für Gerste 106,0, für Hafer 102,3. Das sind im ganzen ziemlich stationäre Verhältnisse, welche eine Bestätigung dafür liefern, daß Agrarzölle, seien sie noch so hoch, keine die Produktion nennenswert fördernde Wirkung üben können.

Wohl aber können wir die auf längeren Beobachtungen beruhende Thatsache konstatieren, daß diese Zölle das Getreide auf dem deutschen Markte regelmäßig verteuerten, so zwar, daß sie eine Kopfsteuer von 1,20 Mark darstellen. Die deutsche Zollkasse zog aus dieser Steuer jährlich eine Einnahme von 100—130 Millionen Mark, was über 20 % ihrer ganzen Einnahmen bedeutet. Ob diese Besteuerungsweise zweckmäßig und billig ist, bildet eine Frage der Steuerpolitik, welche von den besonderen staatlichen Verhältnissen abhängt und hier nicht zu erörtern ist. Jedenfalls darf nicht unbemerkt bleiben, daß in zweiter Linie der Nutzen dem Großgrundbesitze zu gute kam, welcher auf Kosten der breiten Schichten des Volkes einen höheren Preis aus seinem Ernteertrage zu erzielen in der Lage war — — —.

Wie hoch die Besteuerung zu Gunsten der großen Landwirte sich bezifferte, d. h. wie groß die Verteuerung der Brotstoffe im Deutschen Reiche war, ließe sich an der Hand der Marktpreise für lieferbare Ware auf deutschen Märkten in jedem einzelnen Jahre wohl ermitteln. In der Regel vermag Deutschland nur zwei Drittel seines Bedarfes an Brotfrüchten selbst zu erzeugen. Sein Ernteausfall ist indes allein nicht entscheidend. Es kommt auch auf die Ernte in den Ländern an, welche den deutschen Markt mit ihren Überschüssen zu versorgen pflegen. In dieser Beziehung hat die Erfahrung bestätigt, daß die Verkäufer häufig je nach dem Stande von Angebot und Nachfrage einen Teil des Zolles übernehmen mußten, zumeist durch eine derartige Preisreduktion, daß es dem deutschen Käufer konvenieren konnte, den Bedarf aus diesem oder jenem Lande zu decken. Darin liegt auch die Erklärung, warum unter dem Regime der deutschen Getreidezölle Rußland seinen Export behauptete und vermehrte, während Österreich-Ungarn sich nicht veranlaßt fand, bei tieferem Preisstande seine Vorräte anzubieten. War die Ernte allenthalben nicht reichlich, so mußte wohl der deutsche Käufer den Zoll allein tragen. — Bemerkenswert ist auch die Schwierigkeit speciell für Österreich-Ungarn, seinen an sich in der Regel nicht übermäßigen Ernteüberschuß zu verwerten, wenn das große nahe Absatzgebiet Deutschlands durch die Konkurrenz Rußlands und die Zölle erschwert wird. Es fehlt ihm die billige, breite Straße des Ozeans und es ist auf die teure Eisenbahn angewiesen, um zu dem großen Handelscentrum im Nordosten zu gelangen. So wie Holz als schwerfällige Ware einen beschränkten Markt hat, so ist auch Getreide nur bei Vorhandensein billiger Wasserstraßen beweglicher.

Die Handelsverträge mit dem Deutschen Reiche und Italien, mit der Schweiz und Belgien vom 6. Dezember 1891.

Lange Jahre war der Handels- und Zollvertrag mit Italien der einzige Tarifvertrag der Monarchie geblieben, ein einsames Wahrzeichen der Vertragsfreundlichkeit Österreich-Ungarns; nun war auch der Tarifvertrag mit der Schweiz hinzugetreten. So bitter diese ungünstigen Verträge allseits in der österreichischen Reichshälfte beurteilt wurden, so erschütterten sie die Handelswelt, namentlich die Handelskammern durchaus nicht in dem Wunsche, daß Handels- und Zollverträge mit den Nachbarstaaten, namentlich mit dem Deutschen Reiche und mit Rumänien geschlossen werden mögen. Insbesondere versäumte die Wiener Handelskammer keinen Anlaß, um darau hinzuweisen, daß es nun der Zollerhöhungen genug sei und daß nunmehr Stabilität in den Zöllen eintreten möge. Stabilität! So wie man früher die Parität mit Deutschland zum Losungsworte erhoben hatte, worunter lediglich die Erhöhung der Zölle, soweit sie früher noch notwendig schien, verstand, so bedeutete jetzt der Ruf nach Stabilität, daß man protektionistisch gesättigt, das Errungene möglichst ungeschmälert und in Ruhe zu genießen wünschte. Hatte man früher die autonome Reform des Zolltarifs als den durch die Erfahrung gegebenen einzigen Weg zur durchgreifenden Verwirklichung des Schutzzollsystems mit ebenso viel Ausdauer als Leidenschaft angestrebt und dieses Ziel, dank der parallel gehenden deutschen Zollpolitik, glücklich erreicht, so blieb diese Position so lange bedroht und zur dauernden Ausnützung wenig geeignet, als nicht die Gefahr des Rückfalls auf dem wohlbekannten Wege bodenloser Handelsverträge überstanden war. Der italienische und schweizer Handelsvertrag hatten davon neuerlich Zeugnis gegeben; sie bedeuteten eine Witzigung, aus welcher man für die Zukunft um so sicherer gute Lehre zu ziehen hoffen konnte, als dem österreichischen Handelsminister Marquis von Bacquehem ein feines Gefühl für die Strömungen namentlich im Abgeordnetenhause nicht abzusprechen war, wo noch immer die Stärke des Protektionismus lag, gegen welchen anzukämpfen nicht leicht war. — Lange suchte man das Heil in einem mitteleuropäischen Zollbunde. Noch im Jahre 1890 tagte in Wien ein Kongreß von Landwirten und Industriellen, Schutzzöllnern und Freihändlern, welche sich zu einer Erklärung einigten, daß die Schaffung einer mitteleuropäischen Zolliga im Interesse sowohl der Land- und Forstwirtschaft als der Industrie gelegen und eine Notwendigkeit sei. Innerhalb dieser Zollunion wäre der Schutz einzelner Industrieen und der staatlichen Verbrauchssteuern durch Differentialzölle zu wahren. Auch die Frachtenpolitik der Eisenbahnen solle vertragsmäßig geregelt werden u. s. w. — Der Kern dieser und anderer handelspolitischer Projekte, soweit sie Österreich entstammen, war die zollpolitische Annäherung an Deutschland, wohlverstanden indes, ohne Preisgebung der Schutzzölle! Viele Emanationen jener Zeit variieren diesen Doppelgedanken, welchem man in der Form einer Zollunion mittelst Differenzialtarifen vergeblich eine praktische Gestalt zu geben suchte [1].

Minder nebelhaft erklärte die Reichenberger Handelskammer zuerst, daß der Abschluß eines Zoll- und Handelsvertrages mit dem Deutschen Reiche allein geeignet sei, Sicherheit und Ruhe in die Zollverhältnisse der österreichisch-ungarischen Monarchie zu bringen.

Der Ruf blieb lange vereinzelt; er blieb aber auch unwidersprochen.

Es ist hier der Ort, ausdrücklich zu konstatieren, daß man in Österreich wie in Ungarn immer zum Abschlusse von Handelsverträgen mit Nachbarstaaten geneigt und speciell für gute Vertragsbeziehungen zum Deutschen Reiche besonders eingenommen war — die an Zahl wie Bedeutung geringen czechischen Handelspolitiker etwa ausgenommen. Das Gegenteil ist von freihändlerischer Seite nicht selten behauptet worden; man identificierte aus durchsichtiger Parteitaktik den Schutzzoll mit der Vertragslosigkeit, und die Vertragslosigkeit mit dem „latenten" Zollkrieg. Man übertrieb, um leichter zu bekämpfen, so lange die Anhänger abstrakter Welthandelspolitik überhaupt noch den Mut hatten, gegen die übermächtige Bewegung des Protektionismus anzukämpfen und man variierte auf dieser Seite die alte Tendenzlüge, als der Kampf entschieden war und das kleine Häuflein von Freihändlern den Abschluß von neuen Handelsverträgen als ihren Sieg zu feiern suchte, um die eigene klägliche Niederlage zu bemänteln.

---

[1] Wir kommen am Schlusse dieses Werkes auf das Projekt der Zollunion mit Deutschland eingehend zu sprechen.

Wir wiederholen, mit Ausnahme vereinzelter Stimmen, war man in Österreich gerade so wie in Ungarn immer für den Abschluß von billigen, vernünftigen Handelsverträgen, insbesondere mit dem Deutschen Reiche.

Es ist auch nicht einzusehen, warum Schutzzoll und Vertragspolitik unvereinbar sein sollen und wir werden alsbald einen praktischen Beleg für das Gegenteil dieser freihändlerischen Lehrmeinung vor unseren Augen sich vollziehen sehen. Dabei kann man indes von einem zwingenden Bedürfnisse, in der Art etwa, daß die autonome Schutzzollpolitik praktisch unausführbar, in sich unhaltbar wäre, nicht sprechen. Schon aus dem vorangegangenen Kapitel, welches wir der statistischen Darstellung der handelspolitischen Ergebnisse des Protektionismus in Österreich-Ungarn gegenüber dem Deutschen Reiche widmeten, konnte man klar ersehen, daß bei noch so skrupulöser Beachtung aller Schattenseiten des mehr als 13jährigen autonomen Regimes und der vereinzelten Schädigungen einzelner Exportzweige der österreichisch-ungarische Außenhandel eben nach der westlichen und nordwestlichen Seite hin sich sehr gedeihlich entwickelte und gerade die Monarchie dabei besser fuhr, als das Deutsche Reich. Wenn daher auch der Holzexport, soweit er Sägeware betrifft, vorübergehend sank und der Grenzverkehr unter der strengen Abschließung der Zollgrenzen etwas litt, so waren diese Nachteile im Vergleich zu der im großen und ganzen wenig verminderten Ausfuhr nach Deutschland nicht ausschlaggebend, ja verschwindend. Mehr fühlbar war allerdings die Abschließung des deutschen Marktes gegen unsere Rinderausfuhr und namentlich die an Nahrungsquellen so armen Alpenländer mußten sehnsüchtig über die schwarzgelben Grenzpfähle blicken und sich mit Hoffnungen tragen, welche, wie wir noch sehen werden, auch unter dem Vertragsregime bisher unerfüllt blieben und so lange bleiben werden, als nicht eine ganz geordnete, ernstliche Veterinärpolizei, speciell in Ungarn, jeden Anlaß zu Befürchtungen der Viehzüchter unseres deutschen Nachbarstaates benimmt.

Entscheidend waren indes diese Nachteile der autonomen Zollpolitik nicht und sie hätten nie ausgereicht, um einen Tarifvertrag mit Deutschland herbeizuführen. Was eine Wendung in dieser Richtung herbeiführte, war der Umstand, daß Ungarn mit seinem Exporte an Mehl und einigen anderen Bodenfrüchten, an sich härter betroffen und empfindlicher, sich Illusionen darüber hingab, wie der deutsche Markt speciell für seine Bodenerzeugnisse wieder erschlossen werden könnte. Dies in Verbindung mit dem allgemeinen Wunsche nach Ruhe und Frieden gab den Anstoß zur Erneuerung des Versuches, einen neuen Handelsvertrag mit Deutschland zu schließen.

Der gegebene Impuls fand in Österreich nicht nur keinen Widerstand, sondern vielmehr volles Verständnis und zumeist Zustimmung. In der That wird man es nur vollkommen begründet finden, daß, wenn der eine Teil unseres Doppelstaates und zwar derjenige, welcher den wertvollsten, ja unentbehrlichen Markt für österreichische Industrieerzeugnisse bildet, sich mit der Verwertung seiner Bodenprodukte nicht an dem inneren Zollgebiete genügen läßt und, gleichviel ob mit Recht und Grund oder nicht, den Absatz über die Grenze sich offen halten will, der andere Teil ihm dies nicht wohl verwehren kann, selbst wenn dies mit eigenem Nachteile verknüpft wäre. Das wäre vielleicht im alten centralisierten Einheitsstaate möglich, aber auch dort nicht richtig gewesen, da die Absatzfähigkeit der Bodenprodukte gleichbedeutend mit der Kauffähigkeit für die Produkte unseres Gewerbefleißes immer war und ist. Vollends in dem dualistischen Staate der Neuzeit, dessen Eigentümlichkeiten im nachteiligen wie vorteilhaften Sinne noch lange nicht genug gewürdigt werden, wäre diese Art von Kolonialpolitik unmöglich und gefährlich. — Gottlob, herrscht in den Völkern Österreichs, dessen fachlichen Vertretungen und dessen legislativen Körperschaften ein gutes Verständnis für derlei Fragen, namentlich ein Zug von Billigkeit und Vorsicht, welcher in Österreich eine auswärts kaum geahnte Bedeutung besitzt, die Frucht von endlosen Kämpfen und Schwierigkeiten, von Erfahrung und des zähmenden Bewußtseins, durch Gewalt und Rücksichtslosigkeit noch weniger zn erreichen. So hatten denn die Staatsmänner hüben und drüben ein leichtes Spiel, als der Moment gekommen war, neuerdings an den Abschluß eines Handels- und Zollvertrages zwischen beiden Reichen zu denken.

Dieser Moment war mit dem Ausscheiden des Fürsten Bismarck aus der Regierung des Deutschen Reiches gegeben. Er allein und nur er allein, war, wie wir wiederholt an der Hand einer gewissenhaften Verfolgung der Thatsachen gezeigt haben, das Hindernis für das Gelingen eines Handelsvertrages, durch welchen der Freiheit der Gesetzgebung in Bezug auf die Feststellung von Zöllen dauernde Fesseln auferlegt werden sollten. Kaum hatte er den Platz geräumt, von welchem aus er mit unerschütterlicher Glaubenssicherheit zunächst der deutschen Landwirtschaft und mit ihr der deutschen Industrie den inneren Markt zu wahren gesucht und den Absatz nach außen preisgegeben hatte, als der Notenwechsel zwischen den Kabinetten von Wien und Berlin begann. — In den deutschen Staatskanzleien war man längst zur Überzeugung gelangt, daß Bismarcks Scheu vor Zollverträgen Deutschland nicht zum Heile gereicht habe. Von Rußland wie von Frankreich durch unüberbrückbare Gegensätze geschieden, hatte es sich nun auch das große Donaureich wirtschaftlich entfremden lassen.

Noch mehr: Welch ein unnatürliches Verhältnis war es, auf den großen, dankbaren Markt des Nachbarstaates zu verzichten und die deutsche riesenhaft wachsende Industrie auf den Export nach fernen Landen zu verweisen, nach der Levante und Südamerika, nach Italien und Rumänien! Und sie thaten es, diese reckenhaften deutschen Industriellen, welche gefürchtete Konkurrenten Englands wie Frankreichs auf weit entlegenen Plätzen und ganz besonders Österreich in Rumänien und Italien empfindlich wurden! Und welch ein Widerspruch liegt darin, diesen Riesenleib deutscher Volkswirtschaft, mit seiner überreichen Industrie, seinem kühnen Welthandel und seiner mächtig emporschießenden Seeschiffahrt, dieses Deutsche Reich, welches ohne Industrie und Handel, ohne Export und Marine nimmermehr zu existieren, geschweige zu gedeihen vermag, auf dem schmalen Felde zwischen der Weichsel und der Mosel, der Nordsee und Bodenbach ernähren zu wollen, seiner Industrie die natürliche Zuteilung von Bodenprodukten aus dem nahen Donaureiche zu erschweren und seine eigene Bevölkerung zu zwingen, ihren Lebensbedarf zu erschwerten Bedingungen aus fremden Weltteilen oder aus dem wirtschaftlich immer feindseligen Rußland zu beziehen? Wenn Staaten, wie Österreich-Ungarn, welches den Übergang vom Agrikultur- zum Industriestaate eben erst vollzogen, sich gegen überlegene Konkurrenz auf dem eigenen Markte zu schützen trachten, Staaten, deren industrielle Exportinteressen denn doch nicht überwiegend genannt werden könnten, so läßt sich das leicht begreifen und rechtfertigen. Wenn aber das Deutsche Reich und Frankreich, um geringer Preisaufbesserung für seinen eigenen Weizen willen, leichten Herzens auf die ungeheuren Vorteile seines industriellen und merkantilen Übergewichtes auf fremden Märkten verzichtete und heute noch verzichtet, so ist das etwas, was Österreicher wohl nicht zu begreifen vermögen, aber auch nicht zu beklagen haben. — Daß dieser unnatürliche Zustand empfindliche Nachteile zur Folge hatte und zu vielfachen Beschwerden Anlaß gab, ließe sich an manchem Zeugnisse jener Zeit erweisen, wenn auch nicht zu vergessen ist, daß darauf abzielende Beschlüsse deutscher Handelskammern grundsätzlich von der Veröffentlichung ausgeschlossen wurden. Ganz besonders litt Bayern unter der Grenzsperre gegen österreichisch-ungarische Rinder.

Am 17. Oktober 1890 brachte Bayern im Bundesrate den Antrag auf Erleichterungen im Viehverkehr mit Österreich-Ungarn ein. Die Einfuhr von lebendem Vieh, welches für öffentliche Schlachthäuser bestimmt sei, wäre unter der Bedingung zu gestatten, daß der Transport von derlei Vieh bis zum Bestimmungsorte ohne Umladung geschehe, dessen Herkunft aus seuchenfreien Gegenden durch Gesundheitszeugnisse erwiesen werde und auch der

Gesundheitszustand beim Eintritte über die Grenze ärztlich untersucht werde. Es kam zu keinem meritorischen Beschlusse darüber und schien diese Kundgebung, welche auch in die Öffentlichkeit gelangte, bestimmt, auf eine Wendung in der handelspolitischen Lage vorzubereiten.

Das Programm war folgendes: Es sollten Handelsverträge unter Festlegung der Tarife nicht nur mit Österreich-Ungarn, sondern auch mit Italien, der Schweiz und Belgien geschlossen werden. Dabei solle eine Art Kooporation in der Weise eintreten, daß Deutschland zuerst mit Österreich-Ungarn verhandle und nach erzielter Einigung sollten beide solidarisch wieder mit Italien u. a. Staaten in Verhandlungen eintreten. Die Ergebnisse der Tarifverhandlungen sollten auch in ihrer äußeren Form ein Ganzes bilden und als solches den Parlamenten vorgelegt werden. In weiterer Folge sollten Handelsverträge mit Rumänien und Serbien gemeinsam verhandelt und durch den Zutritt eventuell noch anderer Staaten eine Art mitteleuropäischer Zollunion geschaffen werden. — Es bedarf kaum einer näheren Darlegung, daß dieses Projekt von einer Zollunion nicht mehr als den Namen hat. Thatsächlich treten dabei die Staaten, welche derartige Handelsverträge geschlossen, in keine nähere Verbindung zu einander als zu jenen, welche dieser „Zollunion" nicht beitraten und sich auf die Gewährung der Meistbegünstigung beschränkten. Wenn man aus der Idee der europäischen oder mitteleuropäischen Zollunion, welche mehrere Jahre hindurch in der handelspolitisch denkenden Welt ventiliert wurde, nicht mehr zu machen wußte, so ist das wohl wenig und zeugt von der geringen Lebenskraft jener Idee. Unseres Erachtens wurzelte der Gedanke einer „Zolliga" mehr in dem Unbehagen und der Sorge jener Periode, wo ein Staat den anderen in Zollerhöhungen überbot und ein Halt darin begehrenswert erschien. Namentlich wollte man eine Koalition gegen das Übermaß von Protektionismus Rußlands und Nordamerikas herstellen und hauptsächlich den eigenen Zollschutz sicher bewahren. Wenn sich die deutsche Handelspolitik dieses Gedankens bemächtigte und daraus eine mehr scheinbare als reale Verbindung schuf, so ist dies wohl damit zu erklären, daß man darin eine gewisse Spitze gegen Frankreich erblickte, welches mit der radikalen Zollpolitik Melines, mit dem Maximal- und Minimaltarif die mitteleuropäischen Staaten ebenso bedrohte, wie Rußland und welches auch handelspolitisch zu isolieren, eine immerhin dankbare Unternehmung war. Dagegen wäre auch nichts einzuwenden gewesen. Allein diese „Kooporation" hatte für Österreich-Ungarn auch gewisse sehr praktische Nachteile. Jede derartige Vertragsverhandlung besteht in dem Austausch bestimmter Zugeständnisse, welche sich häufig bis zu schweren Opfern steigern, gegen

Begünstigungen seitens des anderen Kompaciscenten. Das Resultat ist ein Ausgleich von Verlusten und Gewinsten. Wenn nun eine Identität von handelspolitischen Interessen bei den „kooperierenden“ Staaten nicht besteht und es wird niemand behaupten, daß z. B. Deutschland mit seiner entwickelten Eisen- und chemischen Industrie gegenüber Italien dasselbe zu erstreben hätte, wie Österreich-Ungarn, welches in beiden Industrieen fast keinen Export hat, dafür aber seine Leinengarne und sein Holz nach Italien zu möglichst günstigen Bedingungen zu bringen sucht, so besteht die Gefahr, daß einer der beiden Kooperierenden zu der wenig schmeichelhaften Stellung verurteilt wird, anderen als den eigenen Interessen zu dienen. Es kann nämlich geschehen, daß derjenige der beiden Kooperierenden, welcher die Opfer bringt und die Verluste trägt, nicht den Gewinn einheimst, sondern der andere, welcher dem dritten Kompaciscenten nichts oder wenig zu bieten hat. Wir vermögen wenigstens nicht einzusehen, welche Äquivalente außer der Zulassung des Weines zu wenig reduziertem Zolle und den wohl abgewogenen finanziellen Zöllen für den geringen Konsum von Südfrüchten das Deutsche Reich mit seinen mannigfaltigen und großen Exportinteressen dem bekanntlich gut rechnenden Italien zu bieten vermag und es scheint uns, daß die großen finanziellen Einbußen, zu welchen sich Österreich-Ungarn bei den Zollermäßigungen für Südfrüchte verwilligte, die fühlbaren Opfer in der Frage der Cabotage und Seefischerei, die ausgiebigen Grenzverkehrsbegünstigungen, das Zollkartell u. s. w. doch in keinem Verhältnisse zu den geringen Konzessionen Italiens z. B. in dem Leinengarnzolle ständen, vielleicht auch deshalb, weil mit jenen Opfern auch die zahlreichen deutschen Acquisitionen bezahlt werden müßten. Bekanntlich gelangte das Deutsche Reich diesmal zu einem sehr ansehnlichen Tarifvertrage mit Italien an Stelle des früheren Meistbegünstigungsvertrages und konnte sich vergnügt die Hände reiben, während wir mißmutig die gegen früher sehr reduzierten Gewinnsaldi aus dem Vertrage nachrechnen konnten. Diese Kooperation anzunehmen, war von österreichisch-ungarischer Seite ein Mißgriff; thatsächlich zeigten sich die Folgen gar bald und so gelangte man dazu, diese Kooperation gegenüber Serbien und Rumänien ganz einzustellen.

Die Verhandlungen zwischen Österreich-Ungarn und dem Deutschen Reiche begannen am 3. November 1890 zu Wien. Die deutschen Vertragsunterhändler zählten außer den bei früheren Verhandlungen wohlbewährten Vertretern, wie Huber, Jordan, May noch Mosler u. a. Von österreichisch-ungarischer Seite fehlte diesmal Matlekovits, welcher aus dem aktiven Dienste geschieden war und wurden die Tariffragen neben Baron Kalchberg hauptsächlich von dem tüchtigen, trefflich geschulten Sektionsrate Dr. Stibral behandelt.

Die Verhandlungen waren nicht leicht, wie alle Verträge mit Deutschland schwer zustande kommen. Die größte Schwierigkeit bestand darin, daß man deutscherseits wohl ausgiebige Ermäßigungen der österreichisch-ungarischen Industriezölle beanspruchte, ohne in eine entsprechende Ermäßigung der Getreidezölle zu willigen. Lange hielt man an der Ermäßigung des deutschen Weizenzolles von 5 auf bloß 4 Mark fest und wies weitergehende Anträge beharrlich zurück. Die Wiener Handelskammer, offenbar in Kenntnis des Ganges der Verhandlungen, erklärte am 5. März 1891: „Unsere Industrie ist einer Stabilisierung der Zolltarifverhältnisse durch einen Tarifvertrag mit dem Deutschen Reiche nicht abgeneigt. Es sollen jedoch nur für eine wirklich fühlbare Besserung der landwirtschaftlichen Absatzgebiete Österreich-Ungarns Opfer gebracht werden. Für ungenügende Zollermäßigungen Deutchlands auf agrarischem Gebiete, wollen die Industriellen keine Opfer bringen."

Von differentiellen Begünstigungen des österreichisch-ungarischen Getreideexportes nach Deutschland war wohl viel die Rede und mußte dieses Trugbild lange nach der Genehmigung der Verträge noch zur Beschönigung des mageren Ergebnisses der Vertragsverhandlungen herhalten; die ausdrückliche Stipulation einer solchen Begünstigung wurde deutscherseits nie zugegeben.

Das Resultat war die Herabsetzung der Getreidezölle, speciell des Weizen- und Roggenzolles von 5 auf 3,50 Mark, eine Errungenschaft, deren Wert dadurch am besten illustriert wird, daß nach dem Abschlusse der Verhandlung mit Österreich-Ungarn die Gefahr einer Mißernte in Deutschland zu dem ernstlich ventilierten Gedanken führte, die Getreidezölle temporär ganz aufzuheben und die deutsche Regierung im Deutschen Reichsanzeiger die Ablehnung desselben nur mit dem Hinweis auf den eben abgeschlossenen Handelsvertrag zu motivieren vermochte.

Übrigens hatte die Sprödigkeit der deutschen Regierung in dieser Beziehung für Österreich-Ungarn die gute Folge, daß der österreichischen Regierung, welche vor dem schutzzöllnerischen Parlamente einen schweren Stand in Aussicht hatte, die Abwehr weitgehender Ansprüche der deutschen Unterhändler erleichtert und derart das Totalergebnis des Handelsvertrages, auf welches wir bald eingehen wollen, in der Wesenheit begrenzt wurde.

Expertise folgt auf Expertise, um das Maß der Zugeständnisse, welche auf Kosten der österreichisch-ungarischen Schutzzölle äußerstenfalls bewilligt werden könnten, möglichst genau und im Einverständnisse mit den Interessenten zu fixieren, zum großen Mißvergnügen jener Sorte von Handelspolitikern, welche Zugeständnisse immer befürworten, ohne viel zu fragen und Äquivalente zu fordern.

Die Verhandlungen wurden am 3. Mai 1891 geschlossen und denselben folgten nun die gemeinsam geführten Verhandlungen Österreich-Ungarns und Deutschlands mit der Schweiz am 24. Mai 1891 in Bern, nachdem Österreich-Ungarn den bestehenden Handelsvertrag mit der Schweiz gekündigt hatte. Letzteres geschah nicht ohne guten Grund. Am 1. Februar 1892 sollte der zwischen Frankreich und der Schweiz geschlossene Handelsvertrag, welcher eine große Zahl von teils gebundenen, teils ermäßigten Positionen des schweizer Tarifes enthielt, ablaufen und damit in die freie Disposition der schweizer Zollpolitik zurückfallen. In manchen Artikeln hatte Österreich-Ungarn, in den meisten aber Deutschland, ein erhebliches Interesse daran, seinen Export vor den gewaltthätigen Griffen der autonomen schweizer Zollpolitik zu sichern. Eine neue Probe davon ließ nicht lange auf sich warten. Dasselbe plumpe Manöver, welches die Schweiz im Jahre 1887 gegen Österreich, und wie man sich erinnert, mit bemerkenswertem Erfolge angewendet hatte, wurde auch jetzt unmittelbar vor den Vertragsverhandlungen wiederholt. Am 10. April 1891 erschien ein neuer Generaltarif der Schweiz, welcher die Überraschung bot, daß sowohl Fabrikate, wie Rohstoffe und ganz besonders Nahrungsmittel, Vieh u. a. m. einer durchgängigen, mitunter ganz beträchtlichen Zollerhöhung unterzogen wurde. Es würde zu weit führen, diese Zolländerungen hier des näheren anzuführen. Im großen und ganzen waren sie von drei Gesichtspunkten diktiert. Vor allem sollten die Zolleinnahmen gestärkt werden und da sich hierzu Nahrungs- und Genußmittel besonders eignen, so war die natürliche Folge, daß die erhöhten Zölle, wie sich bei den Vertragsverhandlungen sofort zeigte, trotz aller Vorstellungen großenteils aufrechterhalten oder doch nicht auf den alten Stand zurückgeführt wurden. In ähnlicher Weise erging es mit den Zöllen auf Vieh und andere Produkte der Landwirtschaft. Hier wurde der Bundesrat von dem Bestreben geleitet, der wachsenden agrarischen Agitation in der Schweiz einigermaßen Rechnung zu tragen und es gelang ihm dies auch, wie wir später sehen werden. Ein drittes Motiv beruhte in der nicht ungewöhnlichen Absicht, taugliche Negociationsmittel durch Zollerhöhungen zu gewinnen, um damit Zugeständnisse tarifarischer Art für den schweizer Export von den Nachbarstaaten zu erlangen. Dies bezieht sich insbesondere auf Fabrikate, zumal die Schweiz mit ihrem vorwiegenden Exporte von Industrieerzeugnissen nie ein Interesse an dem Schutze des kleinen schweizer Marktes hatte. Daß bei dieser Sachlage die Verhandlungen mehr zum Vorteile Deutschlands ausschlugen, dessen Ausfuhr nach der Schweiz vorwiegend in Fabrikaten besteht, war unschwer vorauszusehen, wobei insbesondere zu berücksichtigen ist, daß die schweizer Zölle, auf Fabrikate mit und ohne Erhöhung absolut genommen, kein bedeutendes Ausmaß besitzen und zumeist auch nach der Erhöhung, welche vielfach auch durch die zähesten Verhandlungen nicht abgeschüttelt werden konnte, noch erträglich blieben.

So zeigte sich denn auch hier die famose Kooperation als eine Fessel für die freie Aktion Österreich-Ungarns, welches der kühnen und derben Taktik der Schweiz nicht mit den entsprechenden drastischen Mitteln zu antworten in der Lage war. Abgesehen von der Hartnäckigkeit, mit welcher auf schweizer Seite die Verhandlungen geführt wurden, mochte auch die handelspolitische Situation der Schweiz selbst dazu geführt haben, daß die Verständigung nicht glatter vor sich ging und die Konferenzen schließlich ganz ausgesetzt wurden. Der neue vom schweizer Bundesrat erlassene Zolltarif sollte nach vorausgegangener heftiger Agitation zum Gegenstande der Volksabstimmung gemacht werden, welche auf den 18. Oktober 1891 anberaumt wurde. Es erschien nun nicht angemessen, auf Grund eines Tarifes, dessen Bestand in Frage gestellt war, in den Vertragsverhandlungen fortzufahren.

Die Verhandlungen wurden daher am 12. August 1891 abgebrochen, die schwebenden Differenzen festgestellt und die Wiederaufnahme der Verhandlung bis nach der Volksabstimmung vorbehalten.

Diese fiel, wie wir hier sofort hinzufügen wollen, zu Gunsten des Tarifes aus, worauf und nachdem mittlerweile die Vertragsverhandlungen mit Italien zu Ende geführt worden waren, der Handelsvertrag Österreich-Ungarns und der Schweiz zum Abschlusse gelangte.

Die Vertragsverhandlungen mit Italien unter der Führung Malvanos wurden am 19. August 1891 aufgenommen, in München gepflogen, am 25. September kurz unterbrochen und ergaben das für die „Solidarität" der deutschen und österreichisch-ungarischen Kompaciscenten charakteristische Resultat, daß am 27. Oktober der Vertrag zwischen Italien und Deutschland abgeschlossen wurde, während mit Österreich-Ungarn ganz erhebliche Differenzen obwalteten. Es handelte sich um die erhöhten Leinengarnzölle Italiens, welches überhaupt infolge vorgeschrittenen Protektionismus von allen seinen Industrialzöllen nur wenig abging, während es an den Zugeständnissen Österreich-Ungarns aus den früheren Verträgen, namentlich vom Jahre 1887, zähe festhielt. Einen Moment schien es, daß trotz aller Kooperation der Vertrag zwischen Österreich-Ungarn und Italien scheitern werde — es war am 9. November, wo unmittelbare Konferenzen mit der italienischen Regierung gepflogen wurden — mit dem Ergebnisse, daß Österreich-Ungarn in den Leinengarnzöllen nachgab. Es war auch bei dem Stande der Dinge für Österreich-Ungarn, das dabei hauptsächlich von Baron Kalchberg vertreten wurde, außerordentlich schwer, es auf einen Bruch ankommen zu lassen, zumal dadurch nicht bloß der Vertrag mit Italien, sondern auch infolge der Verquickung aller Verträge die „Zollunion" Mitteleuropas hätte zunichte werden müssen. Wir werden diesen Vertrag Österreich-Ungarns noch später würdigen.

Es erübrigt uns noch, mit einigen Worten des Handelsvertrages mit Belgien zu gedenken. Auch in den schlimmsten Zeiten kosmopolitischer Handelspolitik hatte Österreich-Ungarn keinen Tarifvertrag mit Belgien und begnügte sich, die gegenseitigen Handelsbeziehungen auf dem Boden der Meistbegünstigung zu regeln. Daß es trotz der bösen Erfahrungen an der englischen Konvention mit Belgien, dem kleinen Staate, der soviel wie nichts zu bieten hatte und auch nichts bot, einen Vertrag einging, durch welchen die Monarchie sich verpflichtete, eine stattliche Reihe von Zöllen auf 12 Jahre nicht zu ändern beziehungsweise eine Änderung von der Zustimmung dieses Zwergstaates abhängig zu machen, daß Österreich-Ungarn ohne jegliches Interesse an einem solchen Vertrag lediglich dem Phantom einer Zolliga zuliebe oder richtiger gesagt aus Willfährigkeit zu seinem deutschen Alliierten sich zu einem solchen, schon des Präjudizes wegen, mißlichen Vertragsschlusse herbeiließ, bleibt eine Verirrung, welche merkwürdigerweise weder in der Öffentlichkeit noch in der Legislative gebührend gegeißelt wurde. Bezeichnend genug wurden die Verhandlungen mit Österreich-Ungarn in Berlin durch den dortigen belgischen Gesandten Baron Greindl und den österreichisch-ungarischen Botschafter daselbst geführt.

So wurde denn dieser vierfache Handels- und Zollvertrag der österreichisch-ungarischen Monarchie mit dem Deutschen Reiche, Italien, der Schweiz und Belgien samt zwei Übereinkommen mit dem Deutschen Reiche, betreffend die Viehseuchen und das Patent-Marken- und Musterwesen aufgebaut, welche insgesamt am 6. Dezember 1891 zu Wien von dem Minister des Äußern, Grafen Kalnoky, und dem deutschen Botschafter, Prinzen Reuß, unterzeichnet und am 7. Dezember desf. J. dem österreichischen Abgeordnetenhause zur verfassungsmäßigen Behandlung vorgelegt wurden.

Unmittelbar nach Eröffnung der Ausschußberatung ergriff der k. k. Handelsminister das Wort, um namens der k. k. Regierung eine Erklärung abzugeben, welche nach Form und Inhalt in hohem Grade geeignet war, die allgemeine Beachtung in Anspruch zu nehmen. Dieselbe lautet:

„Die durch Zusammenwirken der Staaten des Dreibundes zustande gebrachten Verträge bilden ein einheitliches Ganze; es kann keiner für sich abgelehnt werden, wenn ein anderer aufrecht bleiben soll. Es ist dies nicht so, weil die Regierung es so wünscht, sondern diese Verträge sind absichtlich in ihrem inneren Gefüge in einander verklammert worden. Wir wollen dieses wirtschaftliche Gebiet sichern und später erweitern. Das Gelingen dieses Werkes, welches die öffentliche Meinung für sich hat, lassen wir nicht in Gefahr bringen. Die Regierung müßte daher jede Verantwortung für alle Schritte ablehnen, welche in der Richtung wirken würden, das Gefüge der zusammenhängenden Verträge zu lockern. Die Regierung muß daher auf der gleichzeitigen, selbstverständlich unveränderten und baldmöglichsten Annahme des ganzen Vertragskomplexes bestehen."

Diese entschiedene Erklärung war durch die abfällige Beurteilung des Vertrages mit Italien in und außer dem Parlamente veranlaßt worden. In diesem Vertrage war nicht nur der status quo mit seinem Mißverhältnisse zwischen bedeutenden Zugeständnissen österreichisch-ungarischerseits und stetig geschmälerten Gegenleistungen Italiens bewahrt, sondern sogar in zwei wesentlichen Punkten verschlechtert worden. Wir wollen diese Angelegenheit, welche viel Erregung unter den böhmischen Flachsspinnern und namentlich in dem weinbautreibenden Süden der Monarchie erzeugte, hier sofort erörtern, umsomehr als es im übrigen kaum erforderlich sein dürfte, sich mit diesem Handelsvertrage, welcher, wie gesagt, in der Hauptsache eine Reproduktion des früheren Vertrages vom Jahre 1887 ist, sich in eingehender Weise zu befassen. Unter den Fabrikaten, welche Österreich nach Italien exportierte, standen Leinengarne seit jeher als der größte und wichtigste Zweig vornan. Schon in dem früheren Vertrage war der altgewohnte einheitliche Zoll von 11 Lire 50 Centimes für rohe und gebleichte Leinengarne nur dadurch gerettet worden, daß man Italien die Option zwischen diesem und österreichisch-ungarischen erhöhten Seidenzöllen überließ. Diesmal war Italien in der Lage, seiner stetig wachsenden protektionistischen Tendenz keine Gewalt anthun zu müssen; es blieb zäh und unnachgiebig bei den neu eingeführten Staffelzöllen von 17 Lire 50 Centimes und 22 Lire und Österreich war infolge der früher erwähnten „Kooperation" mit Deutschland außer stande, es auf einen Bruch ankommen zu lassen. Man begnügte sich schließlich damit, daß Italien endlich sich herbeiließ, den höheren Zoll erst bei Nr. 35 anstatt bei Nr. 25 eintreten zu lassen, während der österreichische Export sich zumeist in den Feinheitsnummern 20 bis 40 bewegt.

Die Regierung erklärte, daß „ihrerseits nichts unversucht geblieben ist, um für diese Gruppe bessere Bedingungen zu erzielen“ und daß sie schließlich „die Verantwortung, die gesamte Verständigung an diesem Punkte scheitern zu lassen, umsoweniger zu übernehmen vermochte, als nach dem sonstigen Inhalte des Vertrages seitens Italiens in vollkommen loyaler Weise zahlreiche Kompensationen gegeben worden sind, welche für die Totalität der Verkehrsbeziehungen als vollwichtig angesehen werden können.“

Vergeblich suchen wir in dem Tarife diese von Italien in „vollkommen loyaler Weise“ gewährten Kompensationen. Wohl weist der durch den Vertrag gebundene Tarif Italiens eine größere Zahl von Tarifpositionen aus, welche gegenüber dem italienischen Generaltarif teils eine Ermäßigung, teils eine bloße Bindung bedeuten und in dem früheren Handelsvertrage nicht figurierten. Allein diese neu hinzugekommenen Tarifzugeständnisse betreffen fast durchwegs Warengattungen, welche Österreich-Ungarn gar nicht oder nur in geringstem Maße nach Italien exportiert und welche vielmehr ein Exportinteresse Deutschlands bedeuten.

Als solche Warengattungen sind beispielsweise hier anzuführen: Säuren, Alkaloide, Oxide, Farbstoffe und Firnisse, wie überhaupt all' die zahlreichen chemischen Hilfsstoffe und Produkte, welche bekanntlich Specialitäten der deutschen chemischen Industrie sind, Wollengarne und Wollengewebe, Strumpfwaren, Teppiche, Sammete, zum großen Teile auch Eisen und Stahlwaren, dann die zahlreichen Maschinen, welche wohl die Schweiz und Deutschland aber nicht Österreich nach Italien zu bringen imstande ist, Uhren, namentlich Schwarzwälderuhren u. s. w.

Daß in dem an Österreich-Ungarn gewährten Konventionaltarife Italiens überhaupt derlei fremde Artikel sich präsentieren, ist nur eine Folge der gewissen „Kooperation“ mit dem Deutschen Reiche, welche Italien veranlaßte, auch uns das anzurechnen, was es dem solidarischen Deutschland gewährt hatte, so daß auch die Konventionaltarife für beide Kooperierenden identisch sind.

Es kann also hier, wo es sich um die Feststellung der geschichtlichen Wahrheit handelt, nicht zugegeben werden, daß Italien für die Verweigerung des schwerwiegenden Leinengarn-Zolles andere zahlreiche Kompensationen gewährt habe.

Mit mehr Grund konnte sich die Regierung darauf berufen, daß bei alledem auch die neuen Garnzölle in der Regel 8—10 % des Wertes nicht überschreiten und als eine unerschwingliche Zollast nicht erklärt werden können. Was aber unbestreitbar bleibt, ist jedenfalls die Thatsache, daß durch diese Verschlechterung die seither ungünstige Bilanz aus den Vertragsschlüssen mit Italien noch ungünstiger gestaltet wurde. Mit Recht erklärte die Wiener Handelskammer warnend, noch vor dem Vertragsabschlusse (9. Juli 1891), daß der letzte Vertrag vom 7. Dezember 1887 statt eines Erfolges die entgegengesetzte Wirkung hatte, daß Österreich damals viele Konzessionen brachte, welche Italien mit bedeutenden Zollerhöhungen erwiderte. Thatsache sei es bei dem Leinenexporte, daß derselbe gegenüber der Summe vom Jahre 1887 um ein Drittel herabgegangen sei. Nach der italienischen Statistik betrug der Export Österreich-Ungarns nach Italien

im Jahre	1887	250	Mill. Lire,
" "	1888	138	" "
" "	1889	165	" "
" "	1890	145	" "

jener von Italien nach Österreich-Ungarn

im Jahre	1887	95	Mill. Lire
" "	1888	88	" "
" "	1889	95	" "

Wie groß Deutschland im Laufe der letzten Jahre als Konkurrent Österreichs in Italien geworden, beweist, daß seine Einfuhr dahin

von	84	Mill. Lire im Jahre	1882
auf	144	" " " "	1888

gestiegen ist.

Viel Staub wirbelte die schon in dem Schlußprotokolle zu dem Handelsvertrage mit Italien vom 7. Dezember 1887 aufgenommene und in dem neuen Vertrage bloß wiederholte Verpflichtung der österreichisch-ungarischen Regierung auf, daß „im Falle, als während der Dauer des Vertrages ein Zollsatz von 5 Lire 77 Centimes oder ein geringerer für die Einfuhr von Weinen in Italien aufgestellt würde," auch Österreich-Ungarn „ipso facto" den italienischen Weinen den in älteren Handelsverträgen beruhenden Begünstigungszoll von 3 fl. 20 kr. per 100 Kilo zugestehen werde. Dieser Begünstigungszoll datiert noch aus den Zeiten, wo Österreich-Ungarn italienische Provinzen besaß und wurde im Jahre 1878 auf alle italienischen Weine unter dem Titel des Grenzverkehrs als ein Sonderzoll ausgedehnt. Er äußerte auch lange Zeit keine Nachteile, wenigstens wurden keine Klagen laut, und die Ausfuhr von österreichisch-ungarischen Weinen nach Italien war unter dem Regime dieses Zolles sogar größer, als jene Italiens nach Österreich-Ungarn. Im Jahre 1887 wünschte Italien sich mit seinem Weinzolle nicht zu binden, weil es Frankreich gegenüber damit eine wichtige Waffe in der Hand zu behalten wähnte und behielt sich, an Stelle des Zolles selbst, jene Option vor, welcher sich, wie wir an früherem Orte erwähnt und mißbilligt haben, Österreich-Ungarn bereitwilligst fügte. Und nun nach mehrjährigem Bestande dieser Klausel entfachte sich ein heftiger Sturm gegen die der italienischen Einfuhr gewährte Begünstigung, welcher namentlich von Dalmatien und Südtirol ausging, deren Absatz nach der Monarchie, nach der Schweiz und Deutschland die Furchtbarkeit der italienischen Konkurrenz erst in den jüngsten Jahren kennen gelernt hatte. Die Weinproduzenten dieser an Erwerbsquellen so armen Länder witterten ganz richtig die Gefahr; sie kannten die Anstrengungen, welche die italienische Regierung in der Schweiz, in Deutschland machte, um den großenteils äußerst billigen, zum Verschnitte wohl geeigneten, wenn auch im Geschmack wenig geläuterten Weinen durch die Errichtung von önotechnischen Prüfungsanstalten im Auslande, durch accreditierte Handelsunternehmungen und sonstige Mittel der Förderung weiten Absatz zu verschaffen und für den infolge des Zollkrieges verlorenen Markt Frankreichs einen Ersatz zu finden. Wenn die Regierung wiederholt vertröstete, es werde Italien von dem eingeräumten Rechte keinen Gebrauch machen, so hat die Erfahrung seither gezeigt, daß sie weniger gut informiert war als die Interessenten. Italien hat nämlich von seinem Rechte Gebrauch gemacht und der Import von Italien in Wein hat seitdem ungeahnte Dimensionen angenommen. Die schlimmsten Befürchtungen gingen in Erfüllung. Soweit, was den Vertrag mit Italien anbelangt.

Nicht anders war es mit dem Vertrage mit der Schweiz bestellt.

Dieser Vertrag bedeutete eine Verschlechterung des status quo. Während Österreich-Ungarn kein einziges seiner mitunter recht schwer wiegenden Zugeständnisse zurückzog und der Schweiz zuliebe die im Vertrage vom Jahre 1888 eingeräumten Durchbrechungen des österreichisch-ungarischen Zolltarifes unversehrt blieben, ließ es sich von der Schweiz gefallen, daß gar viele seiner Exportartikel mit einem höheren Vertragszolle belegt wurden, als zuvor.

Soweit es sich dabei um Vieh und gewisse Nahrungsmittel handelt, kann man auch hinzufügen, daß die Zollast nicht unbeträchtlich sei, während bei Industrieerzeugnissen das absolute Ausmaß des Zolles immerhin noch erträglich ist. Hier einige Beispiele:

9*

	Zollsätze in Franks	
	v. 6. Dez. 1891	b. dah. geltende
Stärke	1.25 2.50	0.60
Hohlglas	3.—	1.50
Holzwaren, roh	10.—	4.—
„ poliert, lackiert .	25.—	16.—
„ geschnitzt . . .	38.—	16.—
„ andere	30.—	16.—
Lederwaren	60.—	30.—
Lederschuhe, grobe	40.—	30.—
Lederschuhe, feine	60.—	30.—
Handschuhe, lederne . . .	150.—	30.—
Essig	10.— 30.—	4.50
Fleisch, geschlachtet . . .	4.50	3.—
Fleisch, geräuchert u. s. w. .	6.—	4.—
Weintrauben	3.50	2.50
Obst, gedörrt u. s. w. . .	2.50	1.50
Druck- u. Schreibpapier . .	8.—	3.— 7.—
Rinder, geschaufelt . . .	18.—	12.—
Jungvieh	12.—	5.—
Kälber bis 60 k	5.—	3.—
Schweine über 60 k . . .	6.—	5.—
Feine Quincaillerie . . .	120.—	30.— 16.—
Gemeine Quincaillerie . .	50.— 30.—	16.—

Dagegen blieben die im Jahre 1888 erzielten Vertragszölle unverändert bei nachfolgenden Artikeln: Getreide- und Hülsenfrüchte, Mehl, Malz, Raps, Holz fast aller Art, Butter, Bier.

Vergleichen wir dagegen jene speciellen Zugeständnisse, welche Österreich-Ungarn zu Gunsten des schweizer Exportes in dem Vertrage machte.

	Zollsätze in Gulden		
	vom 10. Dez. 1891	bis dahin geltende	
Hartkäse in mühlsteinförmigen Laiben über 50 k	5	5	(andere Fassung)
Kakao	45	50	
Kondensierte Milch	20	20	wie bisher
Teig u. Suppen u. s. w.	15	15	wie bisher

	Zollsätze in Gulden 10. Dez. 1891	bis dahin geltend
Baumwollgarn, roh, Nr. 50—60, . .	14	wie bisher
über Nr. 60 . . .	12	
Feine Baumwollwaren, roh, zum Besticken	35	40
Tüll, roh, zum Besticken	35	40
Feinste Baumwollwaren, zum Besticken	70	140
Vorhangstickerei	150	225
Andere Stickereien	200	
Seide, weißgemacht u. s. w.	35	wie bisher
Floretseide, gefärbt u. s. w.	35	wie bisher
Seidenwaren, gestickt	400	wie bisher
Seidenbeuteltuch	200	wie bisher
Glatte Glanzseidenwaren u. Armuren	200	wie bisher
Fleischextrakt, konsistent	30	bisher 40 fl.
„ flüssig	15	
Sohlleder	15	18
Webervögel u. Transportbecher . . .	15	25
Lederne Maschinentreibriemen . . .	22	25
Schiffsdampfmaschinen u. Elektro-Dynamos	5	5
Calander, Werkzeugmaschinen . . .	5	5
Taschenuhren u. Gehäuse	1.— bis 0.30	wie bisher.

Gegenüber der Verschlechterung des Vertrages für den österreichisch-ungarischen Export, ergiebt sich hieraus eine Verbesserung für die schweizer Exportinteressen, ein Facit, welches für die Geschicklichkeit und Kraft der schweizer Unterhändler ein ganz schönes Zeugnis liefert.

Der Berichterstatter über diesen Vertrag im österreichischen Abgeordnetenhause fand hierfür kein tadelndes Wort in seinem Berichte. Wahrscheinlich soll die lange Liste jener Artikel, welche in dem früheren Vertrage vom Jahre 1888 nicht enthalten waren und in dem neuen Vertrage von Seite der Schweiz zugestanden erscheinen, eine Kompensation bilden, ähnlich wie wir es bereits an dem Vertrage mit Italien erlebt haben. Die Erklärung ist indes einfach. Der Vertragstarif, welchen die Schweiz hier bietet, ist identisch mit jenem, welchen sie Deutschland zugestand. Diese lange Reihe von neu aufgenommenen Artikeln mag wohl den großen deutschen Export interessieren, hat für Österreich-Ungarn indes kaum eine mehr als ganz ausnahmsweise nennenswerte Bedeutung.

Das Urteil über diesen Vertrag ergiebt sich von selbst. Wenn hier etwas noch hinzuzufügen ist, so ist es das Bedauern, daß von der Schweiz nicht das Zugeständnis eines Zollkartells behufs besserer Handhabung der Grenzbewachung und Unterdrückung des eben hier schwunghaft betriebenen Schmuggels zu erreichen war. Die geringfügigen Zugeständnisse bezüglich einzelner Zollstraßen illustrieren unser unbefriedigtes Bedürfnis in dieser Hinsicht am besten.

Übergehend zu dem Handels- und Zollvertrage mit dem Deutschen Reiche bemerken wir vor allem, daß die Grundsätze über die Behandlung des wechselseitigen Verkehres bis auf einige Neuerungen wesentlich dieselben wie im früheren Handelsvertrage sind und daß auch die bisherige Fassung dieser Stipulationen vorsichtig beibehalten wurde, ein Vorgang, welcher übrigens auch gegenüber den anderen Vertragsstaaten beobachtet wurde, so daß uns trotz alles zollunionistischen Gehabens vier nach Wortlaut und Inhalt ganz verschiedene Verträge vorliegen und daß nur in den Vertragstarifen die einem dieser Kompaciscenten eingeräumten Zollermäßigungen und Bindungen auch in dem zweiten und dritten Vertrage wiederholt erscheinen. Als Ausnahmen von dieser Regel und charakteristisch für den Wandel der zollpolititschen Grundsätze im internationalen Verkehre sind indes einige Neuerungen hier kurz zu berühren. Während früher die bestehenden Staatsmonopole als leidige Anomalieen bloß geduldet und eine Vermehrung derselben ausgeschlossen war, ist jetzt im Artikel 1 die Befugnis anerkannt, auch andere Artikel zu monopolisieren. Das regelmäßige Verbot aller Ausfuhrprämien, des ärgsten Auswuchses des Protektionismus, diese Versehmungsklausel, welche in keinem größeren Vertrage alten Stiles fehlte, erscheint diesmal einfach gestrichen.

Hervorzuheben ist auch, daß die zollbegünstigte Behandlung wechselseitig allen Waren zugesichert wird, welche „aus dem freien Verkehre“ des anderen Teils kommen, wie es auch in den vorangegangenen Tarifverträgen mit Deutschland stipuliert war. Für den Verkehr mit Italien, Belgien und der Schweiz dagegen wird die Anwendung der Vertragszölle nur insofern gewährt, als die Waren eigene Erzeugnisse des betreffenden Landes sind, ein immerhin belangreicher Unterschied, welcher sich z. B. in einem Zollkriege mit Rußland in dem Falle praktisch fühlbar machen müßte, wo russische Erzeugnisse in Österreich-Ungarn eintreten, um je nach dem daselbst geltenden Zollregime verzollt oder unverzollt in dessen freien Verkehr zu treten und auf diesem Umwege, gefeit gegen Retorsionszölle nach Deutschland als zollbegünstigte Ware zu gelangen.

Gleichlautend mit den Bestimmungen des früheren Handelsvertrages vom 23. Mai 1881 sind die Artikel 15—18, betreffend den Eisenbahnverkehr. Gleiche Behandlung der Transporte, Erleichterungen durch Bahnanschlüsse, direkte Tarife, Zollvereinfachungen u. s. w., nur fand man notwendig, im Schlußprotokoll sich verhüllt, indes verständlich genug dagegen zu verwahren, daß auch die den eigenen Export begünstigenden Tarife von dem fremden Importe beansprucht werden.

Die Begünstigungen des Grenzverkehrs, auch insofern sie den wechselseitigen kleinen Verkehr in Mehl, Brot, Butter, Fleisch betreffen, wurden aufrechterhalten.

Das Zollkartell blieb im wesentlichen unverändert.

Die von Österreich-Ungarn eingeführten Differentialzölle für den Seeverkehr wurden von Deutschland anerkannt; es begnügte sich mit dem Vorbehalte, für dieselben Artikel in seinem Seeverkehre die gleichen Zollnachlässe zu gewähren.

Wenden wir uns nun zu den Tarifen, der Hauptsache des ganzen Vertragswerkes.

Wenn wir in dem Konventionaltarife für das deutsche Zollgebiet uns an diejenigen Artikel halten, welche bekanntermaßen namhafte Teile des österreichisch-ungarischen Exportes bilden und die darin ebenfalls enthaltenen an die Adresse der Schweiz und Italiens gerichteten Zugeständnisse beiseite lassen, so ergiebt sich folgendes Bild.

Wichtigere Zollbegünstigungen:

	Zollsatz in Mark per 100 Kilo nach dem neuen Vertrage	Zollsatz in Mark per 100 Kilo bish. geltender Vertrag
Getreide, Mehl: Weizen	3.50	5.—
Roggen	3.50	5.—
Hafer	2.80	4.—
Hülsenfrüchte	1.50	2.—
Gerste	2.—	2.25
Raps	2.—	2.—
Mais	1.60	2.—
Malz	3.60	4.—
Mehl	7.30	10.50
Andere Bodenfrüchte: Obst getrocknet	4.—	4.—
Znaimer Gurken	4.—	60.—
Hopfen	14.—	20.—
Anis, Koriander, Kümmel	3.—	3.--
Wein	20.—	24.—
Bau- und Nutzholz: roh	0.20	0.20
vorgearbeitet	0.30	0.40
gesägt	0.80	1.—

	Zollsatz in Mark nach dem neuen Vertrage	Zollsatz in Mark bish. geltender Vertrag
	per Stück	
Tiere u. tierische Produkte: Pferde	20.—	20.—
Ochsen	25.50	30.—
Jungvieh	5.—	6.—
Kälber	3.—	3.—
Schweine	5.—	6.—
Schafe	1.—	1.—
	per 100 Kilo	
Butter	16.—	20.—
Fleisch	15.—	20.—
Schweinefleisch	17.—	20.—
Geflügel, lebend	12.—	30.—
Wild	20.—	30.—
Eier	2.—	3.—
Fabrikate, Glas: Weißes Hohlglas	8.—	8.—
Spiegelglas roh.	3.—	3.—
Glas, farbiges, geschliffenes	15.—	30.—
" bemaltes, vergoldetes	20.—	30.—
Behänge von Glas u. s. w.	12.—	24.—
Glaswaren in Verbindung	24.—	30.—
Holzwaren: grobe Böttcher-, Drechsler, Tischler- und Wagnerarbeiten	3.—	3.—
Parkettbodenteile	5.—	6.—
Hölzerne Möbel	10.—	10.—
Feine Holzwaren	30.—	30.—
Instrumente: musikalische (ohne Klaviere)	20.—	30.—
Konfektion: Kleider und Leibwäsche, auch Putzwaren	300.—	300.—
Herrenhüte, aus Filz	180.—	180.—
Damenhüte, aus Filz, per Stück	—.80	1.—
" andere, garniert, per Stück	1.—	1.—
Hüte, nicht besonders benannte, per Stück	—.20	—.20
Quincailleriewaren, feine, u. s. w.	175.—	200.—
Schmuck, aus unedlen Metallen	100.—	200.—
Fächer	200.—	200.—
Lederwaren, feine	65.—	70.—
Handschuhe	100.—	100.—
Leinengarn u. Leinwand: Garn bis Nr. 8, roh	5.—	5.—
" Nr. 8 bis 20, "	6.—	6.—
" Nr. 20 bis 35	9.—	9.—
" über Nr. 35	12.—	12.—
Leinwand bis 40 Fäden auf 4 cm.	12.—	12.—
" mit 41—80 Fäden auf 4 cm.	24.—	24.—
Damast	150.—	150.—

		per 100 Kilo
Papier: Packpapier	3.—	4.— / 6.—
Druck- u. Schreibpapier	6.—	10.—
Thonwaren: Porzellan, weiß	10.—	14.—
" farbig	20.—	30.—
Wollengarn: roh, einfach	8.—	8.—
doubliert	10.—	10.—

Dies ist die Summe der wesentlichsten Zugeständnisse Deutschlands. Die Liste ist kurz, jedoch in der Hauptsache vollständig. Die lange Reihe von Zollpositionen, welche aus dem deutschen Zolltarife unverändert in den Vertrag hinüber genommen wurden, ohne Aussicht, daß je eine nennenswerte Menge aus Österreich-Ungarn die deutschen Zollschranken passieren werde, welche darnach behandelt werden könnte, haben wir einfach weggelassen. Kein Fachmann, kein praktischer Geschäftsmann wird uns Unrecht geben. Haben wir etwa die geringste Hoffnung, in den 12 nächsten Jahren Baumwollgarne, Baumwollwaren, Chemikalien, wie sie im Vertragstarife figurieren, ebenso die vielen Eisenwaren, Metallwaren, Halbseidenwaren u. s. w., welche breiten Raum im Vertragstarife einnehmen, nach Deutschland zu exportieren, jenem Industrielande, welches gerade in diesen Industriezweigen nicht nur uns, sondern fast der ganzen Welt überlegen ist? Was soll daher die Aufnahme solcher Zollpositionen in den Tarif? Auch der Einwand, daß Deutschland ebenso, sowie Österreich-Ungarn einen einheitlichen Vertragstarif gegenüber allen vier Staaten, mit welchen es gleichzeitig Handelsverträge schloß, aufstellen wollte, reicht nicht zur Begründung des eben charakterisierten Vorganges aus. Auch Italien und die Schweiz hat an den meisten dieser Zollpositionen kein Interesse. Es bleibt daher zur Erklärung nur die alte freihändlerische Marotte übrig, den eigenen Tarif möglichst „festzulegen", um weiteren Evolutionen des Protektionismus gründlich vorzubeugen.

Wie wir schon durch die Ziffern der deutschen Handelsausweise nachgewiesen haben, ist die Zahl von Fabrikaten, welche Österreich-Ungarn in größerer Menge nach Deutschland exportiert, außerordentlich gering. Der bedeutendste Artikel ist Leinengarn und wir sehen denselben einfach mit den Zöllen des autonomen deutschen Tarifes gebunden. Was die Zölle für Papier, Glas und Thonwaren betrifft, so werden wir später beim österreichisch-ungarischen Tarife zeigen, daß beiderseits das Bestreben obwaltete, diese Warengattungen thunlichst mit denselben Zöllen zu belegen. Im übrigen beleuchtet die oben angeführte Liste die thatsächliche Erscheinung, daß Deutschland mit Zollermäßigungen für Fabrikate außerordentlich zurückhaltend war. In der Regel wurde keine Veränderung des Zollsatzes zugestanden; nur ganz ausnahmsweise, wo grelle Unbilligkeiten im Zollausmaße die österreichisch-ungarische Ausfuhr unmöglich machten, wie z. B. bei Schmuck aus unedlen Metallen, bemerken wir starke Zollherabsetzungen.

Wir werden daher die Zugeständnisse des Deutschen Reiches auf tarifarischem Gebiete anderswo suchen müssen, und zwar auf dem Boden der Agrarzölle.

In der That finden wir in dem Vertragstarife die Zölle für Weizen, Roggen, Hafer und Mehl um beiläufig 30 %, für andere Getreidegattungen, welche speciell Österreich interessieren, wie Gerste und Malz um 10 %, für die übrigen Bodenfrüchte indes nicht ermäßigt. Die Holzzölle finden wir um 20—25 % ermäßigt, wobei aus dem Motivenberichte der Regierung zu entnehmen ist, daß die Herabsetzung des deutschen Rundholzzolles absichtlich nicht begehrt wurde, um den inländischen Sägereibesitzern die Konkurrenz zu erleichten. Was die weitere wichtige Gruppe der Zölle für Tiere und tierische Produkte anbelangt, so läßt sich über das Ausmaß der Zollnachlässe kein gemeinsames Urteil fällen. Der Hauptartikel der österreichisch-ungarischen Ausfuhr, nämlich Ochsen und Schweine, erfuhr eine Zollverbilligung von 15 %.

Im großen und ganzen genommen wird man sagen müssen, daß die Zollbegünstigungen auch auf diesem Gebiete sehr beschränkt und weit davon entfernt waren, das System des Zollschutzes der Land- und Forstwirtschaft, wie es Bismarck aufgestellt hat, zu erschüttern. Man darf dabei nicht übersehen, daß die bestehenden Zölle noch immer eine Belastung bis zu 20 und 25 % des Wertes bedeuten, eine Zollhöhe, welche auch heute noch manchem Industrieartikel, welcher keinen allgemeinen Lebensbedarf darstellt, versagt ist. Wenn insbesondere Ungarn mit hochgespannten Erwartungen an die Vertragsverhandlungen herantrat und unsere Exporteure vermeinten, daß die Holz- und Getreidezölle verschwinden werden, so war die Enttäuschung nicht gering. Man merkte auch der vorsichtigen Fassung des Motivenberichtes der Regierung an, wie sie selbst über diese Errungenschaften dachte. Es wird nicht zu bestreiten sein, sagte sie, „daß die vertragsmäßige Sicherstellung bestimmter Maximalzölle für zwölf Jahre an und für sich einen hohen Wert besitzt und daß bei geringeren deutschen Zöllen die Aussicht auf einen größeren und schlankeren Export des Überschusses der Monarchie naturgemäß steigen wird.“

In dem Kommissionsberichte des österreichischen Abgeordnetenhauses wurde die Frage, welchen Einfluß die erwähnten Zollermäßigungen auf den

Getreideexport der österreichisch-ungarischen Monarchie zu nehmen geeignet sind, als eine solche erklärt, welche von der Vorfrage abhängig wäre, „ob die uns vom Deutschen Reiche zugestandene Ermäßigung in näherer oder fernerer Folge auch der Einfuhr aus Rußland zugute kommen werde, welches letztere Reich bekanntlich in keinerlei zollpolitischem Vertragsverhältnisse zu Deutschland steht, eine Vorfrage, für deren definitive Beantwortung verläßliche Elemente heute allerdings kaum noch vorhanden sind."

Nun, heute, wo Deutschland nach einem Zollkriege sich definitiv mit Rußland verständigt hat, wissen wir, daß die differentielle Begünstigung der österreichisch-ungarischen Getreide- und Holzeinfuhr allerdings eingetreten ist, ohne deshalb die Einfuhr Rußlands wesentlich zu beschränken. Dazu war auch die Marge von 1,50 Mark und 10—20 Pfennige bei Holz nicht bedeutend genug. Was wir aber mit Bestimmtheit voraussehen konnten, daß diese differentielle Begünstigung über kurz oder lang aufhören wird, ist in dem Momente, wo diese Schrift zum Drucke gelangt, nahe daran, einzutreten.

Das Schwergewicht der Zugeständnisse Deutschlands lag in dem Abschlusse eines Übereinkommens, durch welches die so lang dauernde Grenzsperre gegen den Import von Rindern beseitigt werden sollte.

Es ist deshalb notwendig, diesem Viehseuchen-Übereinkommen näher zu treten. Dasselbe ist zum großen Teile mit dem gleichen Übereinkommen, welches Österreich-Ungarn mit der Schweiz geschlossen hatte, übereinstimmend, enthält jedoch in den Artikeln 4, 5 und 7 hinsichtlich der Rinderpest, der Lungenseuche und der gegenseitigen kommissarischen Informationen über veterinärpolizeiliche Einrichtungen und die Handhabung der Seuchengesetze Abweichungen, welche auf eine größere Strenge der Bedingungen, unter welchen der freie Viehverkehr gestattet wird, hinauslaufen.

Artikel 4 lautet: „Wenn die Rinderpest in dem Gebiete eines der vertragschließenden Teile auftritt, so steht dem anderen Teile das Recht zu, die Einfuhr von Wiederkäuern, Schweinen und tierischen Stoffen, sowie von giftfangenden Gegenständen zeitweise zu verbieten oder zu beschränken." Thatsächlich ist weder in Deutschland noch in Österreich-Ungarn seit Jahren und zwar seitdem die Grenze gegen Rußland strenge abgeschlossen worden, ein Fall des Wiederauftretens der Rinderpest eingetreten. Bei der Tragweite dieser Bestimmung ist auch für beide vertragschließende Teile die Möglichkeit, ihre Grenze für den Viehverkehr mit Rußland oder den Balkanstaaten zu öffnen, wenn nicht benommen, doch enge beschränkt.

Artikel 5 besagt, daß, solange die Lungenseuche in den Viehbeständen herrscht, die Einfuhr von Rindern aus den verseuchten Gebieten untersagt werden kann. In diesem Falle muß das Rind aus nicht verseuchten Gebieten, welches gesperrte Gebiete passiert, um nach der Grenze transportiert zu werden, auf der Eisenbahn in amtlich verschlossenen Waggons unter Vermeidung jeder Umladung oder Zuladung schleunigst befördert werden.

Leider ist die Durchführung dieser liberalen Bestimmung, welche für Österreich-Ungarn um so wichtiger ist, als thatsächlich die Lungenseuche in Österreich-Ungarn noch immer vorkommt, durch eine Bestimmung des Schlußprotokolles an eine Bedingung geknüpft, welche die Anwendung des Artikels 5 auf Jahre lang hinausschiebt. Es sollen nämlich die Seuchengesetze mit den in Deutschland geltenden Gesetzen dahin in Übereinstimmung gebracht werden, daß die an Lungenseuche erkrankten Tiere zu töten sind und die mit den erkrankten Rindern in demselben Gehöfte untergebrachten Rinder während sechs Monaten aus dem Seuchengehöfte nicht entfernt werden dürfen, ausgenommen zum Zwecke der sofortigen Schlachtung in Österreich-Ungarn. Dies bedingt große Opfer des Staatsschatzes, zu welchen sich Ungarn noch nicht aufzuschwingen vermochte und so gilt denn an Stelle des Artikels 5 derzeit noch folgende Übergangsbestimmung, welche den Verkehr mit Rindern auf Schlachthäuser des Nachbarstaates beschränkt. Es heißt nämlich im Schlußprotokoll: Solange die Lungenseuche in den Viehbeständen des einen Teiles herrscht, ist der andere berechtigt, die Einfuhr aus den verseuchten Provinzen zu untersagen, aus anderen Gebieten aber dahin zu beschränken, daß die Tiere von der dem Ursprungsorte zunächst liegenden Eisenbahn in amtlich verschlossenen Waggons unter Vermeidung jeder Um- und Zuladung schleunigst an die Grenze und von hier aus „in öffentliche veterinär-polizeilich überwachte Schlachthäuser zur alsbaldigen Abschlachtung überzuführen sind."

Auf diese Weise ist derzeit der Verkehr mit Rindern in der Wesenheit auf die Zulassung von Zuchtvieh in knapp limitierter Zahl für die angrenzenden Wirtschaftsbesitzer — eine auch in den Zeiten der schlimmsten Grenzsperre aufrecht erhaltene und namentlich im Interesse der bayrischen Landwirte gelegene Ausnahme — und auf den Verkehr mit Schlachtvieh beschränkt und die Hoffnungen der Alpenländer, welche unter der Grenzsperre außerordentlich litten, und auch heute von der Möglichkeit, unmittelbar zum Schlachten bestimmtes Vieh auszuführen, wegen der Schwierigkeiten der Mastung geringen Gebrauch machen können — unerfüllt.

Aus alledem ergiebt sich wohl genügend klar, daß die Zugeständnisse Deutschlands karge und ängstlich bemessen waren.

Wenden wir uns nun zum anderen Teile des Vertragswerkes, der Prüfung nämlich, welche Bewandtnis es mit den Zugeständnissen Österreich-Ungarns, namentlich mit den an Deutschland zugestandenen Ermäßigungen der österreichisch-ungarischen Zölle hatte.

Entsprechend der natürlichen Interessenlage eines großen Industriestaates, welcher, wie es Deutschland ist, auf fast allen Warengebieten seine Überschüsse zu exportieren in der Lage ist, finden wir in dem Vertragstarife, zu welchem sich Österreich-Ungarn verstanden hat, fast alle wichtigeren Positionen des Zolltarifes, soweit es sich um Erzeugnisse der Industrie handelt. Es ist nicht leicht, die für diesen Export Deutschlands eingeräumten Zollbegünstigungen mit wenig Strichen zu kennzeichnen, und in Details sich tiefer einzulassen, würde den Rahmen dieser Erörterung überschreiten. Wir wollen uns daher an die großen Warengruppen halten und damit ein übersichtliches Bild des neuen Vertragstarifes schaffen.

In der Textilbranche finden wir zunächst, daß bei Baumwollwaren fast durchgehends mäßige Abstriche an den autonomen Zollsätzen vorgenommen wurden, welche zumeist 5 bis 10 fl. betragen, bei Wirkwaren, der bekannten Specialität Deutschlands 15 fl. erreichen und nur bei den feinsten Geweben höhere Sprünge zeigen, welche zumeist auf die genügend charakterisierten früheren Zugeständnisse an die Schweiz zurückzuführen sind. Wie nicht unerwähnt gelassen werden darf, beruhigte die Regierung in ihrem Motivenberichte bei diesem Anlaß, daß die Möglichkeit der Rückkehr des Appreturverfahrens, „unheilvollen Andenkens" wie der Ausschußbericht hinzufügte, vollkommen ausgeschlossen sei. Beträchtlicher waren die Zugeständnisse Österreich-Ungarns bei Seidenwaren. Sammete wurden von 400 fl. auf 300 fl., andere Halbseidenwaren von 250 auf 225 fl. herabgesetzt, während Ganzseidenwaren auf dem mit Italien vereinbarten Stande verblieben.

Dagegen wurden weder die Zölle für Wollenwaren noch jene für Leinen in ihrem Ausmaße alteriert und die Regierung betonte mit einiger, wohl verständlicher Genugthuung, daß eine Reduktion in der, für frühere handelspolitische Vereinbarungen typischen Gruppe der Wollwaren „hintangehalten" worden sei. So gingen dann die Zölle für Wollwaren, der bekannte Zankapfel zwischen Österreich und Ungarn unversehrt aus dem langen, heißen Kampfe hervor. Eine Vergleichung dieser Zölle mit jenen anderer Staaten Europas dürfte hier am Platze sein.

Wollwarentarif

	Italiens	Österreich-Ungarns in Francs	Deutschlands
a. Streichgarnstoffe im Gewichte per Quadratmeter:			
1. bis 200 Gramm	185	275	275
2. von 200—300 Gramm .	185	200	168

	Italiens	Österreich-Ungarns in Francs	Deutschlands
3. von 300—500 Gramm .	160	200	168
4. über 500 Gramm . . .	140	125	168
b. Kammgarnstoffe im Gewichte per Quadratmeter:			
1. bis 200 Gramm	250	275	275
2. von 200—500 Gramm .	220	200	168
3. über 500 Gramm . . .	190	125	168

Auch in der Gruppe der Garne wurde der status quo bis auf vereinzelte, nicht sehr wesentliche Ausnahmen steif festgehalten und die Regierung konstatierte namentlich bei den Baumwollgarnen mit Nachdruck, daß diese nicht wenig bestrittene Partie des Zolltarifes heil davon gekommen sei.

In der Konfektionsbranche finden wir eine erhebliche Änderung des Zollsatzes für die bekannten Berliner Damenmäntel, welche statt nach dem höchst belegten Bestandteile mit 40 % Konfektionszuschlage verzollt zu werden, wie es der autonome Tarif vorschreibt, mit 250 fl. per 100 Kilo zu belegen sind — ein Durchbruch des rationellen Zollsystems.

Wir kommen nun zu einer Reihe von Warengattungen, in welchen sowohl Österreich-Ungarn als Deutschland einen höheren Grad der Exportfähigkeit erlangt haben, ohne daß es bei den beiderseits hochgespannten Zollschranken möglich war, diesen Export im unmittelbaren Nachbarverkehre zu entfalten. Es sind dies Papier, Glas, Stein- und Thonwaren. Genauer genommen, hat jedes der beiden Reiche seine Specialität in der einen und anderen Gruppe. Während Österreich in Druck- und Schreibpapier voran ist, farbiges und geschliffenes Glas liefert, in Porzellan alle überflügelt, behauptet Deutschland seinen Vorrang in feineren Papieren, Tapeten, in Bouteillen, gepreßtem und Milchglas, dann in sogen. Steingut und Fayence.

Eine Ausgleichung in den beiderseitigen Zollsätzen wurde schon im Jahre 1877 von Österreich angeregt und erst jetzt gelang es, eine gewisse materielle Reciprocität in den Zollsätzen dieser Kategorie, welche bis nahe zur völligen Gleichheit der Zölle reicht, herzustellen. Nachfolgende Tabelle giebt ein Bild des gegenwärtigen Standes der beiderseitigen Vertragszölle dieser Art.

	Zollsätze in Mark Österreich-Ungarns	Deutschlands
Glas:		
Hohlglas, gemeines	3.—	3.—
" weißes	6.—	8.—
" geschliffen, gepreßt	12.—	12.—
Spiegelglas, roh	3.—	3.—
Glasbehänge	4.—	12.—
Glasperlen	4.—	2.—
Glas, farbiges	15.—	15.—
" bemalt	20.—	20.—
" in Verbindung ꝛc.	24.—	24.—
" Milch u. Alabaster	15.—	10.—
" optisches	100.—	12.—
Thonwaren:		
Chamottewaren	—.50 bis 1.50	—.50 bis 1.—
Retorten	2.—	2.—
Töpfergeschirr	1.—	1.—
Bodenbelagplatten	1.— bis 3.—	1.— bis 3.—
Thonwaren, nicht besonders benannte:		
einfarbig	8.—	8.—
mehrfarbig	16.—	16.—
Porzellan, weiß	10.—	10.—
" farbig	20.—	20.—
Papier:		
Löschpapier, grau	3.—	1.—
Packpapier	3.—	3.—
Pappendeckel	1.—	1.—
Druck- u. Schreibpapier	6.—	6.—
Papier, lithogr. u. vorgerichtet	10.—	10.—
Buntpapier	10.—	10.—
Gold- u. Silberpapier u. s. w.	20.—	10.—
Tapeten	36.—	24.—
Papierwaren	24.—	24.—
Papier in Verbindung u. s. w.	36.—	24.—

Wo die Parität nicht hergestellt erscheint, waren eben Rücksichten auf schutzbedürftige Industrieen vorhanden, wie dies namentlich bei Papier-Konfektion und Tapeten österreichischerseits gilt; andererseits ist nicht einzusehen, warum das österreichische Porzellan und das deutsche Steingut, welche beide in der Hauptsache ähnliche Wert- und Konsumverhältnisse aufweisen, nicht mit ganz gleichen Zöllen bedacht wurden. Ob die Erwartungen, welche von österreichischen Industriellen an die Erschließung des deutschen

Marktes in den hier behandelten Warengruppen geknüpft wurden, sich thatsächlich erfüllen werden, steht dahin.

Eine Gruppe, in welcher Deutschland der aufkeimenden österreichischen Industrie mächtig überlegen ist, bilden die Waren in Kautschuk, Leder, Wachstuch, dann die Bürstenbinder- und Kürschnerwaren. Alle diesfälligen Positionen des österreichisch-ungarischen Zolltarifes wurden teils gebunden, teils ermäßigt. Die beträchtlichsten Zollherabsetzungen betreffen:

Weiche Kautschukwaren	von	30.—	fl.	auf	25.—	fl.
Hartgummiwaren	=	50.—	=	=	40.—	=
Wachstuch	=	30.—	=	=	25.—	=
Sohlleder	=	18.—	=	=	15.—	=
Lackleder u. s. w.	=	18.—	=	=	9.—	=
Lederne Maschinentreibriemen	=	25.—	=	=	22.—	=
Lederwaren, feine	=	35.—	=	=	32.50	=
Pelzwerk	=	10.—	=	=	6.—	=
= konfektioniert gemeines	=	80.—	=	=	60.—	=
= = feines	=	200.—	=	=	150.—	=
Korbflechterwaren, gemeine	=	5.—	=	=	1.50	=
= feine	=	50.—	=	=	25.—	=
Spielzeug aus Holz	=	20.—	=	=	12.—	=
Bein- u. Hornknöpfe	=	50.—	=	=	25.—	=

Diese Kategorie von Zollermäßigungen ist charakteristisch für den Geist, welcher die Verhandlungen leitete. Aus dem vorstehenden Verzeichnisse blicken uns wohlbekannte deutsche Exportinteressen entgegen. Es lag auf der Hand, daß Deutschland sich kaum zu einem Vertrage verstehen werde, in welchem nicht diese, durch die Zollpolitik Österreich-Ungarns in ihrem gewohnten Absatze geschädigten Specialitäten ausgiebige Erleichterungen erfahren würden. Auch zeugt manche Ziffer von der eindringlichen Vertretung der deutschen Interessen; es muß aber auch anerkannt werden, daß die österreichische Vertretung die Verteidigung mit Zähigkeit und Umsicht führte. Wo bereits unter dem Einflusse der Schutzzölle beachtenswerte Industrieen sich gebildet oder gekräftigt hatten, wie z. B. in Kautschuk, Wachstuch, Sohlen- und Rindsleder überhaupt, sehen wir auch verhältnismäßig geringere Zollnachlässe; andere schwächere wurden dagegen geopfert, wie jene in Lackleder, Korbflechterei, Buchbinderei u. dergl. Immerhin war man in anerkennenswerter Weise bemüht, die Zölle nicht unter das Maß des Zolltarifes von 1882 herabsinken zu lassen. Mit anderen Worten, wenn sich die autonome Tarifpolitik Österreich-Ungarns zur Aufgabe gestellt hatte, neue Industrieen zu ermöglichen und vernachlässigte Zweige des Gewerbfleißes zu beleben, so bewirkten die Ergebnisse der Vertragsverhandlungen darin einen Halt. Auf diesem Felde liegt manches gescheiterte Unternehmen, welches mit großen Opfern ins Werk gesetzt wurde und der übergroßen deutschen Konkurrenz nicht mehr entgegentreten kann. Andererseits war dieses Opfer kaum zu ersparen.

Schwieriger noch und augenscheinlich oft genug eine Klippe, an welcher das ganze Vertragswerk zu scheitern drohte, waren die Zölle für Eisen- und Metallwaren. Wie aus den früher wiedergegebenen Nachweisungen über den Export Deutschlands nach Österreich-Ungarn zu entnehmen, haben die früher gewaltigen Ausfuhrmengen Deutschlands an Eisen- und Metallwaren sprunghafte Abfälle erlitten und es war daher begreiflich, daß eine Reduktion der Zölle auch hier eine conditio sine qua non für das Zustandekommen des Vertrages bildete.

Ausgehend vom Roheisen, welches vor der Tarifreform einen Zoll von 50 kr. hatte, durch letztere auf 80 kr. gehoben wurde und durch den Vertrag mit 65 kr. einen noch erträglichen Schutz behielt, sehen wir die lange Reihe von Eisenwaren erster, zweiter und dritter Verarbeitung mit Zollreduktionen von 15—25 % aus den Vertragsverhandlungen hervorgehen. Von mancher weitergehenden Zollherabsetzung abgesehen, deren Motive nicht zu erkennen sind und in den mannigfachen Einflüssen, welche bei einer so langen und schwierigen Verhandlung unablässig im Spiele sind, ihre Erklärung finden dürften, wie z. B. bei blanken Sägen (von 20 fl. auf 15 fl.), Schreibfedern, Nadeln verschiedener Art (50 fl. auf 30 fl.), lassen die Zollreduktionen ein ziemlich gleiches Maß ersehen, welches nie unter das Minimum des Standes vor der Tarifreform sinkt und verrät, wie sorgfältig man bei den Zugeständnissen die Grenze des Erträglichen im Auge behalten hatte. Solche grobe Fehler, wie sie früher beim italienischen und schweizer Vertrage zu rügen waren, kommen hier nicht vor. Mit der glücklichen Lösung des Tarifes für Eisen war der Vertrag gesichert; die zugestandenen Zollermäßigungen waren für Deutschland annehmbar, weil sie die Wiederaufnahme einer ernstlichen Konkurrenz ermöglichten, für Österreich-Ungarn war die Konkurrenz bei den neuen Zollsätzen schwieriger, aber noch zu bestehen.

Ähnliches ist von den Ermäßigungen der Zölle auf Maschinen (hauptsächlich von 8 fl. auf 7 fl. 50 kr.) und Fahrzeugen (Güterwagen von 7 fl. auf 6 fl. 50 kr., sonst Bindungen) zu sagen.

Ausgiebiger waren dagegen die Zollbegünstigungen in der Klasse der Instrumente und Kurzwaren, wo es sich um bedeutende Exportindustrieen Deutschlands handelte. So wurden im Zolle herabgesetzt:

Operngucker	von	200.—	fl.	auf	125.—	fl.
Klaviere	"	40.—	"	"	20.—	"
Schwarzwälderuhren	"	100.—	"	"	40.—	"
Gold- u. Silberfiligranwaren	"	300.—	"	"	200.—	"
Gold- u. Silberdraht u. Blech	"	200.—	"	"	100.—	"
Gold- u. Silberblatt, unecht	"	50.—	"	"	40.—	"
Leonische Drähte, echte	"	100.—	"	"	30.—	"
Fassungen für Augengläser	"	100.—	"	"	50.—	"
Kinderspielwaren mit Seide	"	100.—	"	"	75.—	"

Anders verhält es sich mit den Zollermäßigungen für chemische Produkte:

Salzsäure	"	—.50	"	"	—.30	"
Schwefelsäure	"	—.75	"	"	—.50	"
Pottasche über 50°	"	1.50	"	"	—.80	"
Bleichlaugen	"	3.—	"	"	1.50	"
Barytweiß	"	3.—	"	"	2.—	"
Holzessigsäure, Kalk u. Thonerde	"	6.—	"	"	3.—	"
Zinnpräparate	"	6.—	"	"	2.—	"
Blutlaugensalz	"	6.—	"	"	4.—	"
Theefarben	"	10.—	"	"	1.50	"
Chlorsaures Kali	"	10.—	"	"	6.—	"
Zündhölzchen	"	7.—	"	"	5.—	"

Das Schicksal der chemischen Industrie in Österreich wurde hier in traditioneller Weise neuerdings vollzogen. Nach einer kurzen Blütezeit, in welcher die an Zahl geringen, dabei indes bedeutenden chemischen Fabriken unter der Gunst der Zollverhältnisse ihren Produktionskreis zu erweitern vermochten, wurden sie durch die Zollreduktionen genötigt, viele Artikel, auf welche sie sich mit Kosten eingerichtet hatten, wieder aufzugeben. Nichtsdestoweniger kann man die Zollreduktion im Bereiche der chemischen Industrie nur als eine Passivpost in der großen Bilance, welche der Abschluß des Vertrages bildet, auffassen.

Wir können diese Bilance hier ziehen. — Was Österreich-Ungarn in die Wagschale legte, sind durchweg Verzichtleistungen auf den größeren und geringeren Schutz seiner eigenen Industrie; die Abstriche betragen in der großen Regel 20—25 % von der Ziffer der autonomen Tarife. Es ist richtig, was die Regierung hin und wieder und die Kommission des Abgeordnetenhauses stolz sagte, daß die Zollermäßigungen nirgends so weit gehen, um einer Industrie das Lebenslicht auszublasen. Im allgemeinen kann dies anerkannt und zum Verdienste der österreichischen Regierung angerechnet werden, welche eine ganz besondere und erfolgreiche Sorgfalt darauf verwendete, das Maß des Zulässigen nicht zu überschreiten.

Man kann getrost hinzufügen und als einen allgemeinen Gesichtspunkt aufstellen, was die Regierung in ihrem Motivenberichte durch die Vergleichung der Zölle von ehedem im einzelnen darzustellen nicht unterließ, daß trotz der mitunter sehr weitgehenden Zollnachlässe, ganz seltene und durch besondere Gründe gerechtfertigte Fälle ausgenommen, der aus dem Vertrage hervorgehende Konventionaltarif Österreich-Ungarns durchwegs sich höher stellt, als der Zolltarif vor 1878, und in den wichtigsten, für das Schutzzollsystem charakteristischen Klassen selbst höher als der Tarif vom Jahre 1882. Mit einem Worte, trotz mancher unvermeidlicher und vielleicht auch mancher besser zu vermeidender Durchbrechungen und Abschwächungen ist das System des Zollschutzes nicht nur aufrecht geblieben, sondern gestärkt und gesichert aus den langen Schwankungen und Kämpfen seit dem Jahre 1875 hervorgangen.

Eine Reflexion kann man indes nicht unterdrücken. Was Österreich-Ungarn gewährt hatte, war, wie gesagt, keine Preisgebung seiner vitalsten wirtschaftlichen Interessen, es waren im ganzen erträgliche Opfer; allein es war weit mehr, als das Aequivalent wert war, als die schmal zugemessenen Konzessionen des Deutschen Reiches, welches seine enormen Agrarzölle aufrecht erhielt und nur einige davon um einen nennenswerten Bruchteil ermäßigte, seine Industriezölle, so weit dieselben überhaupt Österreich berühren, in der Hauptsache bloß band und ein Viehseuchenübereinkommen schloß, dessen strenge Bestimmungen eine schwunghafte Ausfuhr der Rinder aus Österreich-Ungarn, wie sie die wirtschaftliche Lage der Alpenländer, dessen Reichtum an Vieh und dessen Armut an Bodenprodukten dringend wünschenswert machen, in unbestimmte Ferne rückte. Mit einem Worte, vom Standpunkte wissenschaftlichen Streits, welcher hier unbekümmert um diplomatische und parlamentarische Rücksichten festgehalten wird, muß gesagt werden, nicht, daß zu viel gewährt wurde, aber daß zu wenig dafür erlangt wurde. Wenn daher jemand über den Ausfall des Vertrags sich zu beklagen Grund gehabt hätte, so wäre dies wohl Österreich gewesen. Nun, in Österreich-Ungarn haben Agrarier und Industrielle, Schutzzöllner und Freihändler dem Vertrage zugestimmt — die czechische Opposition aus nationalen Gründen und der Widerspruch der wenig urteilsfähigen Antisemiten kann wohl nicht in Betracht kommen. Anstatt dessen sehen wir in Deutschland, dessen Industrieen durch den Vertrag den nicht hoch genug anzuschlagenden Vorteil erlangt hatten, auf dem unentbehrlichen, so lange fast verschlossenen Markte Österreich-Ungarns seine Konkurrenz neuerlich entfalten zu können, die Agrarier das Haupt erheben und über den Vertrag andauernd klagen!

Aus der längeren Debatte im Abgeordnetenhause verdient die Rede des Abg. Peez hervorgehoben zu werden, welcher bezeichnender Weise von dem Inhalte der Abmachungen ganz absah und sich folgendermaßen äußerte:

Wir haben „in diesen Verträgen große Friedensverträge, und das giebt ihnen ja die ganz eigentümliche Bedeutung und hat ihnen den tiefen und nachhaltigen Eindruck verliehen, der ja in der Öffentlichkeit überall zu bemerken gewesen ist.

Ich meine also, es sind Friedensverträge, Friedensverträge zwischen der Industrie und der Landwirtschaft, Friedensverträge zwischen Österreich und Ungarn, was damit vielfach zusammenfällt. Ich meine auch, daß es ein Friedensvertrag ist mit unserem nächsten Verbündeten, mit dem Deutschen Reiche, ferner mit Italien, und so treten diese Verträge letztlich als friedliches Element in die ganze Weltpolitik ein.

Ich erlaubte mir zu sagen, daß wir einen Friedensvertrag zwischen der Industrie und der Landwirtschaft vor uns haben. Das beruht nun auf der geschichtlichen Entwicklung. Es haben ja beide — Industrie und Landwirtschaft — schwere Zeiten erlebt, und die schwierigsten fallen in die Zeit von 1870 bis 1890. Es war das eine Kriegsperiode im strengsten Wortsinn. Die Industrie litt damals, abgesehen von anderem, durch die Nachteile ungünstiger Handelsverträge, die wir aus der alten Zeit der österreichisch-deutschen Rivalität nachschleppten. Da waren die beiden rivalisierenden mitteleuropäischen Großstaaten genötigt, den Westmächten gewisse Zugeständnisse zu machen, um sie gewissermaßen für ihr Parteiwesen günstiger zu stimmen. Das geschah von seite Preußens im Handelsvertrage vom Jahre 1862 mit Frankreich, und von seite Österreichs durch den Handelsvertrag mit England vom Jahre 1865.

Die Folge dieser schlechten Verträge kam in den Siebziger-Jahren so recht zum Ausdruck. Gleichzeitig aber trafen schwere Ereignisse auch unsere Landwirtschaft, und dieser Schlag kam wesentlich von den überseeischen Ländern und von Rußland her. Durch Forcierung ihrer Wegverbindungen und besonders ihrer Wasserstraßen wurde es diesen Ländern möglich, den Westen mit ihren landwirtschaftlichen Produkten zu überschütten, und unsere Landwirtschaft, die ja wesentlich als eine Exportindustrie aufzufassen ist, sah sich nun ihrer besten Märkte beraubt, vor allem des englischen Marktes. Daß nun aber beide großen Teile der einheimischen Produktion gleichzeitig von einer großen Gefahr bedroht waren, hatte auch wieder das Gute, daß beide sich verständigten, und so kam es zu den autonomen Tarifen.

Meine Herren! Man sieht oft einen Gegensatz zwischen autonomem

Tarif und Handelsvertrag. Das ist es nun nicht. Es sind nur zeitlich verschiedene Methoden, um die Landesinteressen zu wahren. Um mit dem Tarife in die Höhe zu gehen, schließt man keinen Handelsvertrag; das besorgt man selbst und allein und dazu ist der autonome Tarif gut. Hat aber der autonome Tarif seine Schuldigkeit gethan und sind die notwendigen Zölle erreicht, dann steht es wohl an, freier aufzutreten und der Landwirtschaft, dem Handel und der Exportindustrie auch ihr redlich Teil zuzuwenden, und diese Zollermäßigungen verwertet man dann zur Erlangung von Herabsetzungen fremder Zollsätze durch Handelsverträge. Ungarn hat ja ein berechtigtes Interesse, die Interessen seiner Landwirtschaft geltend zu machen, es ist ja ein in vielem selbständiger Teil unseres Reiches. Das läßt sich alles nicht übersehen. Es ist nicht so, wie der geehrte Herr Vorredner gemeint hat, daß wir alles von hier aus bestimmen können, wie wir wollen; es wäre sonst in dem einen oder dem anderen Punkte zu anderen Ergebnissen gekommen. So aber mußten wir bei unserer Handelspolitik auf Ungarn volle Rücksicht nehmen, und in den Handelsverträgen liegt uns ein für beide Teile ehrenvoller und nicht unerträglicher, sondern wie ich glaube, wohl zu rechtfertigender Friedensschluß vor.

Ich meine aber, die Handelsverträge sind auch ein Friedensschluß zwischen Österreich-Ungarn und dem Deutschen Reiche. Wohl standen wir bisher schon in engem politischen Bunde mit Deutschland und Italien und das ist keineswegs bedeutungslos. Der Dreibund, obschon er von dem geehrten Herrn Vorredner wiederholt angegriffen wurde, liegt doch in der allgemeinen großen Strömung der Zeit und hat hier im Hause doch viel mehr Freunde als Gegner. Aber war er auch vollständig? So lange der Zollkrieg herrschte, war immer ein Element der Aufregung und Gefahr vorhanden. Es ist richtig, die besten Männer in Deutschland hatten sich für das Bündnis mit Österreich ausgesprochen.

Aber, meine Herren, wir erinnern uns auch, wie oft wir zu Zweifeln geführt wurden durch den wirtschaftlichen Kampf mit dem Deutschen Reiche, der uns so schwer bedrängte. Er war vielleicht härter, als man hie und da in Deutschland geglaubt hat.

Ich erinnere mich da an eine alte Sage. In Tirol kann man hören, es hätten früher in den obersten Thälern der Alpen starke Menschen gelebt, so stark, daß, wenn sie ihre Lieben umarmten, sie dieselben erdrückten. Etwas ähnliches, meine Herren, haben wir manchmal bei Gelegenheit der Freundschaft des Fürsten Bismarck empfunden. Es gab eine Zeit, wo nicht nur die hohen deutschen Getreidezölle und die Viehsperre uns schwer schädigten, sondern wo auch die deutsche Eisenbahnpolitik alle Miene machte, uns vom alten westlichen Markte abzuschließen. Damals war es, wo uns, die wir so tief in dem Kontinent eingelagert sind, fast das Gefühl der Erdrückung anwandelte. Nun, meine Herren, mürbe hat uns dies nicht gemacht. In solchen Fällen kann ein Großstaat natürlich nicht nachgeben. Was haben wir gethan? Ungarn hat für seine Produkte den Weg nach Fiume forciert. Wir haben den Arlberg durchbohrt und haben dort eine Mündung nach der Schweiz und Frankreich uns geöffnet. Und noch ein Drittes kam uns zugute: das war die Elbe. Die große und wohlgepflegte Wasserstraße der Elbe hat in diesen Zollkämpfen eine größere Rolle gespielt, als man gewöhnlich annimmt. Sie war durch internationale Verträge gedeckt, und unsere Bahnen haben mit Thatkraft und Klugheit sofort die Konjunktur begriffen und haben in kurzen Linien und mit wohlfeilen Tarifen die Zufuhr nach den Elbehäfen, nach Laube, Aussig und den anderen Plätzen entwickelt. Von dort aus sind unsere Produkte in den Welthandel hinausgekommen; und dadurch ward es möglich, daß unsere Ausfuhr nicht abgenommen hat, wie dies in dem Berichte sehr gut ausgeführt ist.

Aber, meine Herren, es waren doch Kampfmaßregeln, die wir getroffen haben, und es war nicht das natürliche Verhältnis unter Verbündeten. Und so begrüßen wir es denn jetzt doppelt, daß auf der weiten Strecke, wo wir mit dem Deutschen Reiche angrenzen, endlich Friede einzieht. Vorher hatten wir es fast in jeder Grenzstation empfunden, daß hier ein Kriegszustand war. Endlich werden jetzt die Verhältnisse hier geebnet und wir treten in eine bessere Zukunft.

In dieser Richtung also, meine Herren, glauben wir, daß da ein Friede geschaffen ist, der uns nützlich sein wird.

Aber dabei ist immer festzuhalten, daß wir in keine Zollunion mit unseren Verbündeten treten; es wird manchmal dieser Ausdruck gebraucht, aber zutreffend ist er nicht. Ein Vorrecht auf dem deutschen Markte gewinnen weder wir, noch gewinnt Deutschland ein solches auf unserem Markte. Das wäre nur möglich gewesen durch Differenzialzölle, wenn wir unsere Bundesfreunde mit wohlfeileren Zwischenzöllen hätten bedenken können und wenn wir uns dann gegen außen mit einer starken hohen Grenzlinie umgürtet hätten. Das scheiterte aber an dem bekannten Artikel 11 des Frankfurter Friedens.

Es ist also kein Zollbund, keine Zollunion und dieser Umstand gerade führt uns zu einer weiteren Betrachtung. Haben wir nämlich A gesagt, so müssen wir auch B sagen; wir sollten sorgen, daß nicht nur die Gefahren, die Härten und einzelne ungünstige Folgen — auch diese werden nicht ganz ausbleiben — im Gefolge der Verträge kommen, sondern wir sollten suchen, auch das Gute und Starke uns zunutze zu machen, was uns das Deutsche Reich bieten kann.

Wir sollten zusammen arbeiten, soweit es unsere Interessen vertragen, und dadurch eine größere Macht in die Wagschale des Welthandels legen, als es bisher möglich war."

Im übrigen zeigte sich bei den Verhandlungen im Abgeordnetenhause sowie schon früher in den Kommissionsberatungen, daß die große, ernstlich nicht in Frage gestellte Majorität für die Annahme der Handelsverträge vielfach auch von Hoffnungen geleitet wurde, von welchen sich seither mehrere als trügerisch erwiesen haben. So die Hoffnung, daß Italien von der Weinzoll-Klausel keinen Gebrauch machen werde, daß das Viehseuchen-übereinkommen mit Deutschland baldigst zur Öffnung der deutschen Grenzen führen werde, daß als Kompensation für den Vertrag mit Deutschland, in welchem, wie mehrererseits betont wurde, Opfer der österreichischen Industrie zu Gunsten der ungarischen Landwirtschaft gebracht wurden, nun auch in Bälde durch einen Vertrag mit Rumänien der Abfluß für den Export österreichischer Industrieerzeugnisse ermöglicht und der Ungarn zugeschriebene Widerstand gegen die Konkurrenz rumänischer Cerealien und Rinder werde aufgegeben werden. Eine andere Hoffnung, daß Rußland die Vertragszölle für Getreide nicht mit genießen werde, hat sich nur für kurze Zeit erfüllt. — Der Vertrag wurde am 1. Februar 1892 ins Leben gesetzt[1].

---

[1] Fast zwei Jahre sind seit dem Abschlusse der Dezemberverträge verflossen, und man ist versucht, nach den Wirkungen derselben auf den Außenhandel der Monarchie zu fragen. Andererseits ist es selbstverständlich, daß, abgesehen davon, daß die publizierten Handelsausweise derzeit nur bis Dezember 1893 reichen, ein solcher Zeitraum zu kurz ist, um irgend ein Urteil über die Ergebnisse des Außenhandels zu begründen. Wir glauben aber auch, daß die Wirkungen dieser Verträge sich erst nach Verlauf von mehreren Jahren deutlich werden wahrnehmen lassen, weil, wie wir gesehen haben, sowohl die Zollreduktionen Österreich-Ungarns, als auch Deutschlands im ganzen nicht erheblich genug waren, um auf die Bewegung des Handelsverkehres allein einen bestimmenden Einfluß zu nehmen und dessen Richtung zu verändern. Unsere bescheidenen Erwartungen werden indes durch die Ziffern der Zollstatistik noch weiter herabgedrückt.

Vor allem ist zu konstatieren, daß die Gesamteinfuhr Österreich-Ungarns im Jahre 1892 auf 621.8 Mill. Gulden, und dessen Ausfuhr auf 722.7 Mill. Gulden gefallen ist, was die Mehrausfuhr auf 100.9 Mill. Gulden mindert. Gegenüber dem Vorjahre bedeutet dies eine Verschlechterung des Aktivsaldo um 72.9 Mill. Gulden oder um nahezu 42 Prozent.

Der Grund dieser Erscheinung liegt in der Abnahme der Ausfuhr, während die Einfuhr sich nahezu gleich blieb; die tieferen Ursachen sind in Konjunkturen, in der

Folgerungen.

Die Handelsverträge vom Dezember 1891 schließen die dreizehnjährige Periode autonomer Zollpolitik ab, deren Ziele und Fortschritte, Stadien und Erfolge einerseits durch drei Versuche zur Wiederanknüpfung vertragsmäßiger Handelsbeziehungen zum Deutschen Reiche in den Jahren 1877, 1879 und 1881, und andererseits im Zusammenhange mit dem Mißlingen dieser Versuche durch die Zolltarife vom Jahre 1878, 1882 und 1887 charakterisiert werden. Immer höher schlugen die Wogen des Protektionismus; begnügte man sich im Jahre 1878 mit der Abstellung der drückendsten Lücken und Schäden im Zolltarife, so gelangte man unter dem Ansporn des parallel sich entwickelnden Schutzes der industriellen und agrarischen Interessen Deutschlands schließlich zu einem durchbildeten und wirksamen Zollschutze, welcher in der Regel nicht unter 15% des Wertes der Ware fällt und 30% desselben nur ausnahmsweise überschreitet — mit einem Worte zu einem Zolltarif von scharf protektionistischem Charakter. Daran haben auch die Handelsverträge vom Dezember 1891 wenig geändert. Ganz das gleiche kann man von dem Deutschen Reiche sagen, dessen Agrarzölle hoch genug geblieben sind. So kann man denn wirklich sagen, was auch im Ausschußberichte des österreichischen Abgeordnetenhauses ausgesprochen wurde, daß die Handelsverträge vom Dezember 1891 nichts weniger als eine Umkehr zum Freihandel, vielmehr im Gegenteile eine Befestigung des Schutzzollsystemes sind. Und das sind sie in der That.

---

wirtschaftlichen Depression, der Cholera u. s. w., kurz, vorübergehenden Erscheinungen zu suchen. Bemerkenswert ist, wie sich der österreichisch-ungarische Getreide- und Viehexport im Jahre 1892 gestaltet hat. Im Verkehr mit Deutschland ist eine Zunahme des Getreideexportes um die bescheidene Summe von 177 628 Metercentnern zu verzeichnen. Sie wurde hauptsächlich durch die plötzliche Steigerung des Haferexportes um 379 751 Metercentner, dann von Mais um 107 661 Metercentner bewirkt, während Weizen um 313 062, Roggen um 63 162 Metercentner zurückging. Dagegen hat der gesamte Viehexport, mit Ausnahme von Schweinen, welche ein Plus von 204 024 Stück ausweisen, was auf die erleichterte Einfuhr in Deutschland zurückzuführen ist, nicht nur keinen Aufschwung sondern weiteren Rückgang erfahren, an Rindern allein um 19 718 Stück.

Einigermaßen besser stellt sich der Außenhandel in dem abgelaufenen Jahre 1893 dar. Es steigt sowohl die Ausfuhr als die Einfuhr nicht unbeträchtlich, und namentlich zeigen die Eisenwaren Deutschlands in der Einfuhr nach Österreich-Ungarn eine steigende Tendenz; diese Fabrikate dürften auch den hauptsächlichsten Nutzen aus den Dezemberverträgen in Zukunft schöpfen. Im großen und ganzen läßt sich nur sagen, daß die Wirkungen dieser Handelsverträge heute kaum wahrnehmbar sind.

Wo ist in diesen Verträgen und den ihnen beigegebenen Tarifen, welche wir früher eingehend genug gekennzeichnet haben, auch nur eine Spur des früheren Freihandels zu erblicken? Diese durchaus individualistische Behandlung jedes Industriezweiges, welche nicht ansteht, Zölle herabzusetzen, wenn dafür reciprok zu Gunsten einer auf den Export angewiesenen Industrie vollwichtige Zugeständnisse eingetauscht werden, aber auch unbeugsam auf einem selbst hochgegriffenen Zollsatze beharrt, wenn es sich um eine gefährdete Industrie handelt, welche auch vor Agrarzöllen nicht zurückschreckt, ist eben die Methode des neuen Protektionismus, welchem heute nicht nur die beiden Großstaaten Mitteleuropas, sondern auch Frankreich, Spanien, Italien, ja selbst die Schweiz mit mehr Betonung des agrarischen-finanziellen Momentes huldigen.

Dieses Schutzzollsystem ist allerdings mit Handels- und Tarifverträgen wohl verträglich; hat auch Frankreich mit seiner verkehrten Formel vom Maximal- und Minimaltarife es nicht dahin gebracht, einen Tarifvertrag außer mit Rußland zuwege zu bringen, so beweist doch die Zollgeschichte der übrigen erwähnten Staaten Europas, daß der Protektionismus billige, vernünftige Tarifverträge nicht ausschließt. Es ist nicht überflüssig, diese Erfahrung hier hervorzuheben, weil die Doktrin immer das Gegenteil zu behaupten liebte. Nur gegenüber Deutschland, dessen Protektionismus unter Bismarcks Steuerruder bis zur Perhorreszierung jeden Vertrages mit festen Zollsätzen sich verstieg, bedurfte es eines so langen autonomen Interims. Diese Autonomie hat ihre Aufgabe vollbracht. Der Mangel an Tarifverträgen hat Österreich in keinen Zollkrieg mit Deutschland verwickelt, und von „Kämpfen", deren der Ausschußbericht des österreichischen Abgeordnetenhauses seltsamerweise erwähnt, haben wir nichts bemerkt. Im Gegenteile, man kann an dieser 13 jährigen Vertragslosigkeit wohl auch demonstrieren, daß Vertragslosigkeit noch lange kein Zollkrieg ist, und daß die autonome Handelspolitik, ohne zu „kämpfen" und „Zollkriege" zu führen, ganz gut in mehreren Nachbarstaaten bestehen kann. Das Bild, welches das zollpolitische Europa heute gewährt, ist der beste Beweis. Außer den vier Staaten, welche die Handelsverträge vom Dezember 1891 geschlossen haben, stehen fast alle übrigen Staaten außer dem Vertragsverhältnisse mit bindenden Zollsätzen. Es darf daher auch die Furcht vor dem autonomen Regime, wie sie früher wirklich oder angeblich gehegt wurde, ebenfalls nur als Aberglauben, und die handelsfreiheitliche Lehrmeinung in diesem Punkte als irrig bezeichnet werden.

Allerdings zeigt auch dieses Beispiel zugleich, daß der Protektionismus nicht notwendigerweise auszuarten und in Prohibition überzugehen braucht.

Wenn man das Verdienst hierum in Österreich-Ungarn allein der östlichen Reichshälfte zuschreiben wollte, so zeigt doch ein Blick auf das übrige Europa die Wahrheit, daß der Protektionismus sich auch mäßigen kann. Diese Mäßigung ist mehr als ein Gebot verständiger Handelspolitik, sie ist ein kategorischer Imperativ wirtschaftlicher Entwicklung. Kein Staat darf sich ungestraft gegen seine Nachbarn absperren, und deren natürliche Verkehrsinteressen dauernd schädigen, auch Rußland nicht, welches, wie die gegenwärtige Zeitgeschichte deutlich lehrt, durch die differenzielle Behandlung seiner Bodenprodukte aus seiner stolzen Geringschätzung aller Handelsverträge aufgescheucht wurde, auch die Vereinigten Staaten von Nordamerika nicht, welche bei ihrer geographischen Lage und der Zerrissenheit des europäischen Marktes lange genug einer maßlosen Prohibition fröhnen durften, ohne genügenden Repressalien zu begegnen. Es bedarf auch der Prohibition nicht, um wohlverstandenen Interessen der Industrie im eigenen Lande zu dienen, und die Prohibition ist ein ebenso rohes und unbeholfenes System, wie es der Freihandel in entgegengesetzter Richtung war. Jeder Staat hat Exportinteressen, und diese zu fördern, ohne den Abnehmern Äquivalente zu bieten, wird in Zukunft kaum möglich sein. Das wachsende Verständnis für wirtschaftliche Interessen, die Energie der Abwehr wie des Angriffs in zollpolitischen Dingen wird in nicht ferner Zukunft Wandel in dem gegenwärtigen Zustande Europas schaffen, welches zerstückelt, uneinig und planlos russische und amerikanische Bodenfrüchte abnahm, ohne seine Produkte verwerten zu können. Wie wirksam eine klare und kraftvolle Handelspolitik Wege für den eigenen Export sich schaffen kann, zeigt das Beispiel kleiner Staaten, wie der Schweiz, Serbiens, Rumäniens, welche gegenüber übermächtigen Nachbarstaaten sich erfolgreich behaupteten. Und wie lehrreich ist in dieser Beziehung der Vorgang Italiens, welches, seit Jahrzehnten auf den Absatz seiner Weine, Seide, Öle 2c. in Frankreich angewiesen, sich dennoch von demselben zu emanzipieren vermochte und den Zollkrieg mit einer Ausdauer aufnahm, welche, vielleicht nicht immer sachlich gerechtfertigt, als Kraftprobe zu bewundern ist. Die moderne Handelspolitik enthält ein Arsenal von Angriffs- und Verteidigungswaffen, welches jedem, auch dem kleinsten Staate seine wirtschaftliche Entwicklung und Selbständigkeit verbürgt. Eines aber erscheint für solange ausgeschlossen, als die europäische Staatenbildung nicht eine vollständige Umwälzung erfährt: die Rückkehr zum Freihandel, welche die wirtschaftliche Grundlage jeder staatlichen Individualität ignoriert.

Und so darf als letzte Schlußfolgerung bei dem Rückblicke auf die geschichtliche Entwicklung der Handelspolitik in Österreich-Ungarn hingestellt werden: Das System des Schutzzolles, die reale Handelspolitik, die Pflege natürlicher Interessen haben in Österreich-Ungarn wie auf dem ganzen Kontinente Europas über alle Doktrinen des Freihandels gesiegt!

Die Entwicklung des auswärtigen Handels der österreichisch-ungarischen Monarchie (1876—1891).

Die Erfolge einer Handelspolitik, welche vorwiegend auf die Pflege des inneren Marktes gerichtet war, sind wohl nicht auf dem Gebiete des auswärtigen Handels zu suchen. Wir werden später sehen, welche mächtige Entfaltung die Industrie der österreichisch-ungarischen Monarchie in dieser Zeitperiode genommen hat; daß indes dabei der auswärtige Handel nicht zurückgeblieben, ja sogar gleichzeitig einen großartigen Aufschwung genommen, zeigen die nachfolgenden Handelsausweise, welche einen möglichst kurzen Auszug aus der offiziellen österreichisch-ungarischen Handelsstatistik darstellen. Wir werden uns dabei vorwiegend an die Handelswerte halten, weil sich dieselben zur Vergleichung und Übersicht besser eignen und nur dort auf Mengenangaben zurückgreifen, wo ein genaueres Eingehen auf die Ergebnisse der Ein- und Ausfuhr notwendig ist[1]. Selbstverständlich halten wir uns durchwegs nur an den Specialhandel und lassen die Durchfuhr u. s. w. bei Seite.

Tabelle a.

Handelswert der Waren-Ein- und Ausfuhr in den Jahren 1876—1891.

(In Millionen Gulden ö. W.)

Jahr	Einfuhr	Ausfuhr	Die Ausfuhr übersteigt die Einfuhr um
1876	534.3	595.2	60.9
1877	555.3	666.6	111.3
1878	552.1	654.7	102.6
1879	556.6	684.0	127.4
1880	613.5	676.0	62.5
1881	641.8	731.5	89.7
1882	654.2	781.9	127.7
1883	624.9	749.9	125.0

[1] Die Handelswerte werden seit 1876 von der k. k. Permanenzkommission für die Handelswerte jährlich erhoben, und bilden derzeit eine verläßliche Unterlage. Die

Jahr	Einfuhr	Ausfuhr	Die Ausfuhr übersteigt die Einfuhr um
1884	612.6	691.5	78.9
1885	557.9	672.1	114.2
1886	539.2	698.6	159.4
1887	568.6	672.9	104.3
1888	533.1	728.8	195.7
1889	589.2	766.2	177.0
1890	610.7	771.4	160.7
1891	612.9	786.7	173.8

Die Ziffern der Tabelle a bedeuten einen durchaus kräftigen, gesunden Fortschritt. Während sich die Einfuhr in dieser Periode um 15 % vermehrte, hob sich die Ausfuhr um mehr als + 32 %. Bemerkenswert ist der stetige Überschuß der Ausfuhr über die Einfuhr. Die aktive Handelsbilanz hatte kurz vor 1876 begonnen, und das Aktivum steigerte sich unter dem Einfluß der Zollpolitik und der stark angewachsenen Schuldlast der Monarchie, welche derart abgetragen wurde, stetig.

Wie sich die Gesamtsummen der Einfuhr und Ausfuhr in dieser Zeit zusammensetzten, zeigt die Tabelle b auf nächster Seite.

Das wirtschaftliche Verhältnis zum Auslande hat sich demnach in dieser Zeit sehr erheblich geändert. Während zu Beginn der Periode die Einfuhr von Fabrikaten fast doppelt soviel betrug, als die Einfuhr von Hilfsstoffen für die vaterländische Industrie, kommt zum Schluß dieser Periode die Einfuhr von Hilfsstoffen für die Industrie fast der Einfuhr von Fabrikaten gleich, was durch die doppelte Ursache bewirkt wurde, einmal daß die Einfuhr von Fabrikaten beinahe unverändert stehen blieb (275.9 auf 284.4) während die Einfuhr von Hilfsstoffen für die Industrie in raschen Sätzen sich hob, was auf die unter dem Einflusse des Protektionismus kräftig fortschreitende Entwicklung der Industrie hindeutet. Daß die Einfuhr von Genußmitteln sich in dieser Zeit ebenfalls verringerte, ist teils

---

Werteinheiten haben seither große Schwankungen, in Fabrikaten zumeist nach abwärts erfahren. Während sich die Mengen in der Zeitperiode vom Jahre 1876 bis 1891 verdoppelten, ergiebt die Wertzunahme in der Tabelle a. ein wesentlich anderes Bild. Menge in Metercentnern:

Einfuhr:	1876	30 942 745	1891	60 863 274
Ausfuhr:	1876	62 829 927	1891	137 889 638

Tabelle b.

Handelswerte.

(In Millionen Gulden ö. W.)

	Einfuhr			Ausfuhr		
	Hilfsstoffe für die Industrie	Genuß-mittel	Fabrikate	Hilfsstoffe für die Industrie	Genuß-mittel	Fabrikate
Im Durchschn. der Jahre 1874—1878	154.4	133.4	275.9	122.3	143.1	328.6
1879	186.2	95.0	275.4	141.1	164.3	378,6
1880	187.0	134.5	292.0	161.6	143.2	371.2
1881	202.0	128.7	311.1	168.9	170.4	392.2
1882	205.0	129.4	319.8	174.8	207.0	400.1
1883	213.6	115.5	295.8	176.6	172.3	401.0
1884	207.9	105.4	299.3	176.2	131.5	383.8
1885	189.7	109.0	259.2	170.8	133.5	367.8
1886	200.8	88.4	250.0	167.4	149.3	381.9
1887	220.5	84 6	263.5	166.1	147.6	359.2
1888	206.1	74.6	252.4	186.1	169.4	373.3
1889	226.4	81.1	281.7	206.9	170.3	389.0
1890	236.7	94.7	279.3	211.7	175.8	383.9
1891	230.3	98.2	284.4	194.0	190.5	402.2

der Einführung von agrarischen Zöllen, teils den Zollverwicklungen gegenüber Rumänien zuzuschreiben. Was nun die Wandlungen in der Ausfuhr anbetrifft, so sehen wir allgemein eine Zunahme in den drei obersten Kategorieen des Warenhandels.

Welche Artikel unter den Hilfsstoffen der Industrie, den Genußmitteln und den Fabrikaten besonders hervorragen, werden wir in der Tabelle c lesen.

Tabelle c.

Wichtigste Warengattungen der Einfuhr.

(Handelswerte in Millionen Gulden. — Prozente von der Gesamteinfuhr.)

	1887	%	1891	%
Baumwolle	56.5	9.9	49.5	8.1
Wolle	42.8	7.5	37.1	6.1
Kohle	14.8	2.6	24.4	3.9
Übertrag	114.1	20.0	111.0	18.1

	1887	%	1891	%
Übertrag	114.1	20.0	111.0	18.1
Felle und Häute, roh	18.3	3.2	17.5	2.8
Tabak, roh	18.5	3.2	16.7	2.7
Farb- und Gerbstoffe .	11.2	1.9	10.9	1.8
Kaffee	33.0	5.8	38.9	6.4
Schlachtvieh	10.3	1.8	16.7	2.7
Getreide	12.7	2.2	7.2	1.1
Seide	19.5	3.4	20.9	3.4
Wollengarne	16.4	2.9	17.7	2.8
Maschinen	11.2	1.9	17.6	2.8
Leder	14.9	2.9	15.3	2.6
Eisen und Eisenwaren	8.4	1.5	11.2	1.8
Andere unedle Metalle	8.7	1.5	14.8	2.5
Baumwollgarne . .	15.2	2.7	13.9	2.4
Bücher u. Zeitschriften	10.2	1.8	13.0	2.2
Kurzwaren u. Uhren .	10.7	1.9	12.5	2.1
Seidenwaren	12.4	2.2	12.1	1.9
Steine, echte	8.9	1.6	11.0	1.8
Summe	354.6	62.4	378.9	61.9
Andere Waren . . .	214.0	37.6	234.0	38.1
Einfuhr im ganzen	568.6	100.0	612.9	100.0

Die hier bezeichneten Warengattungen partizipieren dem Werte nach mit über 60 Prozent an der Einfuhr, während auf alle übrigen Waren nur der Überrest entfällt. Die Hauptartikel sind: Baumwolle (der scheinbare Rückgang beruht auf dem Sinken des Preises), Wolle, Kaffee, Kohle, Seide.

Wichtigste Warengattungen der Ausfuhr.

(Handelswerte in Millionen Gulden. — Prozente von der Gesamteinfuhr.)

	1887	%	1891	%
Holz	55.1	8.2	63.4	8.0
Kohle	18.6	2.8	34.3	4.4
Federn	10.5	1.6	13.4	1.7
Wolle	15.2	2.2	11.8	1.5
Felle und Häute, roh	8.0	1.2	10.2	1.3
Pferde	3.5	0.5	9.4	1.2
Zucker	44.4	6.6	83.0	10.5
Getreide	73.1	10.9	80.4	10.2
Schlachtvieh . . .	26.1	3.9	34.9	4.4
Eier	10.5	1.5	15.9	2.0
Mehl u. dergl. . .	21.0	3.1	15.2	1.9
Wein	14.7	2.2	8.4	1.1
Übertrag	300.7	44.7	380.3	48.2

	1887	%	1891	%
Übertrag	300.7	44.7	380.3	48.2
Lederwaren	20.9	3.1	29.7	3.8
Kurzwaren	35.5	5.3	21.6	2.8
Glas	20.4	3.0	19.0	2.4
Holzwaren	15.9	2.4	18.1	2.3
Eisen und Eisenwaren	14.7	2.2	17.5	2.2
Wollenwaren . . .	25.1	3.6	19.6	2.5
Papier	12.7	1.9	16.0	2.0
Seide	8.3	1.2	9.4	1.2
Summe	454.2	67.4	531.2	67.4
Andere Waren	218.7	32.6	255.5	32.6
Im ganzen	672.9	100.0	786.7	100.0

Auf diese 20 Warengattungen entfallen dem Werte nach über 67% (bis 70%), während alle übrigen Warengattungen mit nur ca. 30% vertreten sind. Hauptsächlich dominieren Getreide, Zucker und Holz.

In denselben Jahren (1887—1891) entfielen von der Gesamteinfuhr

38 % auf die Hilfsstoffe für die Industrie,
16 % auf Genußmittel,
46 % auf Fabrikate;

von der Gesamtausfuhr

25 % auf die Hilfsstoffe für die Industrie,
24 % auf Genußmittel,
51 % auf Fabrikate.

Die österreichisch-ungarische Monarchie kann darnach nicht mehr ein Ackerbaustaat genannt werden. Welche Bedeutung indes die landwirtschaftliche Produktion der Monarchie besitzt und wie eben auf diesem Gebiete die Ausfuhr gestiegen ist, mögen die nachfolgenden Ziffern bezeugen. Wenn man nämlich alle landwirtschaftlichen Produkte und die Erzeugnisse der landwirtschaftlichen Industrieen als Zucker, Spiritus, Bier &c. in einem zusammenfaßt, so ergiebt sich folgendes Bild:

(Siehe Tabelle d auf folgender Seite.)

Der Wert der Mehrausfuhr an den eben bezeichneten landwirtschaftlichen Produkten ist während jener 16 Jahre von 135.4 auf 248.4, das ist um 113.0 Millionen Gulden oder 83 % gestiegen. Den wesentlichsten Einfluß übte die Mehrausfuhr von Zucker, wovon im Jahre 1876 um 33.1 Millionen Gulden, im Jahre 1891 um 83 Millionen Gulden ausgeführt worden ist. (Dabei kommt noch anzuschlagen, daß der Wert des Zuckers von 34 fl. im Jahre 1876 auf 19 fl. 50 kr. im Jahre

Tabelle d.

Handelswert der Ein- und Ausfuhr der landwirtschaftlichen Produkte und Hilfsstoffe in den Jahren 1876—1891.

Jahr	Einfuhr		Ausfuhr		Mehrausfuhr
	Handelswert in Millionen Gulden ö. W.	Prozente von der Gesamteinfuhr	Handelswert in Millionen Gulden ö. W.	Prozente von der Gesamtausfuhr	Handelswert in Millionen Gulden ö. W.
1876	198.3	37.1	333.7	56.1	135.4
1877	224.6	40 4	414.9	62.2	190.3
1878	196,7	35.6	371.1	56.7	174.4
1879	204.8	37.1	401.3	59.4	196.5
1880	233.3	38.4	387.6	58.2	154.3
1881	230.8	36.0	431.0	58.9	200.2
1882	229.0	35.0	466.9	59.7	237.9
1883	220.3	35.2	441.5	58.9	221.2
1884	207.7	30.9	376.0	54.4	168.3
1885	194.4	34.8	365.1	54.3	170.7
1886	177.3	32.9	376.9	53.9	199.6
1887	178.6	31.4	352.1	52.3	173.5
1888	156.3	29.3	411.5	56.5	255.2
1889	171.4	29.1	437.8	57.1	266.4
1890	176.0	28.8	437.1	56.7	261.1
1891	194.7	31.8	443.1	56.3	248.4
Zusammen	3194.2		6447.6		3253.4
pro Jahr	199.6	34.0	403.0	57.0	203.4

1891 zurückgegangen ist). An Getreide und Hülsenfrüchten, Mehl und Mahlprodukten wurde im Jahre 1876 um 93.6 Millionen Gulden, im Jahre 1891 um 106.2 Millionen Gulden, somit mehr um 12.6 Millionen Gulden oder 13 % ausgeführt. (Überdies ist wohl zu berücksichtigen, daß darin die Ergebnisse des Mahlverkehres nicht aufgenommen sind. Derselbe weist im Jahre 1891 eine Einfuhr von 9.4 Millionen Gulden und eine Wiederausfuhr von 6.2 Millionen Gulden aus.)

Nach Mengen und in Quinquennien zusammengefaßt (zum besseren Vergleiche fügen wir noch das Jahr 1891 an), gestaltete sich der Export in den Produkten der Landwirtschaft und der landwirtschaftlichen Industrieen, wie folgt.

Ausfuhr im Durchschnitte der Jahre:

	1871—1875	1876—1880	1881—1885	1886—1890	1891
		(In Tausenden von Metercentnern.)			
Getreide	4 578	8 225	7 772	8 011	7 640
darunter Weizen .	1 090	2 874	2 382	2 700	1 548
Mahlprodukte . . .	876	1 771	1 615	1 593	1 006
Zucker	774	1 806	2 673	2 833	5 032
Bier	267	315	345	440	552
Spiritus	50	171	221	162	372
Wein	141	396	469	837	391
		(In Tausenden von Stücken.)			
Hornvieh	146	171	115	122	124
Schweine	168	317	232	224	144

Wir sehen, daß der Export in diesen Artikeln trotz der Einbußen, welche er namentlich nach Deutschland in Mehl erlitten, sich im großen und ganzen behauptet, ja im einzelnen bedeutend gehoben hat.

Nicht mehr als reines Rohprodukt, ein Geschenk des Himmels und des Bodens, werden die Erzeugnisse, welche wir hier im Auge haben, über die Grenzen des Landes geschafft; indem Gerste als Malz und Bier, Weizen in der Gestalt von Mehl, Rüben als Zucker und Kartoffeln als Spiritus verkauft werden, hat das Naturprodukt den Charakter eines Fabrikates angenommen und zugleich seine höchste Verwertung zum unmittelbaren Genusse gewonnen. Ähnliches vollzieht sich beim Holz, welches in der Umwandlung zu Papierstoff eine neue und lohnende Art der Verwertung findet. Es ist die letzte Phase der Entwicklung, welche aus dem Agrikulturstaate führt und wir werden sehen, daß die Monarchie ihre Stellung als Industriestaat eben in diesen 16 Jahren unerschütterlich befestigt hat. Man könnte auch nicht behaupten, daß die Steigerung des Exportes von Zucker, Spiritus und Bier etwa ein künstliches Gebilde von staatlichen Exportprämien allein ist. Denn seit 1888 besteht ein Maximum der staatlichen Exportbonifikationen (5 Mill. fl.), welches nicht überschritten werden kann. Die Spiritusproduktion dagegen ist kontingentiert und auf 1 Million fl. Bonifikation im ganzen beschränkt. Die Steuerrestitution für exportiertes Bier aber ist bekanntlich unzulänglich.

Wie sich der Export an Industrieerzeugnissen gestaltet hat, geht aus folgenden Ziffern hervor:

Ausfuhr im Durchschnitte der Quinquennien

	1871—1875	1876—1880	1881—1885	1886—1890	1891
	(In Tausenden von Metercentnern.)				
Baumwollgarne . . .	3	5	7	10	15
Baumwollwaren . . .	14	25	35	33	25
Leinengarne	74	86	95	92	81
Leinenwaren	72	63	41	34	47
Papier	102	182	270	374	432
Wollengarne	11	13	13	12	8
Wollenwaren	38	42	50	50	37

Es erübrigt uns noch, zum Schlusse unserer Rückschau auf den auswärtigen Handel der Monarchie, die aus der offiziellen Statistik ersichtliche Anteilnahme der verschiedenen fremden Staaten an dem auswärtigen Handel Österreich-Ungarns kurz zu konstatieren. Es betrug im Specialhandel des Jahres 1891 in Prozenten:

	die Ein- u. Ausfuhr zusammen	die Einfuhr	die Ausfuhr
von und nach:	%	%	%
Deutschland	42.34	35.91	47.34
Freibez. Hamburg	3.80	0.39	6.47
" Bremen	0.40	0.16	0.51
Großbritannien	8.44	10.54	6.80
Italien	5.78	5.57	5.95
Schweiz	4 68	3.77	5.39
Frankreich	3.93	3.55	4.23
Brittisch-Indien	3.75	7.84	0.57
Rußland	3.27	4.55	2.27
V. St. Nordamerika . . .	2.42	3.85	1.31
Serbien	2.54	3.33	1.92
Rumänien	1.89	0.67	2.84
Belgien	1.26	1.67	0.95

Das Deutsche Reich mit seinen beiden Freibezirken partizipiert demnach an der

Ein- und Ausfuhr zusammen mit	46.54 %
Einfuhr allein mit	36.46 "
Ausfuhr mit	54.32 "

also nahezu der Hälfte des Specialhandels. Im Generalhandel, unter Zurechnung des Vormerkverkehres und der Durchfuhr ergeben sich für die Einfuhr 44.38 % und die Ausfuhr 42.82 %.

So lange die österreichisch-ungarische Zollstatistik bloß den Verkehr über die Grenzen auswies und den Anteil Deutschlands mit mehr als 62 % berechnete, mochte man wohl Anstand nehmen, auf diese Ziffer Schlüsse zu bauen. Seit dem Jahre 1891, wo obige 46.54 % als der Anteil des Deutschen Reiches an dem auswärtigen Handel der österreichisch-ungarischen Monarchie ermittelt wurden, kann man sich solchen Betrachtungen nicht entziehen. Es ist nicht zu leugnen, daß in diesem bedeutenden Anteil eine gewisse, handelspolitische Schwäche liegt und daß dagegen die Machtstellung des Deutschen Reiches, an dessen auswärtigem Handel die österreichisch-ungarische Monarchie mit nur 14 % partizipiert, absticht.

Man hat dies auch in Österreich-Ungarn gefühlt und als im Jahre 1879 die Vertragsverhandlungen mit Deutschland zum zweitenmale scheiterten oder, was dasselbe und noch mehr besagt, zu einem bloß einjährigen Meistbegünstigungsvertrage führten, beeilte man sich mit gerechtfertigtem Mißtrauen gegen die immer mehr beunruhigende Handelspolitik Bismarcks sofort an den Bau der Arlbergbahn zu schreiten, die denn auch rasch vollendet wurde. Damals stand die Gefahr vor Augen, daß die Durchfuhr von der deutschen Handelspolitik bedroht werde. Deutschland konnte den Weg zum atlantischen Ozean durch das Mittel der Bahn- oder Zolltarife verlegen und den Folgen mußte durch die Arlbergbahn wenigstens einigermaßen vorgebeugt werden.

Übrigens geht es den weiter im Südosten gelegenen Staaten nicht besser. So Ungarn, welches in Fiume seine einzige Ausfallpforte im Falle eines Zollkrieges mit Österreich hätte, so Serbien, welches mit 80—85 % von der österreichisch-ungarischen Monarchie abhängt u. s. w. Ein besserer Trost ist indes, daß diese Verhältniszahl von 46.54 % sich mit der Zeit bessern wird. Wenn einmal der Verkehr mit dem Balkan seine natürliche Höhe erreicht und wenn, ja wenn Rußland aus seiner unnahbaren Abschließung heraustritt, ein im gegenwärtigen Momente sicher zu gewärtigendes Ereignis, wird der auswärtige Handel Österreich-Ungarns wohl eine gleichmäßigere Verteilung aufweisen.

Die Wirkungen der Zollreform.

Nun die autonome Zollpolitik nach 13jährigem Bestande ihren Abschluß erfahren und durch drei Umgestaltungen des Zolltarifes in den Jahren 1878, 1882 und 1887 zu einer vollständigen Reform im Sinne eines rationellen Schutzzollsystems gelangt ist, deren Wesen auch durch die neuen, zu Beginn 1892 ins Leben getretenen Handelsverträge nicht erschüttert wurde, ist es wohl am Platze, zu prüfen, welchen Einfluß auf die Entwicklung der Wirtschaft der Monarchie dieses autonome Regime und dessen Schöpfungen genommen haben. Es ist dies sogar notwendig, da der Versuch gemacht wurde, die unbestreitbaren Erfolge der Schutzzollpolitik zu leugnen und die lehrreichen Erfahrungen eben dieser Periode in der alten Streitfrage, ob Freihandel, ob Schutzzoll, zu entstellen[1].

Unter den Errungenschaften dieser Periode verdient die bleibende Gewinnung einer aktiven Handelsbilanz vorangestellt zu werden. Was diese Handelsbilanz für ein Reich, dessen enorme, neuerer Zeit durch die Bedürfnisse Ungarns vermehrten Staatsschulden und Investitionen für den Eisenbahnbau großenteils im Auslande placiert sind und jahraus jahrein einen bedeutenden Abfluß von Werten bedingen, hat sich eben in der allerletzten Zeit deutlich gezeigt, wo Österreich-Ungarn daran ging, seine Valutaverhältnisse auf Basis der Goldwährung zu ordnen. Ohne in diese Angelegenheit hier näher einzugehen, kann ruhig behauptet werden, daß allseitig, auch von freihändlerischer Seite anerkannt wurde, daß ohne ein Gleichgewicht der Zahlungsbilanz, dessen hauptsächlichster Bestandteil eben in Österreich-Ungarn das Aktivsaldo der Handelsbilanz ist, an eine Aufrechterhaltung der Goldwährung nicht zu denken ist. (Ängstlich blickte das Organ des Freihandels, die „N. Fr. Presse", im Laufe des Jahres 1893 nach den monatlichen Handelsausweisen und den Verminderungen des Aktivsaldo der Handelsbilanz. Wenn ehedem die Bedeutung einer aktiven Handelsbilanz geleugnet und als ein Wahngebilde behandelt wurde, so darf angenommen werden, daß auch in diesem Punkte die Freihandelsschule eine Widerlegung durch die Erfahrung erlitten hat, was wohl eine besondere Beleuchtung von berufener Seite verdienen möchte). Die Summe dieser Überschüsse der Ausfuhr über die Einfuhr seit 1876 beträgt fast zwei Milliarden und damit hat Österreich-Ungarn nicht nur seine im Auslande kontrahierten Schulden verzinst, sondern auch einen erklecklichen Teil seines Debets getilgt, was auch mit dem notorischen Rückströmen der österreichischen und zum Teile auch der ungarischen Titres zusammenhängt. Wenn eingewendet werden sollte, daß das Aktivsaldo der Handelsbilanz schon vor der Zollreform sich zeigte und letztere daher das Verdienst an dieser günstigen Gestaltung des Außenhandels nicht für sich allein in Anspruch nehmen kann, so ist zu entgegnen, daß der Zolltarif auch vor 1878 kein freihändlerischer war und, wenn auch ungenügend, die Einfuhr beschränkte, daß aber der Einfluß des Tarifes vom Jahre 1882 und namentlich jenes von 1887 ganz unverkenn-

[1] Dr. Alexander v. Matlekovits, „Die Zollpolitik Österreich-Ungarns und des Deutschen Reiches seit 1868".

bar aus den Überschüssen der Ausfuhr hervorleuchtet, wie denn auch bei aufmerksamstem Studium der Handelsbilanzen jener Periode nicht zu ersehen ist, was anderes sonst die Aktivsaldi bewirkt haben soll, als die Verminderung oder richtiger der Stillstand der Einfuhrhöhe bei stetig wachsender Ausfuhr.

Eine nähere Betrachtung verdient ferner das Wachsen des Zollertrages, dessen Hebung stets eine nachhaltige Bestrebung bei der Zollreform war. Die Einfuhr-Zolleinnahmen betrugen:

1876 . . .	19 046 000	fl. Silber
1877 . . .	19 676 000	= =
1878 . . .	22 327 000	= =

mithin in Gold einen durchschnittlichen Zollertrag von rund 16 000 000 fl.

Vom Jahre 1879 kamen die Zölle in Gold zur Einhebung und ergaben bei mäßig erhöhten Finanzzöllen:

1879 . . .	20 842 000	fl.
1880 . . .	26 070 000	=
1881 . . .	29 498 000	=

Der Tarif vom Jahre 1882 mit seiner Steigerung der Finanzzölle, namentlich auf Kaffee, ergab:

1882 . . .	37 738 000	fl.
1883 . . .	45 063 000	=
1884 . . .	44 724 000	=
1885 . . .	39 871 000	=
1886 . . .	37 203 000	=

Der Rückgang der Zolleinnahmen wurde durch die Umgehung der hohen Zölle auf raffiniertes Petroleum mittels der Einfuhr von künstlichem Rohpetroleum und dessen Quasiraffinierung im Inlande bewirkt. Selbst der Tarif vom Jahre 1887, welcher die ausgiebigsten Finanzzölle unberührt ließ und mehr durch die Belegung von Roh- und Hilfsstoffen aller Art mit mäßigen Zöllen neue Zolleinnahmen zu schaffen suchte, vermochte darin keinen Wandel zu bewirken. Es betrugen dann die Zölle:

1887 . . .	35 987 000	fl.
1888 . . .	38 169 000	=
1889 . . .	39 617 000	=
1890 . . .	41 162 000	=
1891 . . .	42 280 000	=

Erläuternd ist hier zu bemerken, daß die Einbeziehung Dalmatiens und Istriens, ferner von Bosnien und der Herzegowina in das allgemeine österreichisch-ungarische Zollgebiet seit 1880 eine räumliche Erweiterung des letzteren bewirkte, was indes keine wesentliche Steigerung der Zolleinnahmen bedeutet, da durchschnittlich per Jahr von Dalmatien bei 370 000 fl., von dem Occupationsgebiete dagegen bei 116 000 fl. eingehen. Die abgesondert verwalteten Occupationsländer, Bosnien und die Herzegowina, erhalten als Anteil an dem Zollerträgnisse jährlich 600 000 fl. aus der gemeinsamen Zollkasse. Im Vergleiche mit dem Zollergebnisse vor der Zollreform hat sich das Zollerträgnis um 120 % vermehrt. Den wesentlichsten Anteil an dem Ertrage hat der Kaffeezoll, welcher gegenwärtig nahezu ein Dritteil der Zolleinnahmen ausmacht. Ihm zunächst käme das Mineralöl, dessen Ertrag in den Jahren 1883 und 1884 über 17 % der gesamten Zolleinnahmen darstellte, gegenwärtig aber 8 % nur wenig überschreitet. Die unmotivierte Herabsetzung der Zölle auf Südfrüchte im italienischen Vertrage hat deren Ertrag auf 3 % herabgedrückt. Der Zoll auf Gewürze ergiebt bis zu 1.7 %. Im übrigen verteilen sich die Einnahmen vorwiegend auf die Zölle von Industrieerzeugnissen (Eisenwaren 5 %, Baumwollgarne 4 %, Baumwollwaren 2 %, Seidenwaren 2 % u. s. w.) und nur zum geringen Teile auf Agrarzölle, von welchen jene auf Getreide zusammen kaum 2 %, auf Vieh nur 1.4 % tragen.

Um die Art der Belastung durch die Zölle klarzustellen, wollen wir hier noch die Zollerträgnisse der letzten drei Jahre 1889—1891, über welche genaue Ausweise vorliegen, nach dem Gesichtspunkte des Zweckes der Zölle unterscheiden. In diesen drei Jahren ergaben nämlich durchschnittlich per Jahr die

Finanzzölle	22 639 000 fl.	=	55.19 %
Agrarzölle	2 233 000 „	=	5.44 „
Industriezölle	16 146 000 „	=	39.37 „
zusammen	41 019 000 fl.		100.00 %

Hieraus ergiebt sich namentlich im Vergleiche mit Deutschland der geringe Effekt der Agrarzölle, was bei einem Getreide exportierenden Reiche wohlverständlich ist, so wie die hohe Belastung mit Industriezöllen, welche, soweit sie Halbfabrikate betreffen, auch die Industrie selbst namhaft beschweren.

Im ganzen genommen trifft in Österreich-Ungarn den Kopf der Bevölkerung eine jährliche Zollbelastung von 1 fl. = 2 Mark, während in Deutschland sich dieselbe mit 7 Mark und wenn man das Zollerträgnis vom Tabak, Holz und Getreide ausscheidet, welche Gegenstände in Österreich-Ungarn teils monopolisiert, teils zollfrei, teils mit minder wirksamen Zöllen belegt, daher nicht gut in den Vergleich einzubeziehen sind, noch immer mit 4 Mark berechnet.

Die Kultur- und Verbrauchsverhältnisse in der österreichisch-ungarischen Monarchie sind so verschieden, daß diese Zollbelastung in der Wirklichkeit sich ganz anders verteilt. Bezüglich der Finanzzölle haben wir versucht, zu erforschen, wie der Konsum in Österreich und Ungarn thatsächlich bestellt ist, was allerdings nur bei solchen Artikeln angeht, welche weder in Österreich noch in Ungarn produziert werden, daher aus den Importlisten des gemeinsamen Zollgebietes sicher zu erfassen sind, während die von Ungarn geführte Specialstatistik über dessen eigenen Verkehr ermöglicht, zu erkennen, wie viel von den fremdländischen, nach Ungarn importierten Waren wieder nach Österreich zum Konsum ausgeführt worden sind.

Es wurde nämlich im Jahre 1891 in das gemeinsame Zollgebiet eingeführt:

	Im ganzen, Metercentner	wovon in Ungarn konsumiert wurden, Metercentner	in Prozenten
Kakao	7 100	600	8
Kaffee	356 000	66 700	18.7
Thee	6 400	1 200	18
Südfrüchte . . .	515 000	92 400	18
Heringe	103 000	19 400	18
Kokos- und Palmöl	102 000	12 000	12
Gewürze	26 900	10 700	40
Reis	773 000	269 000	34
Mineralöle . . .	1 395 000	685 000	49

Die letzten drei höheren Ziffern erklären sich durch die kulinarische Eigenart Ungarns beziehungsweise durch den Bestand der Reisschälmühle und Petroleum-Raffinerie in Fiume nicht ganz; sie dürften zu hoch gegriffen sein. Bei vielen Versuchen, die Konsumverhältnisse beider Reichshälften zu erfassen, ist man von sachkundiger Seite zu der Meinung gelangt, daß man die Prozentziffer 18 für den gesamten Zollertrag als Anteil Ungarns in Rechnung stellen kann und zwar nicht allein für Genußmittel, sondern überhaupt für alle Waren, also auch für Hilfsstoffe der Produktion und für Fabrikate.

Bekanntlich wird das gemeinsame Zollerträgnis nach einem anderen Schlüssel geteilt, oder besser gesagt, zur Bestreitung der gemeinsamen Heeresauslagen verwendet; es partizipiert Österreich nämlich mit 68.6 %, während auf Ungarn 31.4 % entfallen, was in älteren Abmachungen beruht, welche nach den damaligen Steuererträgnissen getroffen wurden. Wenn die obige Aufstellung richtig ist, so würde bei einer gesamten Zolleinnahme von 42 280 000 fl. (für 1891), die von Ungarn zu tragende Quote auf 7 610 000 fl. sich stellen, während es thatsächlich mit 13 275 000 fl.

partizipiert. Allerdings steht demgegenüber der nicht zu berechnende Nutzen, welchen die vorwiegend in Österreich angesiedelte Industrie aus dem durch Zölle geschützten Markte des gemeinsamen Zollgebietes zieht, worauf wir noch zurückkommen.

Wir gehen über zu der Hauptfrage: Welchen Einfluß hat die Zollreform auf die Emporbringung der Industrie geübt? Haben die erhöhten Zölle thatsächlich den Erfolg erzielt, daß der Export vermindert und der innere Markt von der heimischen Industrie beherrscht wurde? Znm Teile enthalten die Ein- und Ausfuhrlisten bereits die bejahende Antwort. So viel geht nämlich mit Deutlichkeit aus ihnen hervor,

1. daß die der Industrie zur Verarbeitung dienenden Rohstoffe in größerer Menge als früher eingeführt wurden,

2. daß in der Regel die Einfuhr von Halbfabrikaten und Ganzfabrikaten einen mehr oder weniger bedeutenden Rückgang, jedenfalls aber einen Stillstand aufweist, während

3. die Ausfuhr stetig zunimmt.

Es ist daher der Schluß unausweichlich, daß der wachsende Bedarf des inneren Marktes mehr und mehr von der einheimischen Industrie gedeckt wurde und daß diese selbst infolge des Schutzzolles eine günstige Entwicklung genommen hat. Nur einige Ziffern seien aus der Zollstatistik zur Begründung hier angeführt:

	1871—1875 Durchschnitt	1891	Zu- oder Abnahme in Prozenten
	(In 1000 Metercentnern.)		
Baumwolle Mehreinfuhr . .	495	1 055	+ 113
Baumwollgarne Mehreinfuhr .	113	89	— 21
Baumwollwaren Einfuhr . .	14	9	— 35
" Ausfuhr . .	14	25	+ 78
Wolle Mehreinfuhr	26	198	+ 661
Wollengarne Mehreinfuhr . .	24	53	+ 121
Wollenwaren Einfuhr . . .	38	21	— 45
" Ausfuhr . . .	38	37	— 2
Roh- und Gußeisen Einfuhr .	1 487	588	— 60
" " " Ausfuhr .	57	141	+ 147

Wie wir sehen, bildet die wachsende Einfuhr von Wollengarnen eine vereinzelte Ausnahme — eine Folge ungenügender Zölle. Im übrigen aber bewährt sich jene dreifache Regel an den bedeutendsten Industrieen[1].

[1] Es wurde von Matlekovits „Zollpolitik u. s. w." S. 595 behauptet, die Schutzzölle haben sich bei der Baumwollwarenindustrie sowohl was Garne als Ge-

Schlagender ließe sich der Beweis für den durch die autonome Zollpolitik bewirkten Aufschwung der Industrie durch die Daten einer Industriestatistik liefern, wenn dieselben gleichartig erhoben und geläutert wären. Indes reichen die bekannten Fehlerquellen der österreichischen Industriestatistik nicht soweit, um sie beiseite lassen zu können. Wir wollen nur einige Ziffern hier anführen.

	1880	1885	1890
Baumwollspinnereien:[1]			
Etablissements[2]	175	192	188
Pferdekräfte (Dampfmaschinen)	10 724	19 405	34 194
Feinspindeln (Tausende) . .	1 684	2 167	2 800

---

webe betrifft, nicht als wirksam erwiesen, weil die Einfuhr von beiden nicht „wesentlich" abgenommen habe. Dabei wird vor allem die mehr als doppelte Einfuhr der rohen Baumwolle, welche eine auf das Doppelte gesteigerte Garnproduktion bedeutet, übersehen. Übrigens hat die Einfuhr von Garnen abgenommen, und zwar gerade in den entscheidenden Feinheitsnummern 36—42.

Es betrug nämlich die Einfuhr von rohen Baumwollgarnen, einfach oder doubliert, bis Nr. 50 englisch vor der Zollreform,

	d. i. 1875—1878 durchschnittlich		114 700	M. Ctr.
dagegen im Jahre	1890 einfach bis Nr. 50	44 300		
	doubliert bis Nr. 60	20 000	64 300	= =
= = =	1890 einfach bis Nr. 50	41 800		
	doubliert bis Nr. 60	20 000	61 900	= =

Dabei rechnen wir die doublierten Garne Nr. 50 bis 60 mangels der statistischen Evidenz, obendrein zu. Das soll keine wesentliche Abnahme des Importes an Garnen in den entscheidenden Feinheitsnummern sein? Der Fehler von M. liegt darin, daß er über die Wirkung der Garnzölle im Jahre 1888 d. i. ein Jahr nach der neuerlichen Erhöhung derselben absprach. So schnell werden Spinnereien auf feinere Garne nicht eingerichtet. Was aber die Behauptung betrifft, daß auch bei der Baumwollwaren-Industrie die Zölle wirkungslos blieben, so haben wir schon oben gezeigt, daß der Import um 35 % abgenommen hat. Übrigens ist dies nicht allein entscheidend. Der Import von Baumwollwaren war weder vor der Zollreform bedeutend, noch nachher; vorher nicht, weil der Import der Konkurrenzware d. i. bedruckte Cottonerieen durch das Appreturverfahren zollfrei bewerkstelligt werden konnte, nachher nicht, weil eben dann die erhöhten Gewebezölle in Wirksamkeit traten und dann den Import verhinderten, welcher nach Aufhebung des Appreturverfahrens unvermeidlich eingetreten wäre. Um richtig zu rechnen, muß man für die Zeit des Appreturverfahrens dem geringen Importe an verzollter Baumwollware die Mengen hinzurechnen, welche auf dem Wege des Appreturverfahrens zollfrei eingegangen waren, was das Bild allerdings in ganz anderem Lichte zeigt.

[1] Die Ziffern beziehen sich auf Österreich ohne Ungarn.

[2] Der Großbetrieb im Jahre 1890 besser abgegrenzt.

	1880	1885	1890
Baumwollwebereien:[1]			
Etablissements	183	441	533
Mechanische Webstühle . . .	30 337	37 504	47 902
Wollindustrie:[1]			
a. Streichgarnspinnerei.			
Etablissements[2]	353	299	187
Pferdekräfte (Dampfmaschinen)	7 972	7 173	8 992
Feinspindeln (Tausende) . .	459	429	391
b. Kammgarnindustrie.			
Etablissements	8	10	10
Pferdekräfte (Dampfmaschinen)	1 470	3 865	4 658
Feinspindeln (Tausende) . .	94	173	215
Zwirnspindeln " . . .	9	37	47
c. Kunstwolle.			
Etablissements	8	10	16
Pferdekräfte (Dampfmaschinen)	415	413	890
d. Streichgarnweberei.			
Etablissements	160	232	199
Mechanische Webstühle . . .	3 620	5 972	6 351
e. Kammgarnweberei.			
Etablissements[2]	119	145	126
Mechanische Webstühle . . .	7 831	11 164	15 738
f. Teppich- und Deckenweberei.			
Etablissements	9	21	35
Mechanische Webstühle . . .	82	324	697

Eine große Veränderung hat sich in der Leinenindustrie vollzogen, welche weder durch die Handelsausweise, noch durch die Industriestatistik zu erfassen ist, weil darin zwei ganz verschiedene Warengattungen, nämlich Leinen und Jute zusammengeworfen werden.

Die Leinenindustrie ist keineswegs in einem analogen Entwicklungsgange wie die übrigen Textilindustrieen begriffen. Es wurde und wird ihr Konsumtionskreis stetig durch die Baumwoll- und Juteindustrie verengert. Dazu kamen die ungünstigen Handelsverträge mit Italien und der Schweiz, sowie die Aufhebung der zollfreien Rohleinenausfuhr nach Deutschland und dessen Schutzzölle. Unter solchen Umständen ist es als immerhin befriedigende Erscheinung zu bezeichnen, daß die Flachsspinnerei, welche hauptsächlich auf den Export angewiesen ist, sich in der Konkurrenz behauptet, während die Leinenweberei in allzu langsamem Tempo den Übergang zur mechanischen Weberei, die Vorbedingung zur Konkurrenzfähigkeit, vollzieht.

[1] Die Ziffern beziehen sich auf Österreich ohne Ungarn.
[2] Der Großbetrieb im Jahre 1890 besser abgegrenzt.

Nach fachmännischen, auf Verläßlichkeit Anspruch machenden Erhebungen betrug in der Leinenweberei die Zahl der

	1878	1890
Spindeln	424 500	311 000
Handwebstühle	30 000	11 900
mechanischen Webstühle .	—	1 100
Arbeiter	60 000	40 000

Bemerkenswert ist, daß in der gleichen Periode die Zahl der Spindeln in Deutschland sich von 229 000 auf 280 000 = 23 % erhöht hat und daß dort der mechanische Webstuhl den Handwebstuhl fast gänzlich verdrängt hat. Dagegen hat sich lediglich infolge des zuerst mit 2 fl. 80 kr. und dann mit 6 fl. bemessenen Schutzzolles für Jute- Sack- und Packstoffe die Jute-industrie, als ein völlig neuer Industriezweig sowohl in Österreich als in Ungarn eingebürgert und versorgt heute fast ausschließlich den inländischen Markt.

Indes alle diese an sich unzulänglichen statistischen Angaben geben nur einen schwachen Begriff von dem wirklich großartigen Aufschwunge, welchen die österreichische Industrie unter dem autonomen Zollregime und infolge desselben genommen hat. Schon der Tarif vom Jahre 1878, noch mehr jener vom Jahre 1882 wirkte elektrisierend auf den Unternehmungsgeist. Das Organ des Freihandels konstatierte im Jahre 1883, daß in Böhmen ein wahres „Gründungsfieber" herrsche. Ganz neue Industriezweige erhoben sich aus dem Schutte, welchen die lange Vernachlässigung der industriellen Produktion vor der Zollreform über weite Gebiete der Volkswirtschaft angehäuft hatte. Wir werden, die Scheu vor weitläufigen Auseinandersetzungen überwindend, nur einige Industrieen hier aufzählen, welche vor der Zollreform in Österreich-Ungarn fast unbekannt waren oder in Kinderschuhen staken, als die Fabrikation von Nähmaschinen, Farben, Lacken und Firnissen, wie überhaupt von zahlreichen chemischen Hilfsstoffen und Produkten, von Kautschuk, von Bouteillenglas, Korkwaren, die Seilerei, die Weberei von Plüschen und Baumwollsammeten, von Treibriemen, die Aufnahme der Erzeugung von Feindraht und Feinblech, von Metallwaren moderner Art; die Maschinenindustrie, lange zwischen Sein und Nichtsein zuvor schwebend, verbreitete sich plötzlich und feierte große Erfolge; in der Wollwaren- und Seidenweberei wurde der Übergang zum mechanischen Betriebe in raschen Sprüngen vollführt, die englische Halbwollware, deren Unersetzlichkeit lange als ein Axiom feststand, wurde in Brünn mit durchschlagendem Erfolge als neue Fabrikation eingeführt und beherrscht heute den inneren Markt u. s. w., kurz es kann die Entfaltung der österreichischen Industrie in diesen 13 Jahren als eine phänomenale bezeichnet werden und wird fortan in der Geschichte der Zollpolitik aller Staaten als ein Beispiel zu citieren sein, was eine rationelle Schutzzollpolitik auf dem Gebiete der Pflege gewerblichen Schaffens in einem großen, gesunde Ansätze darbietenden Reiche zu leisten vermag. Der „Industrielle Klub", ein Verein von Großindustriellen, welcher in der ganzen Zollaktion eine bedeutsame Stellung eingenommen, hat im Jahre 1890 angesichts des Mangels genügender und rechtzeitiger Aufschlüsse der offiziellen Industriestatistik eine Enquete bei den Handelskammern veranstaltet und deren Ergebnisse s. Z. veröffentlicht. Es ist unmöglich, seine allerdings in vergleichbaren und summierbaren Ziffern nicht zusammenzufassenden Publikationen über das Wachstum der Industrie hier nur annähernd wiederzugeben. Er konstatierte den Zuwachs von rund 800 Etablissements auf den verschiedenen Industriegebieten Österreichs allein.

Allein auch Ungarn ging dabei nicht leer aus; vielmehr hatte es seinen reichlichen Anteil, welcher noch dadurch erhöht wurde, daß es in den Jahren 1882 und 1889 zwei einander ergänzende Gesetze einführte, durch welche die Ansiedelung neuer Industrieen nicht unwesentlich begünstigt wurde, nämlich die Befreiung von der Erwerbsteuer auf die Dauer von 12 Jahren, die Nachsicht der Einkommensteuer von Aktienunternehmungen unter gewissen Beschränkungen, die Gebührenfreiheit von vielen sonst hoch belasteten Rechtsgeschäften, die kostenlose Überlassung von Staats- und Gemeindegrundstücken, ausgiebige Tarifbegünstigungen auf Eisenbahnen u. s. w. Über 300 Fabriken erhielten solche staatliche Begünstigungen. In dem Zeitraume von 1881—1889 sind 110 Fabriken in Ungarn neu entstanden! Im Jahre 1891 wurden 34 Industrieunternehmungen mit einem Aktienkapitale von 15 196 000 fl. und 300 000 Francs gegründet; im Jahre 1892 wieder 22 Unternehmungen mit 10 236 000 fl. Aktienkapital! Was hätten indes alle diese im finanziellen Effekte nicht zu überschätzenden Begünstigungen ohne den gleichzeitigen Bestand eines äußeren Schutzdammes gegen die auswärtige Konkurrenz vermocht? Welchen Nutzen die finanzielle Kraft des österreichischen Staates hieraus zog, mögen einige Ziffern beweisen. Es betrug nämlich der Nettoerfolg der

	1878	1890	Zunahme in
	Millionen	Gulden	Prozenten
Erwerbsteuer . . .	9 471	11 427	+ 20.6
Einkommensteuer .	20 970	27 855	+ 32 8
Zusammen	30 441	39 282	+ 29.0
indirekten Steuern	169 663	228 769	+ 34.9
dagegen fiel die			
Grundsteuer . . .	37 360	35 190	— 5.8

„So gestattete der industrielle Aufschwung einen Teil der bestehenden Steuern von der Landwirtschaft auf die Schultern der Industrie zu übertragen.“

Mit Recht durfte der „Industrielle Klub“ am Schlusse seiner Publikationen ausrufen:

„Wesentlich die österreichische industrielle Arbeit, gestützt auf eine vernünftige Zollgesetzgebung hat es ermöglicht, eine große Anzahl zunächst für Friedenszwecke unproduktiver Eisenbahnen im Nordosten auszubauen, ganz Galizien in ein wohlversorgtes Feldlager zu verwandeln, Bosnien und die Herzegowina mit Kulturmitteln auszustatten und durch Entfaltung einer Wehrkraft, wie sie Österreich-Ungarn noch niemals kannte, die Sicherheit des Reiches zu verbürgen.“

Zollpolitische Probleme.

Das gemeinsame Zollgebiet der österreichisch-ungarischen Monarchie beruht bekanntlich auf dem von 10 zu 10 Jahren kündbaren Zoll- und Handelsbündnis zwischen „den im Reichsrate vertretenen Königreichen und Ländern“, kürzer genannt Österreich und den Ländern der ungarischen Krone“ oder Ungarn, in welchem die Königreiche Kroatien und Slavonien eine gewisse, durch „Ausgleiche“ geordnete Sonderstellung einnehmen. Mit beiden Reichshälften ist Bosnien und die Herzegowina zollpolitisch verbunden. Gewiß verwickelte Verhältnisse, geeignet, die Frage nach der Beständigkeit dieses großen Verkehrsgebietes nahezulegen. Sie bestehen nunmehr 25 Jahre, ohne eine andere Wandlung erfahren zu haben, als daß manche, mit der zollpolitischen Einheit nicht untrennbar zusammenhängende Einrichtungen, wie die Seeschiffahrtsgesellschaft „Lloyd“, neuester Zeit auch das Patentwesen in Sonderinstitutionen der beiden Staaten, Österreich und Ungarn und zwar, wie die Dinge lagen, im beiderseitigen Interesse zerfallen sind. In der Öffentlichkeit Ungarns wurde hin und wieder der Ruf nach zollpolitischer Absonderung laut. Dies sowie die planmäßige und konsequente Emanzipation dieses merkwürdigen Staatsgebildes von allen Einflüssen des österreichischen Mutterstaates von ehedem, die weit ausgreifende und erfolgreiche Aktion zum Zwecke der eigenen Konzentration und Konsolidierung, die fortschreitende Selbständigkeit im Verkehrswesen und in der Ordnung aller wirtschaftlichen Angelegenheiten, die sprunghafte Entwicklung der Industrie unter der Gunst natürlicher und künstlicher Verhältnisse, alles dies hat hie und da die Besorgnis erweckt, daß Ungarn in mehr oder weniger ferner Zeit den letzten Schritt zu seiner wirtschaftlicheu Unabhängigkeit thun und die Einheit des österreichisch-ungarischen Zollgebietes sprengen werde. Schon aus diesem Grunde verlohnt es sich, hier eine Betrachtung anzustellen, inwiefern eine solche Eventualität in den Bedürfnissen der einen oder anderen Reichshälfte begründet und wahrscheinlich sei und zu diesem Behufe vor allem die wirtschaftlichen Verhältnisse Ungarns zu Österreich zu erörtern. Eine solche Untersuchung wird dadurch ermöglicht, daß Ungarn seit dem Jahre 1881 eine eigene Verkehrsstatistik besitzt, zu welcher das Material aus obligatorischen Nachweisungen über alle Warensendungen mit Ausnahme jener, welche auf Landstraßen vor sich gehen, entnommen wird. Die Transportanstalten, Eisenbahnen, Schiffahrtunternehmungen, Post — sammeln und liefern diese Daten und es bestehen statistische Gebühren, entsprechende Kontrollen und ein gewisser Zusammenhang mit der Zollstatistik des österreichisch-ungarischen Zollgebietes, an deren Schema sich die ungarische Verkehrsstatistik anlehnt. Bei alledem haften diesen Ausweisen nicht unerhebliche Fehlerquellen an, welche einen Schluß auf den Verkehr Ungarns und dessen effektiven Außenhandel wohl gestatten, jedoch ein ziffermäßig genaues Bild des ungarischen Außenhandels verhindern und auch die Vergleichung und Berechnung mit den Ergebnissen der Zollstatistik des österreichisch-ungarischen Zollgebietes ausschließen [1].

---

[1] Die ungarischen Verkehrsausweise besagen nur, welche Waren und Mengen ein- und ausgegangen sind, ohne direkt durchgeführt worden zu sein. Schon die indirekte Durchfuhr im gebrochenen Verkehre wird als Einfuhr und Ausfuhr in dieser Statistik erscheinen; bei der Tarifpolitik der ungarischen Bahnen, welche mit allen Mitteln den Verkehr über Fiume begünstigt, wird manches schlesische und andere Transitogut derart als ungarische Einfuhr und Ausfuhr figurieren. Jedenfalls ist in diesen Ausweisen die Menge von Gütern, welche in der österreichisch-ungarischen Zollstatistik unter „Vormerkverkehr" ausgewiesen sind, (Retoursendungen, Reparatur- und Veredlungsverkehr u. s. w.) und 5 % des Specialhandels betragen, nicht ausgeschieden. So finden wir in der Ausfuhr Ungarns nach Österreich im Jahre 1891: Wollenwaren 3.9, Baumwollstoffe 3.4 Mill. Gulden, wo wir doch wissen, daß Ungarn keine nennenswerte, geschweige exportfähige Industrie darin besitzt. Es sind wahrscheinlich Retourwaren. Das würde bei dem Importe Ungarns in diesen Waren schon eine irrige Vergrößerung der Importziffer von 10 % bedeuten. — Wollte man die in der Einfuhr und Ausfuhr ausgewiesenen Summen dem Specialhandel gleichstellen und nur aus diesem lassen sich die nötigen Schlüsse ziehen, so müßte wohl eine Reduktion dieser Summen um fast 20 % eintreten.

Ungarns Warenverkehr.

	Einfuhr	Ausfuhr
	Millionen	Gulden
1887	434.5	402.5
1888	446.6	444.3
1889	459.4	460.5
1890	485.4	530.1
1891	502.7	545.2

Darnach wäre Ungarns Handelsbilanz neuerzeit aktiv[1].

Ungarns Warenverkehr nach Ländern der Herkunft und Bestimmung.

Die ungarische Verkehrsstatistik weist auch die Herkunft und die Bestimmung der Waren in der Einfuhr und Ausfuhr nach. Im Jahre 1891, welches übrigens mit seinen Ergebnissen von den Vorjahren nicht stark abweicht, finden wir hauptsächlich folgende Länder an der Einfuhr und Ausfuhr beteiligt.

	Einfuhr	Ausfuhr
	in Prozenten.	
Österreich	83.6	75.6
Serbien	4.4	1.2
Deutsches Reich . .	3.9	10.5
Rußland	0.9	0.1
Großbrittanien . .	0.8	2.0
Italien	0.6	1.1
Schweiz	0.3	1.8
Frankreich	0.2	3.0

Auch diese Ziffern werden, um als Ausdruck des wirklichen Ursprunges und des Absatzmarktes der Waren betrachtet werden zu können, einige Korrekturen zu erfahren haben. Was vor allem die Einfuhr betrifft,

[1] Die Bewertung der Waren scheint von fragwürdiger Richtigkeit zu sein. Mindestens differiert sie auffallend von den Werten, welche nach der österreichisch-ungarischen Zollstatistik für dieselben Waren angenommen sind und auf sorgfältigen Schätzungen der österreichischen Permanenzkommission für die Handelswerte beruhen. So finden wir im Jahre 1891 den Export von Schweinen nach Deutschland in der Zollstatistik mit 139 872 Stück im Werte von 5 874 624 fl. angegeben; nach der ungarischen Verkehrsstatistik haben die aus Ungarn nach Deutschland im Jahre 1891 ausgeführten 108 926 Stück Schweine einen Wert von 7 311 000 fl. besessen! Es wurde also zumeist dasselbe Schwein in Ungarn mit 65—68 Gulden, in Österreich mit 42 Gulden bewertet. Bei solchen Abweichungen in den Werten lassen sich die Summen der österreichisch-ungarischen Zollstatistik mit jenen der ungarischen Verkehrsstatistik nicht gut addieren und kombinieren.

so ist bekannt, daß Ungarn beim Bezuge seiner Importartikel zumeist auf die Zwischenhand Wiens und Triests angewiesen ist und fast keinen selbstständigen Importhandel in Industrieerzeugnissen besitzt. Dies so wie die geographische Lage und der zumeist gebrochene Bahnverkehr bei Industrieartikeln muß bewirken, daß fremde Provenienz bei der Einfuhr nach Ungarn als aus Österreich kommend erscheint. Drastisch zeigen dies folgende Importziffern der ungarischen Verkehrsstatistik vom Jahre 1891, welche unter der Einfuhr „aus Österreich“ figurieren: Kaffee 5.8, Südfrüchte 2.1, Uhren 7.9 Millionen Gulden. Wir haben berechnet, daß in der Einfuhr aus Österreich im Jahre 1891 an solchen notorisch nicht österreichischen Provenienzen allein 20 899 913 Gulden ausgewiesen sind, welche jedenfalls abzurechnen wären. Darnach ist der Anteil Österreich an der Einfuhr mit 83.6 % wohl zu hoch gegriffen.

Anders steht es mit den Ausfuhrziffern. An und für sich eignen sich Massengüter wie Getreide, Mehl, Holz und Rohstoffe, aus welchen hauptsächlich die Ausfuhr besteht, mehr zu direkten Bahntransporten; dann darf aber auch nicht übersehen werden, daß Ungarn in einzelnen Zweigen seiner Ausfuhr allerdings einen selbständigen Handel besitzt. So werden Getreide, Mehl, Schweine u. dergl. nur ausnahmsweise in Wien umgeschlagen, um in das Ausland zu gelangen. Nach alledem dürfte der mit 75.6 % berechnete Anteil Österreichs an der Ausfuhr Ungarns der Wirklichkeit sehr nahe kommen.

Wie immer indes der Anteil Österreichs an dem ungarischen Außenhandel berechnet werden mag, so steht eins außer allem Zweifel: Österreich versorgt den ungarischen Markt mit Industrieerzeugnissen fast ausschließlich und ist der unvergleichlich größte Abnehmer ungarischer Bodenprodukte. Nichts spricht deutlicher als die Ziffern. Im Jahre 1891 setzte Ungarn für 347.1 Mill. Gulden Bodenprodukte an Österreich ab, während es für 336.5 Millionen Gulden Fabrikate aus Österreich bezog. In Prozenten ausgedrückt erscheint Ungarn mit 76.4 % seiner ganzen Ausfuhr an landwirtschaftlichen Produkten auf Österreich angewiesen, während die Einfuhr von dort 94 % seiner Gesamteinfuhr an Industrieerzeugnissen beträgt. Noch drastischer stellt sich der handelspolitische Schwerpunkt Ungarns vor Augen, wenn wir das Detail seiner Ausfuhr prüfen.

Die wichtigsten Exportartikel Ungarns im Jahre 1891 waren:

	Warenwert in Mill. Gulden		Prozent
Mehl	67.4, davon nach Österreich	52.9,	d. i. 78
Weizen	65.2, " " "	54.2,	" " 83
Schweine . . .	51.5, " " "	44.2,	" " 86
Ochsen	36.4, " " "	34.5,	" " 95
Wein	22.6, " " "	19.9,	" " 88
Korn	19.5, " " "	18.3,	" " 94
Gerste	19.3, " " "	11.6,	" " 60
Mais	14.8, " " "	10.4,	" " 70
Schafwolle . . .	11.6, " " "	9.3,	" " 80

Diese 9 Artikel, welche allein über 56 % der gesamten ungarischen Ausfuhr darstellen, sollen nur eine Probe bilden und zeigen, wie sich im einzelnen der Absatz der landwirtschaftlichen Produkte gestaltet. Es ist aber auch nicht zu verwundern. Ungarn ist ein mit den Schätzen einer freigebigen Natur reich ausgestattetes Land; wie immer sein handelspolitisches System sein mag, wird die Ernte den größten Faktor des Volkseinkommens bilden. Wohin anders kann es seine reichlichen Überschüsse an Getreide und anderen Bodenfrüchten absetzen, als in das nächste Land, welches eben eine konsumtionsfähige, industrielle Bevölkerung hat. Wir haben aus der Zeit der Agrarpolitik in Deutschland und Frankreich sattsam Erfahrungen gemacht, wie schwer man für einen verschlossenen, nachbarlichen Markt in Bodenfrüchten sich einen Ersatz in der Ferne holt. Nur die Schiffahrt, besonders auf der breiten Straße des Ozeans kann weite Entfernungen verschwinden machen; die Eisenbahnen sind für Rohstoffe, wie Holz, Getreide u. dergl. viel zu teuer. Im Osten und Süden von gleich agrikolen Staaten begrenzt, ist Ungarn auf sein westliches Nachbarland angewiesen, sowohl um dasselbe zu versorgen, als über dessen breiten Wall auf dessen Strömen, auf dessen Bahnen zu den Centren des europäischen Konsums zu gelangen. Dabei vergessen wir durchaus nicht Fiume; abgesehen von allem anderen glauben wir, daß man Getreide nach Mannheim und Schlachtvieh für die Schweiz doch nicht gut über Fiume senden kann. Daran wird sich, soweit menschliche Voraussicht reicht, nie etwas ändern und damit ist in erster Linie der Richtpunkt für eine nüchterne, auf Interessen gebaute Handelspolitik Ungarns gegeben.

Daß Österreich wiederum den ungarischen Markt in Industrieerzeugnissen beherrscht, ist nicht lediglich auf den Zollschutz zurückzuführen, wenngleich derselbe die Hauptstütze der österreichischen Industrie ist. Als eine bemerkenswerte Thatsache verdient hier erwähnt zu werden, daß in gar vielen Warenbranchen nur ein verhältnismäßig kleiner oder richtiger gesagt, nach dem Verhältnis der Bevölkerung in Cis und Trans allzu kleiner Teil des Importes des gemeinsamen Zollgebietes zum Verzehr nach Ungarn eingeht; während Cottonerieen, Modewaren in Wolle und Seide u. s. w., welche uns England und Deutschland schickt, zumeist in Österreich selbst konsumiert werden, liefert die österreichische Industrie wieder ihre Barchente, Kalmuks, Cottone, Tuche und andere lediglich für die besondere Bedarfs- und Geschmacksrichtung Ungarns berechnete Ware nach Ungarn. Es beruht dies zumeist darauf, daß Österreich eine große Städtebevölkerung zählt, während Ungarn fast nur eine Großstadt hat, was in vielen Warengattungen eine Verschiedenheit des Konsums bewirkt. In manch anderer Warengattung, z. B. Maschineu ist wieder die Industrie selbst Konsument ausländischer Waren und da Österreich vorwiegend industriell ist, erklärt sich auch damit sein weitaus größerer Verzehr.

Das Übergewicht der österreichischen Industrie auf dem ungarischen Markte ist aber auch ganz wesentlich in den Kreditverhältnissen, in der traditionellen Pflege dieses Marktes und manchen anderen Umständen zu suchen, welche für die Konkurrenz selbst auf neutralem Markte entscheidend sind. — In einer sehr bedeutenden Rede hat der gegenwärtige Finanzminister Österreichs, v. Plener, als Abgeordneter im österreichischen Abgeordnetenhause im Jahre 1886 das innige Verhältnis beider Reichshälften in handelspolitischer Beziehung dargestellt und dabei mittels einer Kombination der Ein- und Ausfuhrziffern einerseits der ungarischen Verkehrsstatistik, andererseits der österreichisch-ungarischen Zollstatistik nachzuweisen versucht, daß die Ausfuhr Österreichs nach Ungarn 32 % seines Gesamtexportes beträgt. Wir konnten uns mangels näherer Begründung dieser Kombination von der Richtigkeit der Berechnung nicht überzeugen und glauben wegen der bereits erwähnten Bedenken, welche hauptsächlich in der Verschiedenheit der Bedeutung von beiderlei statistischen Daten und in der Unvermeidlichkeit von irrigen Doppelzählungen wurzeln, besser auf einen ähnlichen Versuch verzichten zu müssen. Die Thatsache aber, daß der ungarische Markt für die österreichische Industrie gerade so unentbehrlich ist, wie die Verwertung ungarischer Bodenfrüchte in Österreich eine Lebensfrage für Ungarn ist, steht über jeder Anfechtung erhaben da und sie berechtigt zu dem Schlusse, daß trotz aller Kündbarkeit des Zoll- und Handelsbündnisses und der ideellen wirtschaftlichen Unabhängigkeit Ungarns die Einheit des Zollgebietes für beide Reichshälften so dauernd gesichert ist, als wirtschaftliche Interessen überhaupt staatliche Einrichtungen zu begründen und zu erhalten imstande sind.

Ungarn ein selbständiges Zollgebiet! Denken wir uns den Fall. Wir wollen davon absehen, welche Konsequenzen dies für die politischen Verhältnisse der Monarchie nach innen und außen, insbesondere auch für die handelspolitische Stellung der österreichischen Ländergruppe haben müßte, deren geographische Konfiguration ganz außerordentliche Schwierigkeiten für die Verwaltung eines geschlossenen Handelsgebietes auf den ersten Blick zeigt. Stellen wir uns auf den Standpunkt des rein ungarischen Interesses in der Handelspolitik. Vorwiegend Ackerbaustaat und vor allem darauf angewiesen, seine Überschüsse an Bodenfrüchten zu verwerten, müßte er wohl darauf bedacht sein, seinen Absatz im Nachbarstaate durch Verträge zu sichern und dabei das Zollgefälle finanziell möglichst ergiebig zu machen. Beides wäre zunächst durch eine Zollpolitik nach den Grundsätzen des Freihandels zu erreichen. Worin bestände aber der Vorteil gegenüber dem gegenwärtigen Zustande? Daß Ungarn heute aus dem Zollerträgnis des gemeinsamen Zollgebietes einen verhältnismäßig größeren Teil bezieht, als ihm nach seinem effektiven Verzehre zukommt, wurde bereits früher angedeutet nnd wir bezweifeln, daß es ohne drückende Belastung des Volkes bedeutend mehr aus einer selbständigen Zollkasse aufbringen könnte. Größere Erleichterungen für seinen Absatz an Bodenprodukten auf dem Wege von Verträgen zu erzielen, als die Gemeinsamkeit des Zollgebietes mit der völligen Freiheit des Verkehrs in allem und jedem darbietet, ist undenkbar. Das Freihandelssystem könnte also dem ungarischen Zollgebiete nichts besseres bieten. Man wird einwenden, daß es sich eben darum handelt, durch eine wirksame Schutzzollpolitik eine ungarische Industrie zu entwickeln und von der übermächtigen österreichischen Konkurrenz zu befreien. Auch dies ist denkbar, aber auch nicht mehr. Es kommt nur darauf an, ob sich das Ausland bereit finden wird, seine Zollschranken für die Rohstoffe und Lebensmittel Ungarns willig zu öffnen, ohne daß ihm entsprechende Äquivalente zu Gunsten des Absatzes seiner Industrieerzeugnisse geleistet werden. Heute, wo die Agrarzölle zu einer ungeahnten Bedeutung gelangt sind und eine auf dem do ut des allein beruhende Handelspolitik selbst gegenüber so großmächtigen Völker- und Wirtschaftskomplexen, wie es z. B. Rußland ist, mit bemerkenswerter Festigkeit durchgeführt wird, kann man füglich daran zweifeln, daß ein so kühnes Spiel in der Handelspolitik gelingt. Ungarn ist nicht mehr wie ehedem die Kornkammer Europas, deren Vorräte zur eigenen Volksernährung unentbehrlich sind. Und hat nicht auch Österreich agrarische Interessen? Giebt es nicht seine eigene Mühlenindustrie preis, welche der Konkurrenz Ungarns wehrlos erliegt? Ungarn hat aber auch schon jetzt eine nicht unbedeutende Industrie, welche

12*

sich allerdings nicht auf alle Warengebiete erstreckt, dafür um so naturwüchsiger und fester in den eigenartigen Verhältnissen Ungarns wurzelt. Die Eisenindustrie Ungarns ist heute so entwickelt, daß sie als der erste Konkurrent auf dem österreichischen Markte erscheint. Seine Spiritus-, Zucker-, Erdöl-, Maschinenindustrieen drohen gleich gefürchtet zu werden oder sind es vielmehr schon. Die Thonwaren-, Holz-, Papier-Industrie Ungarns steht heute als ein sehr ansehnlicher Konkurrent da, und es fehlt ihm eigentlich nur die Textilindustrie zum größten Teile. Um diese zu begründen und gegenüber der Konkurrenz des Auslandes zu erhalten, bedürfte es autonomer Zölle, welche jede gesunde Handelspolitik unmöglich machen und vielleicht doch nicht ausreichen, um das ersehnte Ziel zu gewinnen. Der Unterschied gegen den status quo würde nur darin bestehen, daß neben der österreichischen Industrie auch die deutsche und englische unter ganz gleichen Bedingungen in Mitbewerb treten, was die österreichische Industrie wohl benachteiligen, der ungarischen Industrie hingegen noch keinen Vorteil bieten würde.

Es gehört viel Chauvinismus dazu, um zu glauben, daß die Handelspolitik eines Mittelstaates, welcher 18 Millionen Einwohner zählt und geographisch vom mitteleuropäischen Markte getrennt ist, gleich mächtig wäre, wie das heutige Zollgebiet mit 40 Millionen Einwohnern ist, welches an drei Großstaaten stößt und diesen seinen großen Markt mit konsumfähiger Bevölkerung zu öffnen vermag. Und in diesem großen österreichisch-ungarischen Zollgebiete führt Ungarn nicht etwa ein bloß geduldetes, vernachlässigtes Dasein; trotz geringerer Bevölkerung, geringerer Beitragsleistung für die gemeinsamen Erfordernisse, trotz geringeren Konsums an zollbaren Importen steht es vollständig paritätisch mit der größeren Reichshälfte an dem handelspolitischen Ruder und verwendet die Macht des ganzen auch zu seinen speciellen Interessen.

Daß Ungarn von dieser in der Staatengeschichte Europas ganz ungewöhnlichen, paritätischen Stellung auch ausgiebigen Gebrauch zu machen wußte und unter der abnormen Gunst dieses eigentümlichen Verhältnisses in kurzer Zeit zu einer treibhausmäßigen Entwicklung auf allen Gebieten seines wirtschaftlichen Lebens gelangt ist, wissen wir und konnten dafür manchen Beleg in eben dieser historischen Skizze der österreichisch-ungarischen Handelspolitik liefern. Eben dieses Verhältnis ist das denkbar günstigste, ebenso wie die Aversseite des Dualismus auf rein politischem und militärischem Gebiete. Ungarn hat heute den Einfluß und die Kraft einer europäischen Großmacht, ohne mehr als die natürlichen Bedingungen eines Mittelstaates im fernen Südosten Europas zu besitzen. Es hat beispiellose Erfolge in seiner staatlichen und wirtschaftlichen Entwicklung errungen durch jene Verbindung von kühner Strebekraft, eiserner Beharrlichkeit und kluger Berechnung der Schwäche anderer; es wird an dem kunstvollen Bau des Dualismus nicht rütteln, weil alles, was an dessen Stelle gesetzt werden könnte, minder günstig ist, als dieser selbst. Die Kündbarkeit des Zoll- und Handelsbündnisses mag dem Stolz und der Eigenliebe Ungarns schmeicheln, es mag ein brauchbares Pressionsmittel bilden, um wachsende Vorteile finanzieller und anderer Art bei der Erneuerung des Bundes zu erringen oder auf die Richtung und den Gang der Zollpolitik mehr bestimmenden Einfluß zu üben — es mag als ein Korrelat der staatlichen Selbständigkeit für unverzichtbar gehalten werden — eine ernste Gefahr für den Bestand des gemeinsamen Zoll- und Handelsgebietes vermögen wir darin nicht zu erblicken.

Ein anderes Problem, mit welchem wir uns hier, wenn auch nur flüchtig, befassen müssen, ist das vor Abschluß der Dezemberverträge vielfach behandelte, seither etwas in Vergessenheit geratene Projekt einer Zollunion mit Deutschland, welches uns nicht genug abgethan scheint, um es ignorieren zu können.

Merkwürdig und bezeichnend ist, daß dieses Projekt, so wie noch weiter gehende, welche eine mitteleuropäische und eine pankontinentale Union empfahlen, in einer Zeit auftauchten, wo es schier unmöglich schien, irgend einen bedeutenden Tarifvertrag unter den Staaten Mitteleuropas zustande zu bringen und man unter Freihändlern wie Schutzzöllnern grübelte, wie dem Zustande der handelspolitischen Diskrasie, welche sich allmählich unter der herrschenden Autonomie in der Handelspolitik entwickelt hatte, Einhalt zu thun und in minder unsichere Bahnen einzulenken wäre.

Dieses Zusammentreffen war kein zufälliges. Bei der unüberwindlich scheinenden Abneigung in Österreich-Ungarn, Deutschland und Frankreich gegen Tarifverträge, welche in argen Mißkredit gekommen waren, suchte man nach anderen Auswegen, um — und es ist dies in erste Linie zu stellen — bei thunlichster Schonung des protektionistischen Zuges der Zeit eine Erweiterung des freien Verkehrs herbeizuführen. Ja, es kann gesagt werden, daß, soweit die Unionsideen von Schutzzöllnern propagiert wurden, mehr die Hoffnung bestimmend war, das durch Unionen erweiterte Verkehrsgebiet um so wirksamer gegen die außen bleibenden Staaten abzuschließen und innerhalb der Union den Protektionismus um so dauerhafter zu befestigen. Vorwiegend waren es indes Freihändler, welche die verrosteten Argumente von der Schädlichkeit aller Zölle und den Segnungen der „Handelsfreiheit" wieder ausgruben, um für die Unionsidee einzutreten und partiell das zu erreichen, was in der alten kosmopolitischen Unbegrenztheit durchzusetzen vollends aussichtslos war. Dieser Zustand in den handelspolitisch denkenden Kreisen, welcher seine letzten Schaumblasen noch im Jahre 1890 aufwarf, beweist, daß allenthalben das Bedürfnis nach Konsolidierung und Ruhe in der Handelspolitik tief empfunden wurde; er beweist aber auch, daß man an dem Zustandekommen von Tarifverträgen großen Kalibers und langer Dauer verzweifelte. Was ergab aber die Diskussion über alle diese Projekte? Daß deren Durchführung noch viel schwieriger ist, als der Abschluß eines Tarifvertrages nach alter Art. Alle Fachmänner, alle praktischen Staatmänner, Bismarck hoch obenan, welche diese Projekte zu prüfen hatten, fanden die Schwierigkeiten zu groß, um auch nur näher an die Sache heranzutreten. Wie auch anders? Wenn bei Tarifverträgen allezeit unverkennbare Schwierigkeiten darin lagen, Tarifermäßigungen einzuräumen, ohne die heftigsten Remonstrationen in den wirtschaftlichen Kreisen hervorzurufen und wenn die eigenen Zugeständnisse wenigstens in den letzten beiden Jahrzehnten, wo auch in den Staatskanzleien die leichtherzigen Trostgründe der Freihandelsschule nicht mehr verfingen, centnerschwer in die Wagschale fielen, während die eingetauschten Erleichterungen in einem fremden Absatzgebiete dagegen federleicht emporschnellten, so war das nicht viel anders bei den Unionsprojekten, wie sie zur Erörterung standen.

Auch an die Unionsstaaten sollten Tarifermäßigungen zugestanden werden und zwar notwendigerweise noch größere, als sie bei den kosmopolitischen Verträgen je gehört worden waren und es blieb nur die fragwürdige Beruhigung, daß die Erleichterung der Konkurrenz auf dem inneren Markte nicht allen Konkurrenten zugute kommen sollte. Neben diesen wirtschaftlichen Schwierigkeiten ergaben sich neue und noch viel größere, welche vom staatlichen Gesichtspunkte beurteilt und gewogen werden mußten. Jede Zollunion, ob sie nun bei gemeinsamem Außentarif Binnenzölle behält oder nicht, regt staatsfinanzielle Fragen größter Art an. Sollen und können die Verbrauchssteuern, welche eben in neuester Zeit eine ungeheure Bedeutung für jeden Staatsschatz erlangt haben und zu den hauptsächlichsten Trägern aller Staatsbudgets geworden sind, in ihrer gegenwärtigen Verschiedenheit belassen werden? Oder muß nicht vielmehr das Regime der indirekten Steuern, der Monopole und Konsumabgaben, welche mit jedem Zolltarif innig zusammenhängen, unifiziert und für alle Unionsstaaten gleichgestellt werden, wie es auch notwendig wäre, um nicht die alten Binnenzollschranken aufrecht erhalten zu müssen und die Ungleichheiten in der Belastung der Bevölkerung der einzelnen Staaten zu beseitigen? Und ist diese Unifizierung von Steuern und Abgaben, welche auf tiefliegenden, eigenartigen Verhältnissen der Volkswirtschaft in jedem Staate anders aufgebaut sind, überhaupt möglich? Soll das Erträgnis des Zollgefälles gemeinsam und wie soll es unter die einzelnen Staaten verteilt werden? Nach dem Kopf der Bevölkerung oder nach welchem anderen Schlüssel? Begründet nicht die Verschiedenheit der Währung namentlich in Staaten ohne wahre Goldwährung Begünstigungen und Benachteiligungen einzelner Staaten in der Union und bedarf es nicht der Unifizierung auch dieser Staatseinrichtung? Die schwerwiegendste Frage endlich, welche in der Litteratur über die diversen Zollunionsprojekte kaum erwähnt wurde, ist die, ob nicht in einer solchen Union die Gesetzgebung zum Schutze der Arbeiter mit ihren vielfachen Beschränkungen und Belastungen der Industrie, als da sind der Normalarbeitstag, die Ausschließung von Minderjährigen und Frauen von gewissen Betrieben und von der Nachtarbeit, die Sonntagsruhe, die Unfalls- und Invaliditätsversicherung u. s. w. notwendigerweise eine einheitliche sein muß, wenn anders die aus der Disparität der Gesetzgebung hervorquellenden fühlbaren Benachteiligungen der Industrie in weiter vorgeschrittenen Staaten ferngehalten werden sollen?

Welche unermeßliche, zum Teil unlösbare Aufgabe wird hier aufgerollt! In einer Zeit, wo der große geschichtliche Prozeß der Individualisierung der Staaten nach Stammesart, Sprache und wirtschaftlichen Interessen ihrer Völker noch lange nicht abgeschlossen ist und jedes dieser staatlichen Individuen den letzten Mann und den letzten Groschen für den Entscheidungskampf zu opfern bereit ist, soll eine Verschmelzung mehrerer Staaten zu größeren wirtschaftlichen Komplexen, mit all den Opfern an finanziellen Einnahmen, an Selbständigkeit und Machtmitteln, welche damit unausweichlich verbunden sind, möglich sein? Es gehört der ganze Doktrinarismus der Manchesterschule dazu, um dies zu glauben und zu sagen, wie es Matlekovits in seinem mehrerwähnten Werke[1] thut: „Die Entwicklung auf wirtschaftlichem Gebiete ist nicht nationaler, sondern kosmopolitischer Art, die Schranken der Nationalwirtschaft sind nur ein Hemmnis und nur die Weltwirtschaft ist gedeihlich und fördernd."

Und welcher ist der ungeheure Preis, der auf das Gelingen dieses so schwierigen und opfervollen Verschmelzungswerkes gesetzt ist? Was winkt den Völkern, welche den Weissagungen dieser Propheten folgend auf die Wahrung ihrer wirtschaftlichen Individualität zu verzichten bereit sind?

Die Beseitigung der hemmenden Zollschranken, die freie Bewegung, die

---

[1] Matlekovits, „Die Handelspolitik" u. s. w. S. 811.

Rückkehr zum Freihandel, die Abschaffung des so schädlichen Zollschutzes, so heißen die goldenen Früchte, welche in dem Zauberlande der Unionen wachsen! Und wenn wir diese prunkenden Worte auf ihren realen Gehalt prüfen und aus den bekannten Phrasen den Inhalt an greifbaren Gedanken herauszuschälen suchen, so finden wir nur einen praktischen Satz, den auch wir unterschreiben und den wir zum gemeinsamen Ausgangspunkt für eine weitere Erörterung wählen können, nämlich, daß die natürliche wirtschaftliche Entwicklung notwendig dazu führt, den Absatz im Auslande zu suchen und folgerecht jede Erleichterung des Exportes dieser Entwicklung zu statten kommt. Bei diesem Satze wollen wir stehen bleiben und denselben auf die vorliegende Frage, wie sie sich für Österreich-Ungarn darstellt, anwenden. Was hat Österreich-Ungarn bei einer Zollunion mit Deutschland zu gewinnen? Welche Exportzweige können in solchem Falle zu unabsehbarer Blüte kommen?

An der Hand der vorangegangenen Darstellung über den Handelsverkehr mit dem Deutschen Reiche in den letzten 15 Jahren läßt sich diese Frage ziemlich genau beantworten. Wenn man sich von hohlen Überschwenglichkeiten fernhält und hübsch auf dem aktuellen Boden der Thatsachen und Ziffern bleibt, so wird man anerkennen müssen, daß gegenwärtig und in nächster Zukunft nach wie vor von Fabrikaten bloß Leinengarne, etwas Quincaillerie und einige kleinere Artikel, auf welche wir noch zurückkommen, einen mäßig erweiterungsfähigen Markt in Deutschland haben, im übrigen aber Bodenfrüchte das Gros unseres Exportes bilden werden. Nun betrachten wir aber diesen Export etwas näher. Daß wir in den meisten Getreidegattungen auf dem deutschen Markte weit hinter Rußland zurückstehen, daß unser Anteil an diesem Markte nur in Gerste und Malz — neben bei wiederholt, vorwiegend österreichischen und nicht ungarischen Artikeln — ein hervorragender ist, ohne deshalb unbegrenzt zu sein, daß überhaupt unsere Exportfähigkeit in Getreide und vielen Bodenprodukten eine ziemlich schwache und schwankende ist, haben wir früher in der allerdeutlichsten Weise dargethan. Österreich-Ungarn steht, wie wir gesehen haben, an der Grenze der Exportfähigkeit in Cerealien und Ungarn speciell setzt bloß 10 % seines Gesamtexportes an Cerealien in Deutschland ab [1].

---

[1] Nach der ungarischen Verkehrsstatistik betrug im Jahre 1891 die Ausfuhr Ungarns an

Getreide und Hülsenfrüchten zusammen	207.5	Millionen	Gulden	Wert
davon nach Österreich	163.9	"	"	"
nach dem Auslande	43.5	"	"	"
darunter nach Deutschland	19.4	"	"	"

d. i. 9.3 %;

Auch wenn in einer solchen Zollunion Deutschlands mit Österreich-Ungarn die Getreidezölle im früheren Ausmaß, speciell mit 5 Mark für Weizen und Roggen gegenüber allen Staaten mit Ausnahme von Österreich-Ungarn aufrecht bleiben, wie dies Matlekovits vorschlägt, so könnte Österreich-Ungarn nicht daran denken, diese ganz bedeutende Begünstigung völlig auszunützen und den deutschen Markt allein zu versorgen. Es kann in manchen Jahren nichts liefern und in den meisten nur einen Bruchteil des deutschen Konsums bedecken. Wozu also der Lärm? Noch weniger kann die Aussicht, erhöhte Mengen von Leinengarn, und am allerwenigsten die unbestimmte Hoffnung, unseren Kurzwaren, Glas und Thonwaren ein großes Absatzbecken zu öffnen bestimmend sein.

Auf die Möglichkeit, für unsere Glas-, Thon-, Papier- und Porzellan-Industrie auf deutschem Markte eine neue Ära zu begründen, wird gerne verwiesen. Nun, wir unterschätzen die Leistungsfähigkeit dieser österreichischen Industrieen gewiß nicht; gegenüber der deutschen Konkurrenz auf deutschem Markte wird sie ihre Kraft noch erst zu erproben haben; warten wir doch noch einige Jahre des gegenwärtigen Vertragsregimes mit Zollparität ab und wir werden sehen, wie himmelhoch diese Exportbäume gewachsen sind. Übrigens sind alle diese Industrieen, was die Werte, die Verbrauchbarkeit und Absatzfähigkeit ihrer Produkte betrifft, nicht mit den großen Textil- und Metallindustrieen mit ihren Produkten für den Massenkonsum, in welchen wir uns mit Deutschland nicht messen dürfen, zu vergleichen: Jedenfalls sind das, genau gewogen und gerechnet, keine Äquivalente für das, was wir dagegen gewähren sollen. Andere Industrieen aber, welchen auf deutschem Markte überhaupt eine Zukunft winkt, kennen wir nicht. — Also, praktisch genommen, können wir mit den großen, abstrakten Vorteilen einer Zollunion mit Deutschland nicht viel anstellen.

Wohl aber, und nun kommen wir zu der Reversseite, können wir den Preis für diese Union nicht bezahlen. Dieser Preis besteht darin, daß wir

---

Mehl zusammen	67.4	Millionen	Gulden	Wert
davon nach Österreich	52.9	"	"	"
nach dem Auslande	14.5	"	"	"
darunter nach Deutschland	2.6	"	"	"
d. i. 4 %;				
Schlacht- und Zugvieh zusammen . .	98.0	"	"	"
davon nach Österreich	86.6	"	"	"
nach dem Auslande	11.3	"	"	"
darunter nach Deutschland	8.9	"	"	"
d. i. 9 %;				

den österreichisch-ungarischen Markt für die Industrieerzeugnisse Deuschlands öffnen und den von allen Völkern, selbst von Engländern, gefürchteten Konkurrenzkampf mit den uns weitaus überlegenen deutschen Industriellen auf unserem eigenen Boden unter den ungünstigsten Bedingungen aufnehmen. Matlekovits läßt sich dadurch nicht beirren, glaubt fest an die Konkurrenzfähigkeit aller Industrieen Österreich-Ungarns, baut darauf und macht an der erwähnten Stelle seine detaillierten Vorschläge. Es soll nämlich zwischen Österreich-Ungarn und Deutschland eine Zwischenzollinie noch bestehen bleiben; allein die Mehrzahl der Warengattungen bliebe nach seinem Vorschlage bei der wechselseitigen Einfuhr zollfrei und nur die wichtigsten Warengruppen würden durch Ausgleichszölle vor dem gleichen Schicksale wohl nur für einige Zeit bewahrt bleiben. Dies sind alle Textilien und dann die Eisenwaren, auch Maschinen und Eisenbahnfahrzeuge. Alle übrigen Waren deutscher Provenienz hätten nach Österreich-Ungarn und umgekehrt zollfrei einzugehen. Auffallend ist das Ausmaß für diese Ausgleichsabgaben. Das Eisen ist dabei noch ziemlich gut weggekommen, wahrscheinlich weil Ungarn eine nicht unbedeutende Eisenindustrie besitzt, welche der hartnäckige Freihändler niemals zu schützen vergißt, wogegen er Industrieen, welche dort nicht gedeihen, unbarmherzig mit der Schärfe des Freihandels abthut. So wird ein österreichisch-ungarischer Binnenzoll von 50 kr. für Roheisen, von 2 fl. 50 kr. für Schmied- und Walzeisen, von 4 fl. für Blech und Draht, von 6 fl. für grobe Eisenwaren aufgestellt, welche zugleich als Außenzölle gelten und die englische Konkurrenz abwehren sollen, also immerhin bei soviel Freihandel oder Handelsfreiheit beachtenswerte Zölle. Was soll man aber dazu sagen, daß er für die bekanntesten Konkurrenzartikel Deutschlands, wie Baumwollgarne Nr. 36/42 bloß 7 fl., bedruckte Baumwollwaren bloß 32 fl. 50 kr. und 35 fl., Wollwaren von 25—40 fl. als Binnenzölle empfiehlt? Wir wollen uns hier nicht viel in Einzelnheiten dieses Vorschlages einlassen, welche eine weitere Erörterung nicht verdienen, und konstatieren bloß eines: Es ist für die österreichische Industrie gleichgültig, von wem sie erdrückt wird, und es gewährt ihr geringen Trost, daß es nicht englische oder belgische Konkurrenz ist, welche ihr den Garaus macht. Ein Zollsatz, welcher eine schützende Wirkung zu üben nicht vermag, z. B. von 25 fl. für Tuche oder Zölle von 1, 2 bis 5 %, wie sie in jenem Vorschlage oft vorkommen, sind im Effekte der Zollfreiheit gleich und unterscheiden sich von ihr fast nicht. (Nebenbei bemerkt, empfiehlt M. auch die Wiedereinführung des Appreturverfahrens „unheilvollen Angedenkens!") Wenn die österreichische Industrie bei solchen Zöllen die deutsche Konkurrenz zu besiegen vermöchte, so würde sie schon heute in

Deutschland, England und auf vielen neutralen Märkten die brillantesten Erfolge erzielen, und wenn sie gegenüber diesem stärksten und gefährlichsten Konkurrenten bei solchen Zöllen aufkäme, so kann sie schlechthin es mit allen aufnehmen. (M. hat wohl hin und wieder manchen erklecklichen Binnenzoll gelassen, allein mit solchen Bruchstücken eines Zollschutzes ist keine Industrie zu erhalten [1].)

Und nun schreiten wir zur Bilanz der wirtschaftlichen Vorteile und Nachteile, welche aus einer Zollunion mit Deutschland erspriessen würden. Auf der einen Seite könnte Ungarn seinen Absatz an landwirtschaftlichen Produkten in Deutschland in einer sehr begrenzten und bedingten Weise erweitern, Österreich selbst hat mit wenig und geringen Ausnahmen nach Deutschland wenig Fabrikate zu exportieren, dafür soll Österreich, welches heute 94% des ungarischen Konsums an Industrieerzeugnissen liefert, auf seine herrschende Stellung auf diesem Markte verzichten, ja noch mehr, selbst auf österreichischem Markte einen Kampf um die Existenz seiner Industrie führen, wie er seinesgleichen noch nicht geführt worden ist.

Mit Recht sagte Plener bei seiner erwähnten Rede über das Zoll- und Handelsbündnis mit Ungarn in betreff des Projektes einer Zollunion mit Deutschland, daß dieselbe gar nichts anderes bedeuten würde, als den Verlust der führenden Stellung der österreichischen Industrie auf dem unga-

[1] Auf Seite 950 finden wir folgende Sätze wörtlich: „Der Ruin der österreichischen Industrie nach Abschluß der Zollvereinigung, den man wiederholt in Vordergrund zu stellen pflegt, wenn diese Gestaltung der Zollverhältnisse zur Sprache kommt, ist ebenfalls nur übertrieben. Der größte Teil der Industrieen ist thatsächlich auf gleicher und ähnlicher Entwicklungsstufe angelangt und kann sich auf keiner Seite besonderer exceptioneller Verhältnisse rühmen. Die so oft aufgeworfene Behauptung, in Österreich-Ungarn wären die Besteuerungsverhältnisse weit ungünstiger als in Deutschland, und man müßte schon deshalb die österreichisch-ungarische Industrie gegen die Konkurrenz deutscher Artikel mit Zöllen in Schutz nehmen, ist sehr ungenügend. Die Steuerverhältnisse bilden bekanntlich nur einen geringen Teil der Gesamtproduktionskosten." Sic! Daß in Österreich das 4- bis 10fache an direkten Steuern im Vergleiche mit Deutschland gezahlt wird, ist nunmehr durch soviel Publikationen und authentische Darlegungen erhärtet, daß man sich nur verwundern muß, daß M. das alles entgangen ist. Daß die „Steuerverhältnisse bekanntlich nur einen geringen Teil der Produktionskosten bilden", wie M. sich ausdrückt, ist vollkommen unrichtig. Die Bleiberger Bergwerksunion in Klagenfurt zahlte lange so viel Steuern, daß jeder Centner Blei bloß an Steuern 1 fl. mehr kostete, was den ganzen Bleizoll aufwog. Die deutsche Steuerleistung ist nicht nennenswert. Das Ganze macht den Eindruck, daß M. von der deutschen und österreichischen Industrie nur soviel weiß, als er aus verschiedenen Publikationen zusammentragen konnte. Das ist zu wenig.

rischen Absatzmarkte. „Ich kann mir vollkommen denken, daß eine Koalition ungarischer und auch anderer agrarischer Interessen mit preußischen Industrieinteressen eine solche Zollunion herbeiführt, denn es würde für Ungarn wie für die anderen Agrarier ebenso von Nutzen sein, ein freies Absatzgebiet ihrer Produkte nach Deutschland zu haben, als es für die deutsche industrielle Überproduktion von Nutzen wäre, den ungarischen Absatzmarkt zu erobern; allein wer dabei die Rechnung bezahlen würde, ist niemand als die cisleithanische, die österreichische, die deutsch-böhmische, die mährisch-schlesische, die Wiener und die alpine Eisenindustrie. Wir können, wie die Verhältnisse heute liegen, wo andere Exportrichtungen immer mehr abgeschnitten werden, gar nicht daran denken, ein solches Absatzgebiet, das vor unseren Thoren liegt, welches die Speisung unserer ganzen Industrie bedeutet, mit einem übermächtigen Konkurrenten zu teilen." Welche Chancen danach eine Zollunion mit Deutschland auch mit einem besser angelegten Zwischenzolltarif besitzt, ist unschwer zu ermessen.

Wir haben damit nur eine der vielen Seiten solcher Unionsprojekte betrachtet. Eine andere, nicht minder belangreiche, ist die Rücksicht auf die finanziellen Folgen solcher Vergrößerung eines Zollgebietes. An und für sich muß jede Zolleinigung mehrerer Staaten zu einer ganz gewaltigen Minderung der Zolleinnahmen führen, und dieselbe wird um so bedeutender sein, je größer die vereinigten Gebiete, je inniger deren Verkehr, je schrankenloser die Vereinigung sein mögen. Am radikalsten ging dabei Molinari vor, welcher fast ganz Europa mit Ausnahme von Rußland und England zu einer einzigen Union vereinigen wollte. Ein solches Zollgebiet würde, mit Ausnahme von Kaffee, Gewürzen und Petroleum, sehr wenig zu verzollen haben, denn der Güteraustausch würde sich zollfrei innerhalb des Zollgebietes vollziehen.

Molinari meint aber, „daß es absurd sei, Zollschranken ohne Nutzen für die Finanzen aufrecht zu erhalten", und „daß Fachleuten bekannt sei, daß der größte Teil der Zolleinnahmen hauptsächlich aus exotischen Artikeln stammt". Es scheint, daß Herr v. Molinari sich auf sehr veraltete Schulmeinungen stützt; er müßte sonst wissen, daß seine Regel weder für Deutschland, noch für Österreich-Ungarn gilt. Was Deutschland betrifft, so haben wir früher hervorgehoben, daß seine Zollkasse die Haupteinnahme aus Getreidezöllen zieht, die dann selbstverständlich z. B. gegenüber Österreich-Ungarn entfallen müßten. Was aber Österreich-Ungarn anbelangt, so bezieht es aus „exotischen Artikeln" nur ein Dritteil seiner Zolleinnahmen, weil es eben ein in der Konsumtion weniger entwickeltes Reich ist und Zölle dort einhebt, wo es dies thun kann, ohne wirtschaftliche Interessen allzu empfindlich zu berühren. Infolge dessen betragen die österreichisch-ungarischen Finanzzölle, unter welchen alle Zölle zu begreifen sind, welche nicht Agrarzölle oder Industrieschutzzölle bedeuten, volle 55.19 %, die Industriezölle 39.37 %, die Agrarzölle 5.44 % der gesamten Zolleinnahme.

Ein anderer Verfechter der Unionsidee, Rich. Kaufmann, meinte wieder, es könne „zwar vorkommen, daß der einzelne Staat an Zolleinnahmen weniger erhält, als bisher, allein dieser Ausfall kann durch Einhebung direkter Steuern leicht gedeckt werden" u. s. w. Ein sehr billiger Rat, nur ist er nicht ausführbar. In Österreich-Ungarn wenigstens ist man mit der Ergiebigkeit, ja auch mit der Anspannung der direkten Steuern längst auf einem Punkte angekommen, wo kein Plus mehr winkt. Österreich-Ungarn hat überhaupt nach wahrhaft heldenmütigen Anstrengungen die Mittel zur Behauptung seiner Machtstellung zu beschaffen, und nachdem ihm dies auch dauernd gelungen, auf nichts zu verzichten, und am allerwenigsten auf so viele Millionen, als infolge jedweder Zollunion für seine Zollkasse verloren gehen müßten.

In dem erwähnten Vorschlage für eine Zollunion sucht Matlekovits der drohendeu Einbuße an Zolleinnahmen dadurch zu begegnen, daß er gewisse Artikel, welche für das Zollgefälle von erster Bedeutung sind, von der Zollgemeinschaft ausnimmt und jedem der beiden Reiche die selbständige Verfügung darüber vorbehält. Es sind dies Kolonialwaren, insbesondere Kaffee, Thee, Kakao, Gewürze[1]. Außerdem hätten die Gegenstände von Monopolen oder von Verzehrungssteuern von der Zollgemeinschaft unberührt zu bleiben.

Der Ertrag der in die Gemeinschaft fallenden Außenzölle wird im Verhältnis von 4 zu 1 derart verteilt, daß Deutschland vier Teile, Österreich-Ungarn einen Teil erhält. Sollte der Ertrag von den Zöllen für Getreide und Holz die Summe von 30 Millionen Mark im Jahre nicht erreichen, so wird das Verhältnis der Teile wie 7 zu 3 sein, d. i. Deutschland erhält 7 Teile, Österreich-Ungarn 3 Teile.

Den Ertrag der Binnenzölle (Ausgleichsabgaben zwischen Österreich-Ungarn und Deutschland) behält jedes der beiden Reiche.

Der soeben erwähnte Schlüssel zur Verteilung der gemeinsamen Zolleinnahmen wird dadurch begründet, daß, wenn von den gegenwärtigen Zolleinnahmen beider Reiche das Erträgnis jener Importartikel ausgeschieden

[1] Auch Kleidungen sollen seltsamerweise als solche Finanzartikel behandelt werden. „Kleider seien eben ein Artikel, welcher mehr den Luxusbedürfnissen dient." (sic!)

wird, welche nach dem Vorschlage auch während der Zollunion von der Gemeinschaft ausgeschlossen, und jedem der beiden Reiche zur selbständigen Verfügung vorbehalten bleiben sollen, der Überrest für Deutschland sich (1888) mit 155 355 000 Mark, für Österreich-Ungarn mit 39 039 000 Mark, daher im Verhältnis zu 4 : 1 beziffert. Nun leuchtet aber ein, daß das gegenwärtige Zollerträgnis Deutschlands zum großen Teile von seinen beiläufig 70 Millionen Mark ergebenden Getreide- und Holzzöllen bedingt ist, und bei der Zollunion infolge des zollfreien Eingangs dieser Waren aus Österreich-Ungarns erheblich sinken müßte. Deshalb nimmt M. für den Fall, daß das Zollerträgnis Deutschlands von Getreide und Holz auf 30 Millionen Mark fallen dürfte, das eventuelle spätere Zollertragsverhältnis beider Reiche mit 85 490 000 zu 38 023 000 Mark, d. i. wie 7 : 3, an. Wir wollen von der Willkürlichkeit der Annahme, daß das Erträgnis der Getreide- und Holzzölle gerade auf 30 Millionen Mark sinken muß, um den höchst unbilligen Schlüssel von 4 : 1 zu beseitigen, ganz absehen. Dasjenige aber, was M. behufs Berechnung des künftigen Zollertrages Deutschlands hier vorsichtsweise in Betracht gezogen hat, nämlich der Rückgang der Zollerträgnisse von Getreide und Holz in Deutschland, hat er in einer anderen Richtung, nämlich was den künftigen Zollertrag in Österreich-Ungarn betrifft, unterlassen. Er rechnet nur den Zollertrag von jenen Artikeln ab, welche künftig in Österreich-Ungarn zollfrei bleiben sollen; er berücksichtigt aber nicht, daß die Außenzölle von anderen als Finanzartikeln ein viel geringeres Erträgnis liefern müssen, weil für dieselben Artikel im Binnenverkehre beider Reiche so große Erleichterungen im Zollsatze eintreten, daß eine gänzliche Verschiebung des Verkehres unausweichlich ist. Es würden die früher aus dritten Staaten bezogenen Artikel aus Deutschland importiert und mit der geringen Ausgleichsabgabe verzollt, welche nach Matlekovits' Vorschlag in der Regel 50% des Außenzolles beträgt. Auch bei der Berechnung des Ertrages der Ausgleichsabgaben oder Binnenzölle scheint die Wirkung der neuen Zölle unterschätzt und überhaupt der gegenwärtige Zollertrag als auch weiterhin unvermindert angenommen worden zu sein, ohne zu berücksichtigen, daß bei so einschneidenden Zolländerungen, wie sie aus dem Tarifentwurfe zu entnehmen sind, das Zollerträgnis sich ganz wesentlich ändern muß. Deshalb kann auch die Schlußberechnung, daß Österreich-Ungarn bei einer solchen Unionsbasis bloß einen Verlust von 8 Millionen Mark erleiden dürfte, nicht zutreffend erkannt werden.

Wir sehen also, daß ein solches Projekt auch in finanzieller Beziehung große Bedenken erregen muß. Und bei alledem soll die Verschiedenheit der

Verbrauchssteuern, die Sonderheit der Monopole bleiben, ja sogar die Union in Bezug auf den Zolltarif selbst nicht vollständig durchgeführt werden, um nur die finanziellen Einbußen nicht von vornherein unerträglich zu machen. Dabei wird übersehen, daß ein anderes Übel bei einer derart gestalteten Union eingetauscht wird, nämlich die Disparität in der Belastung der Völker innerhalb der Unionsgrenzen durch indirekte Abgaben, und es ist sehr fraglich, ob dieses Übel nicht empfindlicher ist, als die Divergenz der Zollsätze in zwei nicht uniierten, aber durch billige Verträge verbundenen Staaten. Eben an diesen Vorsichten und Auskunftsmitteln, wie sie der Fachmann in Zollsachen erfinderisch zu schaffen weiß, sieht man, welch vergebliches Beginnen es ist, nicht zusammengehörige Körper künstlich aneinander zu schweißen, alles einer theoretischen Voreingenommenheit zuliebe.

Dabei wollen wir der auffälligen Schwächen in der Frage der Organisation des Unionsapparates nur flüchtig gedenken.

Es soll ein „Unionsrat" eingesetzt werden, welcher aus zwölf Mitgliedern besteht und zur Hälfte von jedem der beiden Teile ernannt wird; er hat „namentlich alle Gesetzesvorlagen und Durchführungsverordnungen zu prüfen und mit seinen Bemerkungen zu versehen". Über den Antrag des Unionsrates entscheiden „einvernehmlich" die betreffenden Regierungen, d. i. also die österreichische, die ungarische und die deutsche Regierung.

„Sollte sich bei Durchführung eines Gesetzes eine Meinungsverschiedenheit der beiderseitigen Auffassung im Einvernehmen nicht auszutragen sein (sic!), so ist diejenige Auffassung zur Geltung zu bringen, welche dem strengen Wortlaut des Gesetzes näher steht!!!"

Das ist ja die leibhaftige österreichisch-ungarische Zollkonferenz mit ihrer nichtssagenden Stellung, ihrer Unbehilflichkeit und Machtlosigkeit — eine Konferenz von Delegierten der beteiligten Regierungen, bloß bestimmt, den schriftlichen Meinungsaustausch durch den mündlichen zu ersetzen. Man muß stark Ungar sein, um zu glauben, daß Deutschland sich je entschließen könnte, dieses schlimme Beispiel zu befolgen und dabei die Erfahrungen in den Wind zu schlagen, welche an dem Zollvereine alten Gedenkens gemacht wurden. „Einvernehmlich" sollen die beteiligten Regierungen über die Anträge des Unionsrates entscheiden? Und wenn kein Einvernehmen zustande kommt? Dann geschieht eben nichts. Und weil Matlekovits dieses famose Ende jahrelanger Verhandlungen aus eigener Erfahrung kennt, deshalb kommt er auf die drollige Idee, wenigstens für jene Fälle, wo etwas geschehen muß, wo es sich nämlich um die Durchführung eines Gesetzes handelt, eine Entscheidung dadurch herbeizuführen, daß statuiert werde, es habe jene „Auffassung" zu gelten, welche dem „strengen Wortlaute des Gesetzes näher steht". Als wenn das immer so ausgemacht wäre!

Wir verzichten darauf, diese Details hier weiter zu verfolgen. Auch sie zeigen, wie schwer, ja unmöglich es ist, unter Großstaaten derlei grundstürzende Verbände wirtschaftlicher Art auszuführen.

Wenn unter der Hegemonie eines Staates sich mehrere kleinere, wirtschaftlich unselbständige Staaten zu einem Ganzen einigen, wie dies der Zollverein gewesen, wenn in dem österreichisch-ungarischen Doppelstaate eine Union besteht, welche in dem Zoll- und Handelsbündnisse mehr formell wurzelt, nebenher aber auch von manch anderem ungeschriebenen Interessenbande umschlungen und übrigens aus dem Einheitsstaate hervorgegangen ist, so waren es doch immer zwingende Bedürfnisse, die zu solchem Verbande führten. Wo aber ist hier ein solches Bedürfnis — immer von konkreten Verhältnissen und Interessen gesprochen — zu erkennen? In Österreich-Ungarn wie in Deutschland ergänzen sich Landwirtschaft und Industrie in glücklicher Weise. Im Osten wiegen die Interessen der Bodenkultur, im Westen jene der Industrie vor — und wenn im ganzen genommen letztere in Deutschland Überschüsse zu verwerten sucht, während in Österreich - Ungarn die landwirtschaftlichen Produkte ein Plus über den eigenen Bedarf zeigen, so reichen gewöhnliche Tarifverträge aus, um beiderlei Interessen zu genügen. Ein wahrhaftes, ernstes Bedürfnis nach einem näheren Anschlusse ist indes nicht anzuerkennen. Mit viel mehr Fug und Recht könnte man auf Serbien und Rumänien hinweisen, welche einseitig in ihrer Produktion, zu klein, um eine rationelle Schutzzollpolitik durchzuführen und zu schwach, um überhaupt auf den Gang der Handelspolitik in Mitteleuropa bestimmend einzuwirken, viel mehr Grund hätten, im Anschlusse an das große Nachbarreich besser und sicherer ihre wirtschaftlichen Interessen zu pflegen. Warum empfiehlt Matlekovits nicht diese viel näher liegende Union? Wir glauben selbst nicht an das Zustandekommen dieser kleineren und leichteren Union aus Gründen, deren Ausführung man uns erlassen wird. Soviel vom österreichischen Standpunkte über das Problem einer Zollunion mit Deutschland. Der gegenwärtige Moment — November 1893 — gestattet mehr als irgend ein Zeitpunkt zuvor, in die handelspolitische Zukunft Europas einen Blick zu gewinnen. Die Vereinigten Staaten von Nordamerika sind im Begriffe, von dem Prohibitivsysteme zum gemäßigten Schutzzolle überzugehen. Rußland steht mit Deutschland und zugleich mit Österreich-Ungarn in Verhandlungen, welche zweifellos zum Abschlusse von Handelsverträgen führen werden, durch welche einige, wenn auch vielleicht ungenügende Milderungen in dem Systeme der starren Abschließung des großen nordischen Wirtschaftsgebietes herbeigeführt werden dürften. Beides sind Erscheinungen von epochaler Bedeutung. Die

Unnahbarkeit dieser beiden Wirtschaftsgebiete, welche so lange von allen Handelspolitikern ohne Unterschied der Parteirichtung beklagt worden, und auch nicht unwesentlich bei dem Gedanken, Zollunionen zur wirksamen Abwehr feindlicher Handelspolitik zu bilden, im Spiele war, hört auf. Es fehlt nur noch, daß auch Frankreich von seiner extrem-protektionistischen Handelspolitik abgeht, was in kaum ferner Zeit bestimmt zu erwarten ist. Wir werden dann in allen Staaten, mit wenig Ausnahmen, welche dem Systeme des Freihandels zuzuzählen sind, die wirtschaftliche Entwicklung auf dem Wege der Individualisierung der Völkerwirtschaften und deren Schutzes durch mäßige Zölle fortschreiten sehen, ohne daß eine Isolierung derselben zu besorgen wäre. Das Vertragssystem wird geläutert und verbessert zu neuer Blüte gelangen, und eine neue Periode der Handelspolitik, ruhiger und freundlicher, als die eben abschließende, bricht heran.

Kolibri 360 GmbH
Ferdinand-Jühlke-Straße 7
99095 Erfurt, Deutschland
produktsicherheit@kolibri360.de

Druck:
CPI Druckdienstleistungen GmbH
im Auftrag der
Kolibri 360 GmbH
Ferdinand-Jühlke-Str. 7
99095 Erfurt